God's Missionary People :
Rethinking the Purpose of the Local Church

하나님의 선교적 교회

찰스 E. 벤 엥겐 지음

임윤택 옮김

기독교문서선교회

기독교문서선교회(Christian Literature Crusade: 약칭 CLC)는
1941년 영국 콜체스터에서 켄 아담스에 의해 시작되었으며
국제 본부는 영국의 쉐필드에 있습니다.
국제 CLC는 59개 나라에서 180개의 본부를 두고, 약 650여 명의
선교사들이 이동도서차량 40대를 이용하여 문서 보급에 힘쓰고 있으며
이메일 주문을 통해 130여 국으로 책을 공급하고 있습니다.
한국 CLC는 청교도적 복음주의 신학과 신앙서적을 출판하는
문서선교기관으로서, 한 영혼이라도 구원되길 소망하면서
주님이 오시는 그날까지 최선을 다할 것입니다.

God's Missionary People
Rethinking the Purpose of the Local Church

Written by
Charles E. Van Engen

Translated by
Peter Yuntaeg Im

Copyright © 1991 by Charles E. Van Engen

Originally published in English under the title as
God's Missionary People
: Rethinking the Purpose of the Local Church
by Baker Book House Company,
Translated and used by the permission of
Baker Book House Company,
P.O. Box 6287, Grand Rapids, MI 49516-6287, U.S.A.

All rights reserved.

Korean Edition
Copyright © 2014 by Christian Literature Crusade
Seoul, Korea

추천사

이동휘 목사
바울선교회 대표, 전주 안디옥 교회 원로/선교목사

불편하게 삽시다! 선교하며 삽시다! 선교는 선택과목이 아니다. 선교는 교회의 본질이다. 선교지에서 아름다운 선교사역을 마무리하고 고국에 돌아온 영국인 선교사가 있었다. 그러나 조국인 영국은 옛날의 선교국이 아니었다. 세속주의 나라가 되었고 선교의 영광을 상실한 교회는 밋밋한 모습으로 활기를 잃었다.

영국은 해가 지지 않는 나라였다. 대단한 열정으로 선교사를 파송하였고 어느 나라도 흉내낼 수 없는 선교의 열매를 거두었으나 이제 피선교지로 바뀌고 말았다. 그 이유는 무엇일까? 선교적 열정과 성취욕만으로는 한계가 있다. 문제는 이것이다. 영국 교회가 선교적 교회로 거듭나지 못했을 뿐만 아니라 성도들을 선교사로 만들어 내지 못했기 때문이다.

영국 교회의 현상이 한국 교회에도 무섭게 번져나가고 있다. 대단히 위험하고 치명적인 신호이다. 전투에는 이겼으나 전쟁에는 진 이상한 형국이 되었다. 교회는 선교적 동력을 잃고 추락하고 있고 선교사 지원자는 급감하였다.

다급하신 하나님께서 특단의 조치를 취하셨다. 풀러선교대학원 교수인 벤 엥겐의 입술을 빌리셔서 지역 교회의 존재목적을 성취하고 하나님의 선교적 교회를 세우라고 재촉하신다. 교회에서 하는 일이 모두 다 선교라는 말은 거짓이다. 벤 엥겐은 선교를 교회의 여러 사역 중의 하나로 보지 않는다. 사회 활동과 교회의 능동적 일을 선교라고 말할 수 없다고 지적하며 시정할 것을 말한다. 그리고 궁수의 화살이 과녁에 명중하듯 진정한 교회의 선교를 정의한다.

벤 엥겐은 하나님께서 예수님을 이 세상을 구원하는 선교사로 보내신 것처럼 예수님도 우리를 선교사로 파송하셨다고 말한다. 교인들은 산타 할아버지(목회자)를 약간씩 돕는 난쟁이가 아니라고 일침을 놓는다. 사도행전 1:8의 말씀대로 성령을 받은 하나님의 자녀들은 세계 땅끝까지 생명의 복음을 전달할 자격증을 받은 왕의 사람들이라고 논증하며 성도의 제사장적 사명을 일깨운다.

이처럼 본서는 본질적으로 교회는 선교를 최우선 순위로 삼아야 함을 해박한 선교적 지식과 성경을 근거로 제시한다. 그리고 벤 엥겐은 그리스도의 교회가 아니면 교회가 아니며, 세상에 보냄을 받지 아니한 교회는 교회가 아니라는 요하네스 블라우 선언을 강조한다.

은쟁반에 놓인 금사과처럼, 적절한 번역으로 깊은 맛을 내는 임윤택 교수의 솜씨로 이 소중한 선물이 한국 교회에 주어졌다. 참 감사한 일이다. 한국 교회와 성도들 모두가 선교사로 우뚝 서기를 바란다. 할렐루야!

추천사

아더 글라서 박사
풀러신학교 선교대학원 교수, 명예 대학원장

이 책의 추천사를 쓰면서 나는 감격스럽고 행복하다. 마치 청중들에게 꼭 필요한 말씀을 전해주실 새로운 설교자를 소개하는 듯 설레는 감정을 억누를 수 없다. 나는 벤 엥겐이 교회의 새로운 지도자상을 정립하는 데 특별한 은사와 자격을 가지고 있다고 확신한다. 우리가 미래를 확실하게 판단할 수는 없지만 선교에 대해 열심인 사람들을 독려하는 것은 미래에도 해야 할 확실한 일이다. 벤 엥겐은 이 확실한 일이 무엇인지 잘 알고 있다. 그는 하나님의 백성인 교회의 선교에 대해 근본이 되는 성경적이고 신학적인 복잡한 문제들을 다루면서 선교에 대해 열정을 가진 사람들을 바르게 인도하고 있다.

나는 이 책이 세계 교회들에게 미칠 강력한 파급 효과를 확신하며, 그것을 높이 평가한다. 탁월한 역사가이고 선교학자이며 후일 예일대학의 명예 교수가 된 라토렛(Kenneth Scott Latourette) 박사는 1955년, 『하나님의 선교전략: 하나님의 가교들』(*The Bridges of*

God)이라는 책의 서문을 부탁 받았다. 책 원고를 읽고 난 후 벅찬 감격을 느끼며 그는 다음과 같이 기록했다.

> 여기에 이 시대의 길잡이가 있다. 이 책은 깊이 사고하며 읽는 사람에게 신선한 활력소를 불어넣어 줄 것이다. 이 책은 지금까지 쓰여진 선교에 대한 책들 가운데 가장 중요한 책이다.

나는 라토렛이 서문을 쓰며 느꼈던 감격과 전율을 다시 느낀다. 도날드 맥가브란(Donald A. McGavran)의 『하나님의 선교전략: 하나님의 가교들』(*The Bridges of God*)이 출판된 이후 선교에 대해 숙고하고 선교활동을 한 지도자들은 라토렛의 평가에 전적으로 동의할 것이다. 맥가브란의 선교학적 공헌에 대한 라토렛 교수의 추천은 이미 역사적 평가를 멋지게 통과했다. 1956년 『하나님의 가교들』은 선교 서적들 가운데 가장 많이 읽힌 책이 되었다. 교회성장운동이 바로 이 이론을 중심으로 태동되었다. 교회성장운동은 아직도 활발히 진행되고 있다.

이 책에 답이 있다. 벤 엥겐의 이 책은 선교적 교회를 발견하게 할 것이다. 지역 교회 안에서 교회와 세상을 향한 교회의 선교적 사명에 대해 진지한 토론을 촉진시킬 것이다. 모든 지역 교회들이 처한 곳에서 "선교적 교회"로 자신을 인식하게 될 때 어떤 놀라운 일들이 일어날지 상상해 보라. 우리는 오래 전부터 교회와 현실 세상과의 관계에 대한 우리의 자세에 대해 탁월한 통찰을 갖기를 원했다. 내가 가지고 있는 벤 엥겐의 박사 논문인 「참된 교회의 성장」(*The Growth of the True Church*)[1]에는 517페이지 곳곳에 밑줄이 그어져 있다. 벤 엥겐을 통해 우리는 하나님의 뜻 안에서 지역 교회가 어떤 선교적 역할을 해야 하는가에 대한 보다 근본적인 이해와 세계 도처에 있는 모든 신자들에게 귀중한 선교적 통찰을 얻게 될 것이다.

첫째, 벤 엥겐은 스스로 어느 특정 집단에도 종속되지 않았음을 분명히 한다. 나 자신도 어떤 면으로는 고민한다. 그를 분류하는데 어려움이 있다. 이것이 벤 엥겐의 특징이다. 그가 벤 엥겐이다. 그 모습 그대로 독특하고, 신앙적이며, 학문적이고, 언제나 따뜻한 성품을 가진 사람이다. 그의 마음은 언제나 변함없이 예수 그리스도와 친밀하게 교통하면서 하나님 말씀의 권위를 인정하는 사람들과 함께 한다. 그는 역사적이고 성경적인 정통 기독교 신앙에 깊이 헌신되어 있으며 다윗의 위대한 신앙고백을 삶으로 보여주는 사람이다.

> 나는 주를 경외하는 모든 자들과 주의 법도들을 지키는 자들의 친구라(시 119:63).

둘째, 벤 엥겐의 교회론은 편협하지 않다. 그는 학문적 연구 결과를 기술하는 데 있어서도 논쟁적이 아니다. 그는 신앙 공동체의 일원으로 연구의 폭이 넓고 그가 다루는 주제들에 학적 풍성

---

[1] *The Growth of the True Church*는 벤 엥겐 교수의 화란자유대학교 조직신학 박사 논문이다. Charles Van Engen, *The Growth of the True Church* (Amsterdam: Rodopi, 1981)- 역주.

함과 균형감각을 갖고 있다. 그는 신앙을 변호하는 목적을 견지하면서도 개인적인 비판이나, 전체를 단정적으로 정죄하는 일은 결코 하지 않는다.

셋째, 벤 엥겐은 본질을 강조한다. 그는 오랫동안 개혁주의 신학 전통의 배경을 갖다. 그러나 유럽이나 북미 개혁신학의 특성들을 원형 그대로 주입하지 않는다. 그는 제3세계 신학자들에게 귀를 기울인다. 이것은 하나님의 백성 가운데 항상 계시는 예수 그리스도를 믿는 믿음을 실천하게 한다. 그리고 오늘날 전세계에 성령께서 교회에게 말씀하시는 바를 분별하게 한다. 그는 진리에 도전하는 잘못들이 계속되고 있음을 인식한다. 동시에 성령께서 신실한 자들에게 그들의 예배와 생활, 사역에 대해 성경으로부터 적절한 통찰력을 계속 허락하실 것을 확신한다. 그는 모든 교회들이 모두 동일한 계획들을 세우지 않더라도 각 교회가 선교에 공헌할 수 있는 부분이 있다고 믿는다.

이런 연유로 벤 엥겐은 보편적 교회의 본질을 거듭 강조한다. 독자들은 그가 인용하며 독자들에게도 권하는 폭 넓은 학자들의 범위에 놀라게 될 것이다. 그리고 오늘을 사는 하나님의 백성들을 향한 하나님의 뜻을 분명하고도 확실하게 반증하는 주제들을 밝혀 내려는 저자의 노력에 대해 특별히 고마움을 느끼게 될 것이다. 그는 오늘 배울 가치가 있는 자료들이 자기 교단 전통이나 협의적 의미로 정의한 특정 교단의 자료들뿐이라는 편협적인 학문적 자세를 용인하지 않는다. 사실 우리의 지식은 "거울로 보는 것 같이 희미하나 지금은 부분적으로 아는"(고전 13:12-13)것이다. 한 예로 벤 엥겐은 복음주의자들이 가난한 자, 억압받는 자, 사회 변두리에 사는 자들에 대해 관심을 갖기 훨씬 전부터 이러한 현실을 신학적으로 조명하려는 교회의 관심을 긍정적으로 인정했다. 그런 학자들의 학문적 공헌을 인정하면서 그들에게서 배울 점을 찾으려 노력하는 그의 학문적 자세를 나는 높게 평가한다.

넷째, 벤 엥겐은 선교현장 경험이 풍부한 선교학자이다. 멕시코로 파송된 선교사의 자녀로 태어나 두 나라 말에 능하다. 타문화 선교의 경험이 풍부한 그는 교회와 선교의 복잡한 문제들을 현실과 동떨어진 이론만으로 다루는 어리석음을 확실히 인식하고 있다. 이러한 선교사로서의 학문적 자세가 그의 신학적 사고에 신중함과 신뢰감을 더해 준다. 그도 역시 논지를 분명히 하기 위해 행동과학자들의 논리를 이용한다. 그러나 종전의 교회성장학 저술가들이 '철저한 실용주의'를 주장하며 성경에서 멀어져 갔던 비극적인 실수는 범하지 않는다.

이 결과로 그는 상황화(Contextualization)를 인정하지만 교묘한 조작(Manipulation)을 인정하지 않는다. 하나님 중심의 신학을 철저히 신봉하면서도 우리와 함께 신학하는 사람들에게도 귀를 기울여야 함을 권면한다. 벤 엥겐은 서구 신학 방법론만을 고집하지 않는다. 교회가 속해 있는 어떠한 문화 속에서도 뿌리를 내리고 자라날 수 있는 '토착적인' 비서구적 신학 방법론의 필요성에 대해서도 열려있다.

다섯째, 지역 교회가 핵심이다. 본서는 무관심했거나 망각했던 그러나 모든 선교학적 사고의 핵심이 되는 지역 교회에 분명한 초점을 맞추고 있다. 내가 이 책의 추천서를 부탁 받았을 때인 1962년, 화란선교사협의회(Netherlands Missionary Council) 총무였던 요하네스 블라우(Johannes Blauw)의 귀중한 말을 다시 생각해 보았다. 1960년 블라우 박사는 세계선교사협의회(IMC)와 세계교회협의회(WCC)가 공동으로 운영하는 선교연구부로부터 세상을 향한 교회 선교의 본질과 당위성에 대한 지난 30년 동안의 성서신학 자료들을 연구해 달라는 부탁을 받았다. 그 후 블라우 박사는 『교회의 선교적 본질』(The Missionary nature of the church)[2]이라는 책을 펴냈으나 거센 자유주의적 신학 사상에 주류 교회들이 손을 드는 바람에 이 책은 빛을 보지 못하고 잊혀졌다. 물론 복음주의자들은 이 책에서 성경적 지혜를 얻었지만 당시 피할 수 없었던 시대의 소용돌이 속에서 블라우의 책은 관심 밖으로 밀려나고 말았다. 그 시대의 선교학자들이 교회의 선교적 본질이 지역 교회에 어떻게 적용될 수 있을까에 대하여 깊이 생각하지 못한 것은 참으로 안타까운 일이었다. 블라우는 그의 성경 연구 끝 부분에서 중요한 선언을 한다.

> 그리스도의 교회가 아니면 교회가 아니며, 세상에 보냄을 받지 않은 교회는 교회가 아니다.

벤 엥겐은 이 선언의 중요성을 강조하기 위해 이 책에 블라우를 여러 번 인용하고 있다. 블라우는 우리가 성경 전체를 바로 보며 교회의 머리 되신 주 예수 그리스도께서 교회를 세상 가

---

2 Johannes Blauw, 『교회의 선교적 본질』 전재옥, 전호진, 송용조 역 (서울: 대한예수교 장로회총회 출판국, 1988)- 역주.

운데 보내신 뜻과 교회의 역할에 대하여 숙고하기를 소원하였다. 벤 엥겐은 블라우의 제안을 실천에 옮겨 지역 교회에 연결하는 데까지 이르고 있다. 이런 면에서 이 책은 선교적 시대를 위한 교과서이다.

벤 엥겐은 성경적이고 역사적인 교회를 믿는 학자들이 1960년대부터 쓴 방대한 선교학적 자료들을 집대성하였다. 그의 명쾌한 설명을 들으며 독자들은 성령께서 이 시대에 새로운 선교학자들을 일으키고 있음을 확신하게 될 것이다. 이런 일들이 세계 도처와 각 교단에서 일어나고 있다. 그리고 이들의 가슴은 아직도 계속 펼쳐나가야 할 세계 선교를 향하여 불타오르고 있다.

이 책은 그 뜻을 음미하며 천천히 읽어야 한다. 오래된 전통이나 지금 누리고 있는 기득권이 문제가 될 수 있다. 새로운 관점에 대해 미리 겁을 먹는다든가 고질적인 만성 게으름이 벤 엥겐이 제시하는 중요한 주제들을 심도 있게 다루는 데 방해가 되지 않게 주의하라. 무엇보다 당신이 알고 있는 지역 교회나 교회 생활, 예배와 선교적 현실이 교회를 세우신 하나님의 뜻에 부합되는지 아닌지 깊이 성찰하여 보라.

나는 이 책을 다 읽고 난 후 소리쳤다.

> 드디어 찾았다! 바로 이 책이다. 이 책을 우리가 얼마나 바라고 기다렸던가!

당신도 이런 고백을 하게 될 것이다.

Contents

추천사(이동휘 목사, 바울선교회 대표) _ 5
추천사(아더 글라서 박사, 풀러신학교 선교대학원 교수) _ 7
저자 서문 _ 17
한국어판을 위한 저자 서문 _ 23
역자 서문 _ 25

서론 _ 27

제1부 지역 교회: 하나님의 선교적 교회
1 새로운 관점으로 보는 지역 교회 _ 35
2 현대 교회론이 지역 교회에 미친 영향 _ 53
3 에베소서에 나타난 지역 교회의 참모습 _ 73
4 역사적 관점에 나타난 지역 교회의 참모습 _ 97
5 지역 교회의 선교적 의도 _ 121

제2부 지역 교회: 하나님의 선교적 교회를 향한 새로운 비전
    6 지역 교회의 존재목적 _ 145

    7 하나님 나라와 지역 교회 _ 171

    8 선교적 교회의 역할 _ 205

제3부 지역 교회: 선교적 교회가 되어가는 지역 교회
    9 선교적 교회의 선교적 목표 _ 227

    10 선교적 교회의 성도 _ 251

    11 선교적 교회의 지도자 _ 275

    12 선교적 교회의 행정 _ 303

참고문헌 _ 333
주제색인 _ 361
성경색인 _ 364

God's Missionary People :
Rethinking the Purpose of the Local Church

저자 서문

강의실은 온통 웃음바다가 되었다. 키가 훤칠한 아프리카에서 온 목사는 심각한 어조로 말했다. 자기 말은 진짜 농담이 아니라고 했다.

"교수님께서 교회라고 부를 수 있기 위해 있어야 할 최소한의 요건이 무엇이냐고 물으셨지요? 제가 종 하나만은 꼭 있어야 한다고 말했습니다. 우리 나라에서는 최소한 종이 있어야 합니다. 제가 종을 가지고 숲 속 나무 밑에 서서 종을 치기 시작하면 교인들이 모여듭니다."

브라질에서 온 여학생은 도무지 이해가 안 간다는 표정으로 연신 머리를 흔들고 있었다.

"우리 나라에서는 종이 필요 없어요. 성경과 사람들만 있으면 됩니다. 가톨릭 교회 바닥공동체들¹과 개신교의 작은 교회

---

1 1960년대에 브라질에서 시작된 이 운동은 급속히 남미 전역으로 확산되었다. 소

들과는 무언가 공통적인 요소가 있는 것 같아요. 그들은 모두 예수님의 제자들로 성경 말씀을 배우기 위해 모여, 자기들의 삶 속에 말씀이 주는 의미를 깊이 생각하고, 그들이 처한 현실 속에서 복음의 말씀을 따라 살아갈 수 있도록 서로를 격려합니다. 그들은 두세 사람이 예수님의 이름으로 모인 곳에 주께서 그들과 함께 하신다는 약속(마 18:20)을 믿습니다."

아프리카에서 온 형제나 브라질에서 온 자매의 지혜로운 설명은 내가 남부 멕시코 시골에서 전도하던 때를 상기시켰다. 도시에

그룹으로 모이는 친밀한 신앙 공동체 안에서 가톨릭 신자들은 자기가 처한 경제·사회·정치 현실을 성경 말씀으로 조명해 보려고 했다. 가끔 사제가 없이 평신도만으로 모이기도 한 이 모임은 '바닥공동체' 혹은 '기초 교회 공동체'(Base Ecclesial Communities, CEBs)라고 알려졌다. 그들은 남미 교회와 정치에 강한 영향을 미쳤으며 특히 남미 해방신학을 발전시켰다. 이 분야에 대한 연구로 가장 잘 알려진 개신교 복음주의 학자와 참고 문헌들은 다음과 같다. Guillermo Cook, *The Expectation of the Poor: Latin American Basic Ecclesial Communities in Protestant Perspective* (Maryknoll, N.Y.: Orbis, 1985); Cook, "The Protestant Predicament: From Base Ecclesial Community to Established Church: A Brazil Case Study" in *International Bulletin of Missionary Research* (July 1984): 98-102; Leonardo Boff, *Ecclesiogenesis: The Base Communities Reinvent the Church* (Maryknoll, N.Y.: Orbis, 1986); Samuel Escobar, "Base Church Communities: A Historical Perspective" in *Latin American Pastoral Issues*, 14.1 (June 1987): 24-33; J. B. Libanio, "Base Church Communities (CEBs) in Socio-Cultural Perspective" in *Latin American Pastoral Issues*, 14.1 (June 1987): 24-47; Rene Padilla, "A New Ecclesiology in Latin America" in *International Bulletin of Missionary Research*, 11.4 (Oct. 1987): 156-64; Valdir Steuernagel, "Base Ecclesial Communities: An Evangelical Reflection" in *World Evangelization* (May-June 1988): 17-18; John Welsh, "Comunidades Eclesiais de Bais: A New Way to be Church" in *America*, 154.5 (Feb. 8, 1986): 85-88.

서 멀리 떨어진 시골 마을에 도착하면 우리는 먼저 그 마을 지도자들을 찾아가서 공중(公衆) 전도집회를 할 수 있도록 허락을 받았다. 그 후 한두 시간 내로 우리는 강단을 설치하고 이동식 발전기를 가동시킨 다음, 스피커를 달고, 전등을 켜고, 영사기를 준비하고, 널빤지를 깔아 의자를 대신했다. 서산으로 해가 지고 나면 집회를 시작했다. 멕시코 사람인 목사가 하나님의 말씀을 선포하고 예수님의 생애에 대한 영화를 상영했다. 그리고 믿기로 작정한 사람들에게 예수 그리스도를 구주로 영접하게 하고 교회에 출석하라고 권했다.

나는 평생 교회와 함께 사역하였다. 그러나 신학 교육에 관여한 지난 20여년 동안의 경험은 나로 하여금 교회의 목적에 대해 심도 있고 난해한 질문들을 하게 했다. 또 내가 살아오면서 함께 일하고 대화했던 많은 선교사들과 목사들을 만나면서 교회의 존재목적, 특별히 지역 교회의 존재목적을 분명히 해야겠다는 사명을 절감하였다.

여기서부터 더욱 중요하게 다루어지는 교회 문제에 대해 미리 분명히 해두고 싶다. 교회에는 믿는 무리들이 교통하며 하나님의 뜻을 묻는 지역 교회가 있다. 또 예수님의 피로 구속되고 세상 속에서 하나님의 백성으로 부르심을 받은 우주적 교회가 있다. 우리는 지역 교회에 대해 생각하면서도 우주적 교회의 선교적 목적에 관심을 집중시킬 것이다.

교회를 바로 이해해야 한다. 라일 쉘러(Lyle Schaller)는 '건전한 교회의 표징[2]을 일곱 가지로 이해하는 방법을 제시하면서, 특별히 세 가지 방법을 강조한다.

첫째, 모델교회 방법으로 어느 특정 교회를 예로 들거나 다른 교회를 위한 모델로 사용하는 방법이다.

둘째, 통계학적 방법으로 사회학이나 통계학적인 분석을 통하여 권장할 만한 교회의 특성을 제시하는 방법이다.

셋째, 성경적 비교 방법으로 교회에 대한 성경의 실례, 가르침, 제시된 진리들을 받아들이는 방법을 강조한다.

이 책은 세 번째 방법론을 중심으로 삼고 있다. 이 방법론의 강점은 예수 그리스도가 우리에게 가르치신 진리들을 직접 대면하게 한다. 교회라는 개념 속에 무엇이 들어가야 하며 무엇이 들어 가서는 안 된다는 판단을 내릴 수 있는 기준과 그 출발점에 대해서 우리는 확신할 수 있다. 이 성경적 방법론의 명확한 기준은 우리에게 다른 방법론이 줄 수 없는 선교적 방향 감각, 추진력, 동기, 확신 등을 제공한다. 동시에 이 방법론은 이상적이고 이론적이며, 논리적 진리로부터 출발함으로 현실 생활에 실현되는 과정을 계속 점검하게 한다. 이것은 언제나 우리가 알고 있는 현실 교회와 연결되어 있어야 한다. 성경 신학적 방법론의 내용은 셸러의 모델교회 방법론과 역동적이고 창조적인 긴장 관계를 유지한다. 통계학적 방법론은 연구 내용을 비교하면서 현실에 적합한 방향으로 나아간다.

목회자, 선교사, 선교행정가, 교회개척자들 모두는 교회를 세

---

[2] *Parish Paper* (New York: RCA, 1983), 1.

우기 위해 소명을 받고 사역한다. 헨리 벤(Henry Venn)과 루퍼스 앤더슨(Rufus Anderson)³은 선교기관들이 스스로 자립하고(자립), 스스로 전도하며(자전), 스스로 다스리는 교회(자치)를 세워야 한다고 주장했다. 이런 삼자 교회(三自敎會)들이 어떠한 우주적 교회의 특성을 갖고 있는 교회인가에 대한 교회론적 의문이 있다. 불행하게도 선교사들, 선교행정가들, 교회개척자들은 그들이 세우는 교회의 본질에 대해 가장 중요한 질문을 하지 않는다. 나는 그러한 교회의 본질에 대한 신학적 사고를 독려하기 위해 이 책을 썼다. 내가 교회의 본질에 대해 연구하면 할수록 교회야말로 시간과 공간 속에 예수님의 제자들이 지역 교회로 모여 복음을 생활화한 삶의 모습을 펼쳐 보여주는 하나님의 신기하고 신비로운 창조물이라는 확신을 갖게 된다. 나의 선교적 교회론으로 보는 지역 교회는 세상을 향한 선교를 위해 세워졌으며 그들은 실로 믿음의 실체인 선

---

3 헨리 벤은 1800년대 중반에 영국 교회의 교회 선교협회(The Church Missionary Society)의 총무로 봉직하며 앤더슨과 가깝게 사역하였으며 미국 해외선교위원회(The American Board of Commissioners for Foreign Missions) 총무와도 교제하였다. 벤과 성공회, 앤더슨은 회중 교회 출신으로 교단 배경은 각각 달랐으나 교회의 선교에 대한 목적에 관하여는 같은 관점을 가졌는데 후일 '삼자원칙'(Three-Self Formula)으로 알려졌다. 이 것에 의하면 선교지 교회는 가능한 한 빨리 자립, 자치, 자전하는 교회가 되어야 했다. 피어스 비이버(R. Pierce Beaver)는 이 두 사람에 대해 "19세기가 낳은 위대한 두 선교신학자요 행정가로 20세기 중반까지 그 영향이 미치고 있다"고 확언했다. R. Pierce Beaver, *To Advance the Gospel: Selections from the Writings of Rufus Anderson* (Grand Rapids: Eerdmans, 1967), 5; Charles Van Engen, *The Growth of the True Church* (Amsterdam: Rodopi, 1981), 267-77; Bengt Sundkler, *The World of Mission* (Grand Rapids: Eerdmans, 1965), 41; Harvie Conn, *Theological Perspectives on Church Growth* (Nutley, N.J.: Presbyterian and Reformed, 1976), 110.

교적 교회가 되어야만 한다.

　지역 교회에 대한 문제를 제시하고 열심으로 핵심적인 성경적 해답을 찾는 데 함께 수고하고 이 주제에 대한 나의 신학 사상을 정립하는 데 도움을 준 목회자들과 선교사들에게 이 책을 바친다. 이 책을 위한 그들의 따뜻한 후원과 도움을 기억하며 감사한다. 그리고 이 자료를 가지고 나와 함께 씨름했던 목회자들, 선교사들, 그리고 선교지도자들의 흔적도 이 책에 남아 있다.

　특별히 나에게 이 책을 완성하도록 안식년을 허락해 준 풀러신학교 선교대학원에 감사한다. 초고를 교정해 준 나의 아내 진(Jean)의 사랑의 수고를 기억하며 하나님께 감사한다. 나의 사역을 후원해 주며 신앙생활의 기본적 이슈들을 늘 일깨워 준 나의 사랑하는 자녀인 에이미, 아니타, 앤드류로 인해 하나님께 감사한다. 마지막으로 흔쾌히 출판을 허락한 베이커출판사와 선교학 강좌를 후원한 개혁성경대학(Reformed Bible College)에 특별한 사의를 표한다.

　이 책을 독자에게 바친다. 이 책이 선교사들과 목회자들을 독려하여 그들이 섬기는 교회의 목적을 말씀 가운데서 발견하고 그들이 처한 삶의 현장에서 복음의 말씀과 능력을 분명하고 담대하게 증거하는 선교적 교회가 되는 새로운 방법들을 발견하기를 기도한다.

1990년 10월
찰스 벤 엥겐 박사

한국어판을 위한 저자 서문

　이 책은 내가 화란자유대학 박사과정에서 연구했던 교회론을 요약 정리한 것이다. 내가 주장하는 선교적 교회론을 통하여 선교신학의 핵심을 다룬 책이다. 이 책의 한국어판을 출간하면서 한국의 여러 형제 자매들을 만나게 되었다. 본서를 통해 한국 독자들을 만난 지도 벌써 20년이 되었다. 풀러신학대학원을 비롯한 미국 여러 대학원에서는 교과서로 채택하여 사용하고 있다. 그런데 이 책이 한국에서 절판이 되어 아쉬웠던 차에 기독교문서선교회(CLC)를 통하여 새롭게 단장하고 독자들을 다시 만날 수 있게 되었다는 소식은 무엇보다 큰 기쁨이다.

　이 책을 번역한 임윤택 교수는 나의 사랑하는 제자요, 친구요, 주 안에서 형제이며, 선교학자로서 함께 학자의 길을 가는 동료이다. 우리는 하나님의 선교에 대해 더 깊이 이해하기 위해 함께 땀을 흘리며 연구하고 기도했다.

　내가 만나 본 한국의 지도자들에게는 독특한 특징이 있다. 하나같이 진지하고 선교에 헌신적이다. 이것이 한국 교회의 가장 큰 매력이다. 나는 확신하며 기대한다. 21세기 세계 선교는 상당 부분 한국 교회가 담당하게 될 것이다. 나는 한국 교회가 선교하기 위해 존재한다고 믿는다. 이 책은 선교적 교회에 대한 구체적인 모습들을 보여줄 것이다.

   이 책을 선교적 교회의 리더들에게 나의 소중한 선물로 전하고 싶다. 아울러 선교적 교회로 성숙해 가는 한국 교회를 위해 작은 밑거름이 될 수 있기 바란다. 하나님께서 한국 교회를 선교 현장에서 살아 숨쉬는 선교하는 선교적 교회로 계속 사용하여 주시기를 기도한다. 세계 교회들이 한국의 선교적 교회를 보며 교회의 참모습을 볼 수 있기를 소망한다. 한국 교회의 선교에 소망이 있다. 소망과 선교의 주님께서 주인이 되시기 때문이다.

주님의 사랑 안에서

찰스 벤 엥겐 박사

역자 서문

아더 글라서 박사의 선교학 강의실은 뜨거웠다. 열정적인 노학자의 열강이 계속되었다. 은퇴를 앞 둔 어느 날이었다. 콧수염을 기른 멋진 교수가 함께 들어와 강의를 시작했다. 하나님 나라와 하나님의 백성인 교회의 선교에 대한 강의가 진행되면서 우리 모두는 그의 영성과 해박함에 놀랐다. 1988년 가을이었다. 그날의 기억이 생생하다. 그렇게 벤 엥겐 교수는 내 삶에 들어왔다. 그리고 나는 벤 엥겐 교수의 지도 아래 선교신학을 전공하는 박사과정 초기 제자가 되었다. 벌써 27년 전의 일이다.

1998년 벤 엥겐 교수가 처음 한국을 처음 방문하여 여러 대학과 신학대학원에서 특강을 하였다. 나는 통역을 하면서 다시 한 번 벤 엥겐 교수의 학문적 DNA를 음미할 수 있었다. 벤 엥겐은 조직신학자이다. 그는 교회를 하나님의 백성, 하나님의 선교적 백성, 선교하는 회중(Missionary Congregation), 선교하는 교회(missionary church)로 정의한다. 그는 선교적 교회에 탁월한 선교적 통찰을 제공한다. 사랑하는 동료 목회자들과 함께 이 책을 나누고 싶다. 교회의 존재목적에 대해 벤 엥겐 교수와 함께 진지한 고민을 해 보고 싶다. 교회목회 개념을 선교목회 개념으로 전환하는 기회를 만들고 싶다.

존경하는 선교사들과 함께 이 책을 나누고 싶다. 선교지에 세우는 현지교회들이 선교적 교회가 될 수 있게 하는 고민을 밴 엥겐 교수와 함께 해 보고 싶다.

이 책이 다시 멋지게 단장하고 독자를 만날 수 있도록 탁월한 출판 결정을 해 주신 박영호 대표님과 CLC 편집진들에게 감사드린다. 기쁨으로 추천사를 보내 주신 밴 엥겐 박사님과 이동휘 목사님께 감사드린다. 이동휘 목사님은 전주 안디옥 교회와 바울선교회를 통하여 선교적 교회의 모델을 보여주셨다.

한국 교회의 선교적 사명이 어느 때 보다 커졌다. 우리는 매일 국내외적으로 선교적 현실과 마주한다. 우리는 과연 하나님의 어떤 백성이 될 것인가? 무엇보다 하나님의 선교에 동참하는 하나님의 선교적 백성, 하나님의 선교적 교회가 되기를 기도한다. 그 과정에 이 책이 확실한 이정표가 될 것이다.

파사데나 연구실에서
임윤택 교수

서론

　미국 선교학회는 매년 모인다. 얼마 전 학회 연차 모임이 있었다. 그 모임에 참석한 우리는 마음이 심히 착잡하였다. 아침식사를 하면서 우리는 미시간주 디트로이트에 있는 가톨릭 교회 중 40개 교구가 문을 닫았다는 소식을 나누면서 깊은 생각에 잠겼다. 첫 번째 주제 발표를 들으러 가는 길에 한 동료가 중국 본토 교회의 부흥에 대해서 열심히 설명하는 것을 들었다. 그는 중국의 가정 교회를 보고 와서부터 세상에서 교회가 어떤 모습으로 살아야 하는가에 대한 새로운 눈을 뜨게 되었다고 했다.

　첫 번째 주제 발표는 브라질의 기초교회공동체운동(The Base Ecclesial Community Movement In Brazil)에 대한 것이었다. 이 운동은 개개인의 신앙 경건생활에서부터 시작된 부흥 운동인데 성경에 나타난 하나님의 계시의 말씀을 깊이 이해함과 아울러 사람들이 살아가는 사회 경제적인 현실을 아프게 품어가는 운동이라고 했다. 나는 이렇게 활력이 넘치는 신앙인 바닥공동체들의 형태와 범위, 특성들에 대해 전혀 새로운 시각을 갖게 되었다. 학회장을 떠나면서 나는 다시 생각했다. '어떻게 하면 지역 교회를 선교적 교회가 되게 할 것인가?' 이에 대한 새로운 비전이 마음에 가득 차 올라

벅찬 감동과 기대를 갖게 되었다.

　돌아오는 길에 그곳에서 목회하는 친구를 만나러 갔다. 우리는 밤이 맞도록 얘기했다. 그는 지리하고 단조로운 목회 생활에 대해 얘기했다. 교회 조직은 어떻게 하고 있으며 예배, 교육, 구역 관리, 지역 전도 등을 이렇게 저렇게 하고 있다고 설명했다. 그는 나에게 교회가 급변하는 주위 도시 주민들과 얼마나 높은 담을 쌓고 있는가에 대해서 언급했다. 그는 자신이 교회 생활의 핵심이 되는 네 개 분야를 다 관리하는 데 시간이 부족하기 때문에 사역자가 더 필요하다고 불평을 늘어놓았다. 교인들의 열심은 점점 줄고 교회는 경제적으로 허덕인다. 그는 손 볼 데가 많은 교회 건물을 직접 손질하며 목회 현장의 중압감에 시달려 외로움을 느낀다고 했다.

　나는 갑자기 꿈에서 깬 듯했다. 이것이 목회 현실이 아닌가! 내 친구의 주변 얘기를 들으면서 생각했다. 그는 그 교회와 함께 공유하고 있는 확실한 비전이 없었다. 교회가 주위 사람들에게 어떤 목적을 가지고 어떻게 하나로 뭉쳐 선교해야 하는지 모르고 있었다. 그들이 갖고 있는 선교의 개념은 교회가 경제적으로 어려운 가운데 있지만, 몇몇 선교사들이나 교단 선교프로그램, 아시아에 나가서 선교단체를 돕고 있는 여자 선교사에게 선교헌금을 보내는 정도였다. 내 친구는 여러 해 동안 목회를 해왔지만 나의 관점에서 보면 그는 그가 섬기는 교회가 왜 존재하는지, 왜 그 특정 지역에 세워졌는지, 어떤 선교활동을 해야 하는지, 그 상황에서 무엇에 목회의 우선순위를 두어야 하는지에 대해 심각하게 고민해 본 것 같지 않았다. 내 친구는 명문 신학교에서 교인을 관리하는 일, 교인을 기쁘게 해주는 일, 교회에서 적당한 사례를 받는 일에 대해서는 잘 배운 사람이었다. 그를 바라보며 멕시코시티, 나이로비의 카라카스, 그리고 서울에서 그와 같이 목회 생활에 지친 목회자들을 대할 때 내가 느꼈던 것과 같은 아픔이 가슴을 메웠다.

선교적 교회론이 필요하다. 선교학적 연구 분야에서 교회론은 세계 어디서나 가장 뒤쳐진 분야이다. 우리는 교회를 창조적으로 현실 상황에 적응시키는 새로운 방향들을 모색하여 복음을 잘 전하려 하기보다는 우리가 전도한 모든 나라에 우리의 교회 정치, 교회 형태, 교회 조직, 교회 전통들을 수출하여 현지인들이 그것을 신봉하도록 주입시켰다. 우리가 교회와 문화의 관계를 이해한다고 하지만 우리는 이 관계에 대해 얼마나 더욱 심각하고 철저하게 다시 생각해야 하는지 깨달아야 한다.

그날 밤 잠자리에 누우며 교회의 본질과 목적에 대해 참으로 심도 있게 고민했다. 내가 더 어렵고 용감한 질문을 해야 한다는 것을 어느 때보다 강하게 느꼈다. 우리는 이런 질문을 할 때 각 교회의 특성에 맞는 독특한 선교활동을 생각해 내야 한다는 사실을 염두에 두어야 한다. 지역 교회를 위한 교회 선교론을 정립하는 것은 필연적인 일이다. 1960년대의 몇몇 학자들은 지역 교회가 사라질 것이라고 예측했다. 그 예측과 반대로 지역 교회는 엄연히 존재하고 있다. 하지만 교회의 생명력은 큰 위기를 맞고 있다. 교회들은 현 상태를 유지하며 살아남기 위해 발버둥을 치다가 지쳐 버리든지, 아니면 그들이 속한 현실 상황 속에서 그들만의 독특한 목적과 선교에 대한 비전을 발견함으로 새로운 생명력을 발휘하게 될 것이다. 이 비전은 어떤 목회 철학을 구상하는 것보다 더 포괄적이다. 이 일은 더 좋은 목표를 정하는 것이나 효과적인 행정을 하는 것보다 더 적극적인 성찰을 요구한다.

지역 교회에 생명력이 필요하다. 우리가 지역 교회들의 독특한 모습, 독특한 문화적 배경, 인적 구성, 현실적 요구들을 주지하며 교회의 선교적 목적을 분명하게 이해해야 한다. 그리고 직접 선교 활동을 통하여 자기들만이 갖고 있는 하나님의 백성으로서의 본질을 분명하게 발견하게 될 때에만 지역 교회는 새로운 생명력과 활력을 되찾게 될 것이다.

이 책은 선교사들, 선교행정가들, 교회개척자들, 목사들, 세상 가운데서 선교적 교회를 세우는 중요한 역할을 감당하는 지도자들을 위한 것이다. 나는 그들에게 활력을 불어넣기 위해 이 책을 썼다. 나는 지역 교회의 지도자들이 교인들에게 선교적 본질을 인식하고, 목표와 일의 우선순위를 정하고, 성령의 사역에 동참하는 인력과 조직을 만들고, 전략을 수립하도록 훈련시켰으면 한다. 이 책은 교회가 실제로 신앙고백 속의 선교적 교회가 되라고 강력히 촉구하고 있다.

이 연구서는 상반된 신학 전통을 주장하는 분들의 목소리도 포함하고 있으나 교회의 선교적 목적에 대하여서는 놀랍게도 서로 동의하는 신앙고백들을 열거했다. 이 연구의 시작부터 끝까지 우리는 형성되어 가는 도상(道上) 신학(a Theology-on-the-way, *Theologia vistorium*)의 여로에 동참한다. 이 배움의 여정에서 우리는 여러 신학 전통을 연구하며 교회의 선교적 본질에 대한 어느 정도의 합의점을 찾게 될 것이다. 여러 신학적 주제들을 다루면서 우리는 모든 문제에 대한 해답을 다 찾으려고 하지는 않을 것이다. 가능한 전략들을 모두 다 추천한다거나 신학 전통이나 학자들을 모두 다 비판하지는 않을 것이다. 무엇보다도 중요한 나의 목적은 독자들에게 보다 풍성한 교회 선교의 금광(金鑛)을 소개하여 독자들이 감명을 받고 개인의 사역과 선교에 도움이 되는 자료들을 보다 친밀하게 대하게 하는 것에 있다. 독자들이 이런 자료들을 더 잘 찾아보고 제시된 이슈들을 연구해 보며 이 선교적 관점을 생활 가운데 적용하게 되기를 소원한다. 끝 부분에 소개된 참고 문헌들은 독자들의 특별한 관심 분야에 대한 연구에 도움이 될 것이다. 이 작은 책이 세계 곳곳에 선교적 교회들을 일으키는 데 작은 밑거름이 될 수 있기를 소망한다.

Part One

Local Churches
God's Missionary People

1부

지역 교회: 하나님의 선교적 교회

제1장 새로운 관점으로 보는 지역 교회
제2장 현대 교회론이 지역 교회에 미친 영향
제3장 에베소서에 나타난 지역 교회의 참모습
제4장 역사적 관점에 나타난 지역 교회의 참모습
제5장 지역 교회의 선교적 의도

God's
Missionary
People
Rethinking the Purpose of
the Local Church

God's Missionary People :
Rethinking the Purpose of the Local Church

제1장
새로운 관점으로 보는 지역 교회

1980년 나는 새 집을 직접 지었다. 내가 선교사로 사역하던 멕시코 치아파스의 최남단 지역, 열대성 기후의 타파츌라시 외각에 집을 지었다. 그 집 앞에 한 치 정도 되는 봉황목[1] 한 그루를 심었다. 화려한 꽃이 피는 나무였다. 그리고 정성을 다해 가꾸었다. 건기에는 물을 주고 우기에는 가지를 쳐 주었다. 나뭇잎을 갉아먹는 개미들이 접근하지 못하도록 한 달에 한 번꼴로 주변에 약을 뿌려 주었다. 나무가 자라면서 뿌리가 굵어졌다. 나무가 옆길을 밀어내어 길을 수리해야만 했다. 이 나무를 돌보느라 많은 시간을 보냈다. 하지만 보람이 있었다. 3년이 지난 후 이 나무는 이층 집보다 높이 자라났다. 울창한 가지들이 정원을 덮고 거실과 내 연구실에 서늘한 그늘을 드리워 주었다. 또 그 무성한 잎사귀들은 억수같이 쏟아지는 비를 시원한 이슬비로 만들어 주었다. 지나가는 많은 나그네들의 휴식처가 되어 주고 밝은 오렌지색 꽃은 여러 벌새들의 먹이가 되었다. 내가 심었던 작은 묘목이 이제 울

---

[1] 세상에서 제일 화려한 꽃이 피는 멕시코에서 유명한 나무이다. 꽃을 피는 나무 중에서 가장 으뜸이 된다하여 봉황목(鳳凰木, Flamboyant tree)이라 부른다- 역주.

창한 나무가 되었다. 나는 작은 묘목을 심는 순간부터 이 묘목이 자라 큰 나무가 될 것을 미리 알고 있었다.

나와 같이 미리 알고 묘목을 심는 사람들이 있다. 가을이 되면 많은 사람들이 작고 둥근 뿌리를 땅에 심는다. 하지만 그들은 작은 뿌리를 심는다고 하지 않고 튤립(Tulip)을 심는다고 말한다. 농부처럼 심는 자들은 그들의 눈 앞에 보이는 것만을 보지 않는다. 그들은 심는 것이 어떻게 자라날 것을 미리 상상하며 심는다.

예수 그리스도의 교회는[2] 여러 면에서 튤립 뿌리나 작은 묘목과 같다. 세계 도처에 작고 연약하게 시작된 교회들이 있다. 이 교회들은 새로운 삶의 원천이 되고 영적인 양식을 공급하며 생명을 보호한다. 인류 역사상 처음으로 전 세계에서 교회를 찾아볼 수 있게 되었다. 교회는 예수 그리스도의 주되심을 이 모양 저 모양으로 고백하며 자신들을 그리스도인이라 부르는 15억 정도의 사람들에게 안식처를 제공하고 있다.[3] 지금 우리는 지구 상의 모든 인종과 족속에 남김없이 접근할 수 있는 능력을 가진 교회의 '만민 제자화의 시대'에 살고 있다. 세계 역사와 기독교 역사에 있

---

2 이 책에서 영문 대문자로 쓰여진 교회는 모든 세대와 장소에 있는 그리스도의 우주적 교회를 의미하며 소문자로 쓰여진 교회는 지역 교회로 예수 그리스도를 믿는 공통된 신앙을 바탕으로 모인 무리들 회중이나 예배하는 공동체를 의미한다. 역자는 본문의 문맥에 따라 우주적 교회, 지역 교회 혹은 교회, 지역 교회 등으로 번역하였다- 역주.

3 David Barrett, *World Christian Encyclopedia* (Oxford: Oxford University Press, 1982); idem, "Silver and Gold Have I None: Church of the Poor or Church of the Rich?" *International Bulletin of Missionary Research*, 7.4 (Oct. 1983): 146-51.

어서 전혀 새로운 장이 열리는 시점에 서 있다.⁴ 세계 많은 교회들이 선교적 교회가 되고 있다. 교회는 모든 언어와 족속과 백성들에게 복음을 증거할 수 있는 기회를 맞고 있다. 이 기회가 통일성과 성결성, 보편성과 사도성을 가진 선교적 교회에게 주어졌다. 각 지역에 있는 교회들이 전도하는 교회로 세워질 때, 교회는 어린 묘목에서 큰 나무로 자라나 선교적 교회로서 풍성한 열매를 맺게 될 것이다.

선교적 비전이 우선이다. 선교사나 목사, 교회개척자들이 선교적 교회를 세우려고 한다면, 먼저 특수한 지역 상황에 있는 교회에 대한 새로운 선교적 비전을 가져야만 한다. 작은 나무는 다 자라지 못했지만 큰 나무의 속성을 이미 갖고 있다. 이제 자라기만 하면 된다. 이 새로운 관점은 우리에게 예수 그리스도의 약속하신 말씀이 모두 다 이루어지는 미래의 모습을 볼 수 있게 한다. 새로운 안목을 갖게 한다. 예수님도 하나님 나라를 겨자씨와 누룩에 비유하여 이런 관점을 피력하셨다(마 13:31, 33). 이 두 가지 비유에 예수님의 강조점이 있다. 강조점은 현재의 무엇에 있는 것이 아니라 미래에 이루어질 무엇에 있다. 우리는 미래의 가능성이 그냥 저절로 생겨나는 것이 아니라는 사실을 인식해야 한다. 미래의 속성은 현재의 상태를 새롭게 변화시키는 촉진제가 된다. 반죽은 누룩이 닿기 전에는 부풀지 않는다. 겨자씨는 땅에 심겨지기 전에는 결코 나무로 자라지 못한다.

---

4 David Barrett, "Five Statistical Eras of Global Mission," *Missiology*, 12.1 (Jan. 1984): 33.

교회는 하나님 나라와 역동적 관계를 갖고 있다. 교회가 선교적 교회로 자라나게 하는 강력한 힘이 있다. 이 힘은 하나님 나라의 임재와 밀접하다. 하나님 나라에는 능력이 있다. 하나님 나라의 강한 능력은 성령의 능력 안에서 하나님의 역사하심을 통하여 생명을 '이미'(already)에서 '아직'(not yet)으로 움직이게 한다.

교회는 이 세상에서 그리스도의 영적인 몸이다. 몸에는 본질적인 것이 있다. 교회는 자신의 본질인 통일성과 성결성, 보편성과 사도성을 갖는 하나님의 백성 이상이 될 수 없다. 그러나 교회는 그의 본질적 속성에서 더욱 충만한 단계로 자라도록 부르심을 받았다. 교회는 현재의 모습과 미래에 나타날 모습과의 변증적 긴장 관계 속에 있다. 하나님 나라 안에서 교회의 위상은 인간의 노력이 아닌 성령의 역사를 통해 형성된다. 교회는 예수 그리스도에 의해 만들어진 신비로운 하나님의 창조물로서 형성되어 가는 독특한 본질을 가지고 있다. 하지만 하나님의 신비로운 창조물인 교회는 실제로 그리스도의 영적인 몸이며, 교회는 그 몸처럼 "성도를 온전케 하며 봉사의 일을 하게 하며 그리스도의 몸을 세우려"(엡 4:12)고 하는 사역을 통하여 성장한다. 교회는 한 알의 씨앗과 같다. 그 안에 이미 씨가 자라나 나무가 되는 생명력을 간직하고 있다. 그러나 씨가 자라는 데에는 도움이 필요하다. 하나님이 자라게 하시도록(고전 3:6) 조심스런 파종과 물을 주고 가꾸는 작업이 필요하다.

칼 바르트(Karl Barth)는 교회가 형성되는 과정을 중시하는 관점에서 중요한 질문을 한다.

교회는 얼마나 그 이름에 걸맞는가? 교회의 본질은 얼마나 실제적으로 잘 드러나고 있는가? 교회의 본질은 얼마만큼이나 실제 보이는 모습과 일치하는가? 교회는 얼마만큼이나 확언했던 일과 기대를 갖게 했던 사역을 하고 있는가?[5]

1. 현대 선교학에 나타난 선교와 교회의 관계

새로운 교회론이 생겨났다. 지난 반세기 동안 선교학자, 종교사회학자, 교회론자(ecclesiologists) 그리고 선교하는 여러 분야의 전문가들은 '선교하는 하나님의 백성'으로 지역 교회를 새롭게 보아야 할 필요성을 점점 강하게 느껴 왔다. 학자들은 다음 세 가지 다른 방향에서 새로운 교회 선교론(A New Congregational Missiology)을 주장한다.

첫째, 1930년대부터 시작된 교회의 선교적 본질에 대한 학문적 토론을 중심으로 학자들은 교회와 선교의 개념이 더욱 가까워져야 한다고 주장한다.

둘째, 종교사회학자들이 최근 들어 교회의 전략적 중요성을 강조하기 시작했다.

셋째, 바르트와 디트리히 본회퍼(Dietrich Bonhoeffer) 이후 현대 교회론자들은 지역 교회에 대해 보다 포괄적인 선교적 함축성을

---

[5] Karl. Barth, *Church Dogmatics*, G. T. Thomson, trans. (Edinburgh: T and T Clark, 1958), 641.

갖는 새로운 패러다임(paradigm)을 제안하였다. 교회를 새롭게 보는 시각을 주장하였다. 이 세 가지 사고를 종합하여 보면 답이 나온다. 교회는 자신이 처한 환경 속에서 선교하는 선교적 교회로 새롭게 교회 자신을 인식해야만 한다.

우리가 세상에서 선교하는 선교적 교회를 세우려 한다면 우리는 먼저 교회와 선교의 관계를 주의 깊게 생각해 보아야 한다. 예수 그리스도의 교회는 선교적 교회로서의 본질을 생활화할 때에야 비로소 세상 안에서 하나님 나라의 참모습을 드러낼 수 있다. 에밀 브루너(Emill Brunner)의 말이 맞다.

> 불이 타고 있기에 존재하는 것처럼 교회는 선교하기에 존재한다.[6]

금세기 들어 교회와 선교의 상호관계는 많은 연구와 대화의 주제가 되었지만 결론이 상반된 경우가 많았다. 안타깝기 이를 데 없다.

일반론이 주도적이다. 우리는 교회와 선교를 동일한 것으로 생각하지 않는다. 우리는 교회를 말씀과 성례, 증거를 위주로 하는 지상의 모든 신앙가족들의 모임, 즉 통일성과 성결성, 보편성과 사도성을 갖는 예수 그리스도의 제자들의 모임으로 정의한다. 더 나아가 스티븐 니일(Stephen Neill) 주교의 말대로 선교는 "복음 전

---

6 Michael Griffiths, *God's Forgetful Pilgrims: Recalling the Church to Its Reason for Being* (Grand Rapids: Eerdmans, 1975), 135에서 인용.

파의 목적을 가지고 말과 행함에 있어서 교회에서 교회 밖을 향해 의도적으로 장벽을 넘어가는 것"[7]으로 정의된다. 이 두 정의는 개념상 레슬리 뉴비긴(Lesslie Newbigin)이 적절하게 지적한 바와 같이 서로 차이가 있다.

> 대다수의 기독교인들의 생각 속에 교회와 선교라는 두 단어는 각기 다른 두 가지 사회 집단을 의미한다. 그 하나는 예배와 목회 및 영적인 도움을 주는 교회 조직체로, 다른 하나는 복음을 전파하고 회심자들을 '교회로' 보내주는 선교 조직체로 인식한다. 선교를 후원하는 일은 본 교회가 필요한 모든 일을 마친 후에나 해야 하는 것으로 인식한다. 교회 밖의 일을 벌이기 전에 교회 예산상 남아 도는 자본이 있는지 먼저 확인한다. 세계의 모든 교회들은 이와 같이 보수적인 사업체로 세워져야만 한다.[8]

이것은 도표 1에서 보는 바와 같이 교회와 선교를 대조적으로 보는 일반적 견해이다. 도표에 나타난 바는 풍자적이라 할 수 있다. 하지만 많은 교인들의 마음속에 교회와 선교가 구별된 개념 혹은 상반된 개념으로 남아 있는 것은 사실이다. 이 사실은 특별히 '교회 조직체'와 상당한 거리를 갖고 활동하는 '선교 조직체'들

---

7 Stephen Neill, "How My Mind Has Changed about Mission," video recording produced by Overseas Ministries Study Center, 1984.
8 J. E. Lesslie Newbigin, *The Household of God: Lectures on the Nature of the Church* (New York: Friendship, 1954), 164-65.

이 많은 아프리카, 아시아, 남미에서 쉽게 찾아볼 수 있다. 적어도 1930년대부터 주장되어 온 교회와 선교의 긴밀한 관계, 우리가 믿는 교회와 선교의 상관관계를 생각할 때 확실하게 교회와 선교를 구별하는 것은 바람직하지 않다.

도표 1. 교회와 선교의 일반적 견해

교 회	선 교
제도화된 조직	개인화된 친교
영구적인 부동산을 기초로 설립	동산을 기초로 설립, 영구적인 부동산은 적음
유급 성직자의 지도	자기 희생적인 선교사들의 지도
기관조직 유지 지향적임	위험부담이 있는 새 사업을 지향함
세상에서 따로 구별된 천국 생활	세상 안에서 선교함
질서 잡힌 정책	특수 사역을 위한 조직, 느슨한 정책
책임과 의무가 있는 조직	봉사자 중심의 개체 조직
자급 / 자족	계속적인 외부 도움에 의존
자치 / 자전	외부로부터 기안되고 조정됨

1938년 인도, 마드라스 탐바람에서 열린 국제선교협의회(International Missionary Council)에서 이 주제에 대한 가장 중요한 논의가 있었다. 이 모임에서 교회론적 선교학(Ecclesiological Missiology)이 큰 추진력을 얻게 되었다. 이 협의회 공식기록에 따르면, "교회의 세

계 선교"(The World Mission of the Church)[9]에 관하여 참가자들이 교회와 선교의 긴밀한 관계에 대해 씨름하였음을 보여준다.

교회와 선교의 긴밀한 관계는 1952년에 독일 빌링겐(Willigen)에서 있었던 협의회에서 재차 강조되었다.[10] 빌링겐 대회에서 세계 선교 운동 동참자들은 고백했다. "그리스도가 하시는 세계 선교에 동참하지 않고는 그리스도와 함께할 수 없다. 그리스도를 통하여 세워진 교회는 그리스도를 통하여 세계 선교의 사명을 받는다."[11] 그 이후로 이 고백은 많은 사람들에게 퍼져 나갔다. 예를 들면 토마스 토랜스(Thomas Torrance)는 "선교는 교회의 본질에 속한다"[12]라고 주장하였다. 요하네스 블라우(Johannes Blauw)는 "세상에 보냄을 받지 않는 교회는 교회가 아니고, 그리스도의 교회가 하는 선교가 아니면 선교가 아니다"[13]라고 강조했다. 존 스토트(John Stott)는 "교회는 선교적이고 동시에 종말론적이라는 관점으로 보지 않고는 이해할 수 없다"[14]라고 말했다.

---

9 London: International Missionary Council, 1939.
10 빌링겐 선교대회는 1952년 7월 5-17일에 열렸다. 빌링겐 대회의 5가지 주제들 중 하나가 "교회의 선교적 의무"(The Missionary Obligation of the Church)이었다. 이 대회는 교회의 선교적 본질을 강조하였다-역주.
11 International Missionary Council, *The Missionary Obligation of the Church* (London: Edinburgh House, 1952), 3.
12 Thomas F. Torrance, "The Mission of the Church," *Scottish Journal of Theology* 19.2 (1966): 141.
13 Johannes Blauw, *The Missionary Nature of the Church: A Survey of the Biblical Theology of Mission* (Grand Rapids: Eerdmans, 1974), 121.
14 John R. W. Stott, *One People* (Downers Grove, Ill.: Inter-Varsity, 1971), 17. "Evangelism Through the Local Church," *World Evangelization* (March-April, 1989): 10.

교회와 선교, 이 두 개념이 서로 다르다고 이해하지만 우리는 교회와 선교를 분리하여 어느 한 편만을 독자적으로 이해할 수 없음을 잘 알고 있다. 다른 한편 선교활동은 교회가 후원하고 교회 출신의 성도들이 합력하여 실행하며 선교의 열매들은 교회에 속하게 된다. 또 다른 한편 교회는 세상 안에서 선교함으로 자신의 소명을 실천하게 되고, 하나님의 선교에 동참함으로 교회의 본질적인 목적을 발견하게 된다. 그리고 선교 목적으로 많은 프로그램들을 실행한다. 결론은 분명하다. 교회의 본질을 이해하지 못하고는 선교를 이해할 수 없고, 교회의 선교를 간과하고서는 선교를 이해할 수 없다. 뉴비긴은 다음과 같이 말한다.

> 우리가 선교하지 않는 교회는 본질을 잃어버린 교회라고 주장하듯이, 우리는 또한 교회의 참모습을 갖지 못한 선교도 신적 사도성(divine apostolate)을 바르게 표현하지 못한다고 말해야 한다. 교회 없는 선교는 선교하지 않는 교회처럼 괴물 같은 기형아일 뿐이다.[15]

---

15 Newbigin, *Household*, 169-70.

2. 지역 교회의 전략적 중요성

1960년대에 고조된 교회와 선교의 관계에 대한 열기는 제2차 바티칸 공의회(Vatican Council II)의 공문서에 드러난다.[16] 교회협의회의 연구 문헌인 "세상을 위한 교회와 다른 이들을 위한 교회"(The Church for Others and the Church for the World)[17]에도 잘 나타나 있다. 안타까운 점도 있다. 이 역사적인 활동이 교회를 사회 변혁의 유용한 도구라는 정도의 차원에서 정의하고 교회와 선교를 동의어로 만드는 정도로 끝나고 말았다는 사실이다. 교회는 세상을 급진적으로 변화시키는 일에 공헌하는 일에만 관심을 갖게 되었다. 그 시대를 풍미한 말은 "교회는 선교이다"라는 선언이었다.

여기에 문제가 있다. 니일(Neill)이 "만일 모든 것이 선교라면 아무것도 선교가 아니다"[18]라고 경고하고 지적한 바와 같이 선교의 핵심요소가 빠져 있다. 성전에 새로운 카펫을 다시 깔고, 새 오르간을 설치하고, 새 목사님을 모셔 오고, 교구 조직을 다시 만드는 것들이 복음을 전하기 위해 장벽을 넘는 본질적 의미의 선교라 말할 수 없다.

특히 유럽과 북미에서 환원주의(reductionism)가 시작되었다. 그 결과 제도적 교회에 대한 불만이 팽배해지고 베이비 부머(Baby

---

16 Austin P. Flannery, ed., *Documents of Vatican II* (Grand Rapids: Eerdmans, 1975).
17 *The Church for Others and the Church for the World: A Quest for Structures for Missionary Congregations* (Geneva: World Council of Churches, 1968).
18 Stephen Neill, *Creative Tension* (London: Edinburgh House, 1959), 81.

Boomer) 세대들이 지역 교회에서 빠져 나갔다.[19] 그들은 자신을 우주적 교회의 일부로 간주하였지만 자기들이 속했던 지역의 제도적 교회에 대해서는 대단히 비관적이었다. 호겐다이크(J.C. Hoekendijk)의 『밖으로 나가는 교회』(The Church Inside Out)에[20] 따르면 그들은 세상을 변화시키려는 목표를 가지고 "평화 봉사단"(Peace Corps), 린든 존슨의 "위대한 사회"(Great Society), 그 외 다른 여러 활동들과 같이 전통적인 교회들이 가진 제약에서 벗어나고 싶어했다. 교회가 아닌 외부 단체들에 가입하였다. 그들은 교회 없는 선교를 원했고 그들이 선교로 간주하는 정치적이고 사회적인 활동을 하는 교회만 인정했다.

결과는 점점 선명해졌다. 그런 관점을 가진 자들은 보편적 교회와의 관계만 잃어버린 것이 아니라 선교에 대한 비전마저 잃어버리게 되었다. 그들은 가시적이며 사회적으로 함께 관계를 맺으며 예배하는 지역 교회와의 접촉을 상실하고 진정한 선교가 아닌 사회 활동가로 전락하고 말았다. 교회의 본질적인 특수성과 구별됨은 철저히 세속화된 사회운동주의자들에 잡아 먹히고 말았다. 로저 바삼(Rodger C. Bassham)은 다음과 같이 기록했다.

---

19 이 주제에 대한 깊이 있는 토론으로 다음 문헌들을 참조하라. Benton Johnson, "Is There Hope for Liberal Protestantism" in Dorothy C. Bass, Benton Johnson and Wade Clark Roof, *Mainstream Protestantism in the Twentieth Century: Its Problems and Prospects* (Louisville: Presbyterian Church USA, 1986), 13-26.

20 Hoekendijk의 이름으로 1966년 필라델피아에 있는 웨스트민스터에서 출판되었다. 그의 관점은 세계교회협의회의 교회에 대한 연구인, *The Church for Others and the Church for the World*에 큰 영향을 미쳤다. 이 연구는 '교회의 선교적 구조'(missionary structures of the congregation)에 관한 연구를 목적으로 하였지만 교회 자체에 대한 연구는 거의 없었고, 교회도 이 연구에 별 영향을 받지 않았다.

세상에서 하나님의 선교에 동참하는 것이 교회가 존재하는 정당성이자 역할과 현실을 정의하는 요소가 되었다. '교회는 선교다'라는 기본적인 관념으로 교회와 선교를 이해하기에 교회를 선교의 일부 역할로 보고, 선교를 교회의 역할로 보지 않는다.[21]

데이빗 모버그(David Moberg)가 1962년 교회의 본질적인 자기 인식에 관해 교회는 자기들이 처한 환경에서 선교하는 선교단[22]이라고 주장하였을 때, 실로 극소수의 사람만이 그의 말에 귀를 기울였다. 한참 지난 후에야 몇몇 학자들이 관심을 갖게 되었다. 그리고 지역 교회를 이 세상 안에서 선교하는 기본 선교기관으로 인식하지 못하고 이 점을 간과하고 무시하였던 자신의 실수가 얼마나 심각한지 깨닫게 되었다.

1970년대 후반기에 들면서 관점에 변화가 생겼다. 세상 안에서 이루어지는 교회 선교에 있어서 지역 교회의 역할에 대한 주의 깊은 재평가가 있어야 한다는 목소리가 높아졌다. 몰트만(Jurgen Moltmann)은 『교회의 소망』(*Hope for the Church*)이라는 책에서 신앙 공

---

21 Rodger C. Bassham, "Seeking a Deeper Theological Basis for Mission," *International Review of Missions*, 67.267 (July 1978): 333.
22 비교, David O. Moberg, *The Church as a Social Institution: The Sociology of American Religion* (Englewood Cliffs, N.J.: Prentice-Hall, 1962). 모버그는 교회의 역할을 사회화의 관리자, 사회적 지위를 주는 곳, 사교와 사귐의 장소, 사회 일체감 촉진, 사회 안정 역할, 사회 조정역할, 사회개혁 추진역할, 복지기관, 박애적 기관 등으로 지적하며 '교회의 사회적 기능'을 강조하였다. 모버그는 교회를 사회적 기능만을 가진 것으로 간주하지 않고 하나님의 백성으로 이런 사회적 영향을 미칠 수 있는 기관이라는 점을 보여 주었다.

동체인 지역 교회에 소망에 대해 선포하였다.

> 지역 교회는 교회의 미래적 소망이다.[23]

그는 구체적인 설명을 덧붙였다.

> 사랑의 하나님은…서로를 알고 그리스도가 그들을 용납하시듯 서로를 용납할 수 있을 만큼 작은 교회 모임 안에서 우리를 위해 돌아가신 그리스도의 복음은 종교가 아닌 능력으로 사랑의 하나님을 경험할 수 있는 가능성을 제공한다.[24]

그와 비슷한 시기에 데이빗 와스델(Daivd Wasdell),[25] 윌버트 셍크(Wilbert Shenk)[26], 메디 퉁(Mady A. Thung)[27] 등은 1960년대에 형성된 초기 선교학적 교회론(Missiological Ecclesiology)의 함축된 의미를 재

---

23 Nashville: Abingdon, 1979, 21.
24 Ibid., 42. Quoted in David A. Roozen, William McKinney and Jackson W. Carroll, eds., *Varieties of Religious Presence: Mission in Public Life* (New York: Pilgrim, 1984), 26.
25 David Wasdell, "The Evolution of Missionary Congregations," *International Review of Mission*, 66 (Oct. 1977): 366-72.
26 Wilbert Shenk, "Missionary Congregations: An Editorial Comment," *Mission Focus* (March 1978): 13-14.
27 Mady A. Thung, "An Alternative Model for a Missionary Church: An Approach to the Sociology of Organization," *Ecumenical Review*, 30.1 (Jan. 1978): 18-31. 이 글은 그가 후에 쓴 대작에 속하는 *The Precarious Organization: Sociological Explorations of the Church's Mission and Structure* (The Hague: Mouton, 1976)와 함께 읽으면 도움이 된다.

| 제1장 | 새로운 관점으로 보는 지역 교회   49

고하였다. 그 후 1984년 코네티 주 하트포드(Hartford)에서 있었던 교회의 존재목적에 대한 연구에서 데이빗 루젠(Davis A. Roozen), 윌리암 맥키니(William Mckinney), 잭슨 캐롤(Jackson W. Carroll) 등은 세상 안에서 행해지는 교회의 선교에 있어서 지역 교회의 핵심적인 역할에 대해 한층 더 강조하였다.

> 가장 분명한 것은 교회 성도들의 필요를 채우는 지역 교회의 역할이다. 역사적으로, 현실세계를 초월한 삶의 근원과 목적에 자신들의 존재를 연관시켜 보는 기회를 갖고 삶의 목적의식을 불어넣어 주는 역할은 다른 어떤 사회 기관에서 할 수 없는 일이다. 지역 교회는 교인들과 사회 구성원들에게 공중 예배, 목회적 돌봄, 교육 프로그램 등을 가시적으로 제공한다. 사회의 거대한 조직과 개인을 효과적으로 '중재하는' 기관의 숫자는 극히 적지만 지역 교회가 그 일을 하고 있다. …우리가 살고 있는…개인과 공중의 균형이 깨진 이 시대에 지역 교회가 해야 할 특별한 교량 역할이 있다.[28]

재미있는 일이 있었다. 5년이 지난 후 뉴비긴(Newbigin)은 이 강조점을 적극적으로 후원했다. 그의 깊이 있는 연구서 『다원화 사회에서의 복음』(The Gospel in a Pluralist Society)에서[29] 뉴비긴은 지역 교

---

28 Ibid., 26-27. Roozen, McKinney, and Carroll이 cite Parker J. Palmer, "Going Public," New Congregations (Spring 1980): 15에서 인용.
29 Newbigin, Lesslie, The Gospel in a Pluralist Society (Grand Rapids: Eerdmans, 1989).

회에 대해 초점을 맞추어 지역 교회를 기술하였다.

> 복음은 십자가에 달려 돌아가신 분에 의해 증거된 것으로 모든 인간사의 해결책이다. 그래서 모든 사람이 믿어야 한다. 이 복음이 어떻게 믿을 만한 메시지가 되는가? 이 질문에 대한 나의 유일한 대답, 유일한 복음의 해석은 이 복음을 믿고 복음으로 살아가는 남녀 성도들의 모임인 지역 교회 뿐이다.[30]

다른 말로 하자면 지역 교회는 확실하게 우주적 교회의 일부분이기 때문에 선교하고 있다. 교회가 선교적 본질을 생활화해 나갈 때 지역 교회는 우주적 교회로 형성되어 가는 자신의 모습을 스스로 발견하게 된다. 지금까지 우리는 선교신학과 종교사회학이 교회의 선교적 본질에 대한 우리의 관점에 미친 영향을 살펴보았다. 이제 다음 장에서는 보다 세부적으로 현대 교회론의 발전으로 야기된 교회의 본질을 재고하고 교회와 세상과의 관계를 재정립하며, 교회가 하나님의 선교에 동참하는 형태를 바꾸는 방법을 심도 있게 연구할 것이다.

---

30 Ibid., 227-32.

3. 연구도서 목록

Barth, Karl. *Church Dogmatics*, 4.2.

Berkhof, Hendrikus. *Christian Faith: An Introduction to the Study of the Faith*, S. Woudstra, trans. Grand Rapids: Eerdmans, 1979. See 406–10.

Bright, John. *The Kingdom of God: The Biblical Concept and Its Meaning for the Church*. Nashville: Abingdon-Cokesbury, 1953. See 215–43.

Kittel, Gerhard and Gerhard Friedrich, eds. *Theological Dictionary of the New Testament*, 10 vols., G. W. Bromiley, trans. Grand Rapids: Eerdmans, 1967, s.v., οἶκος.

Ladd, George E. *The Presence of the Future: The Eschatology of Biblical Realism*. Grand Rapids: Eerdmans, 1974. See 171–94.

Martin, Ralph P. *The Family and the Fellowship: New Testament Images of the Church*, 1st American ed. Grand Rapids: Eerdmans, 1979.

Minear, Paul S. *Images of the Church in the New Testament*. Philadelphia: Westminster, 1960.

Ridderbos, Herman N. *The Coming of the Kingdom*, H. de Jongste, trans. Philadelphia: Presbyterian and Reformed, 1962. See 334–96.

God's Missionary People :
Rethinking the Purpose of the Local Church

제2장
현대 교회론이 지역 교회에 미친 영향

교회론이 영향을 미친다. 모든 사람들은 자기가 생각하는 교회란 이런 것이라는 개인적인 교회론에 따라 교회와 선교에 참여한다. 교회 내에서 자신들을 선교하는 하나님의 백성으로 인식하는 사람들은 교회 공동체를 인간 조직이며 동시에 하나님이 만드신 유기적 조직체임을 상정해야 한다. 그러므로 교회의 선교는 은사(gift)이며 동시에 사역(task)이고 영적이면서도 사회적이다. 이런 패러다임(paradigm)은 최근에 이르러 더욱 발전하였다.

20세기까지 교회에 대한 신학은 관심을 받지 못했다. 하지만 폴 미니어(Paul S. Minear)와 일부 학자들이 초대 교회 교회론의 특성을 발견하였다. 초대 교회 교회론은 어떤 본질적 특성을 닮아 성장해 가는 것을 촉진시키기 위해 여러 종류의 상징들을 이용하였다는 점이다. 교회를 몸이나 공동체, 종, 신부, 포도원, 양무리, 가족, 또는 건물 이미지를 통하여 설명하면서 교회론을 정립하였다. 그리고 각 상징들은 그 나름대로 교회의 본질을 기술하는 것 외에 교회와 교회의 본질 간의 끊을 수 없는 상관관계를 보여준다.[1] 어거스틴 시대는 스스로를 돌아보며 반성하는 자세에서 스스로를 높이고 교회를 정적(static)으로 정의하였다. 로마 교회를 하나님의 나라와 거의 동일시하는 트렌트 공의회의 승리감에 도취되었다. 교회의 네 가지 속성(통일성, 성결성, 보편성, 사도성)을 거룩한 로마 교회와 동일시하는 것을 기쁘게 받아들임으로써 교회론적 분수령을 이루었다. 중세기 동안 크리스천들은 교회를 신비스럽고 중보적인 바탕에서 이해하였고 교회의 선교는 세상에 대한 은혜의 방편인 성례전을 중심으로 이해하였다.

16세기 일어난 개신교의 종교개혁 운동은 교회를 새롭게 정의하였다. 교회의 본질을 고려하며 스스로 돌아보는 바람직한 모습으로 돌이키려 하였다. 예를 들면 '벨직 신앙고백'(The Belgic Confession) 27조에서는 교회를 다음과 같이 정의한다.[2]

---

[1] 미니어(Minear)는 "이미지들은 분명하게 실체를 표현하고 전달하는 효과가 있다. 이미지들은 각각 상징 너머에 있는 하나님, 예수님, 성령님이 역사하시는 세계를 가리킨다. 신약성경의 저자들이 하나님 나라, 성전, 몸들을 얘기할 때도 이들 상징 너머의 세계를 가리킨다. 그러므로 상징들에 대한 연구는 교회의 실체는 어느 곳에서든 그리스도라는 확신을 재확인해 준다"라고 지적한다. Paul S. Minear, *Images of the Church in the New Testament* (Philadelphia: Westminster, 1960), 223; see also John N. D. Kelly, *Early Christian Doctrines* (New York: Harper, 1959), 190-91; Jaroslav Pelikan, *The Christian Tradition: A History of the Development of Doctrine* (Chicago: University of Chicago Press, 1971), 1:159; G. C. Berkouwer, *The Church* (Grand Rapids: Eerdmans, 1976), 7; Hans Küng, *The Church* (New York: Seabury, 1980): 266; Avery R. Dulles, *Models of the Church: A Critical Assessment of the Church in All Its Aspects* (Garden City, N.Y.: Doubleday, 1974), 126-27; John Mackay, *A Preface to Christian Theology* (New York: Macmillan, 1943), 170, and Charles Van Engen, *The Growth of the True Church* (Amsterdam: Rodopi, 1981), 68-72, 194-202.

[2] 개혁 교회의 첫 번째 교리서는 신앙고백서이다. 이것을 벨직 신앙고백서라 부른

| 제2장 | 현대 교회론이 지역 교회에 미친 영향   55

우리는 하나의 보편적 혹은 우주적인 거룩한 성회이며 참성
도들의 모임인 교회와 예수 그리스도 안에서 모든 자들의 구
원을 기대하며 성령에 의해 성결하게 되고 인치심을 받은 교
회를 믿고 고백한다.

벨직 신앙고백 29조는 다음과 같다.

교회의 참모습을 나타내는 표지는 다음과 같다. 교회 내에서
순수한 복음의 교리에 맞는 설교가 선포되며 그리스도께서
제정하신 성례전을 순수하게 집행한다. 교회 내에서 죄를 바
로잡는 권징이 행해지고 모든 일들이 순수한 하나님의 말씀
대로 되어지며 말씀에 어긋나는 것들을 버리고 오직 예수 그
리스도만을 교회의 머리로 인정한다.

이러한 개혁주의 교회관은 본회퍼(Dietrich Bonhoeffer)가 급진적인 교회관의 변화를 일으킨 『성도의 교통』(The Communion of Saints)[3]이라는 책이 나오기까지 그대로 유지되었다. 본회퍼의 책이 나오기 전까지 대부분의 교회론은 논리적이며 학문적인 토론 과정을 통해 정리되었다. 학자들은 교회를 현실 세계에 존재하는 지역 교회 회

다. 그 이유는 이 신앙고백서가 벨기에(Belgium)라고 알려진 남네덜란드에서 유래했기 때문이다. 이 고백서의 저자는 네덜란드 개혁 교회의 설교자인 귀도 드 브레(Guido de Bres)이다. 그는 1567년 순교했다- 역주.

[3] Dietrich Bonhoeffer, *The communion of saints: a dogmatic inquiry into the sociology of the church* (New York : Harper & Row, 1963)- 역주.

중들(congregations)과는 전혀 다른 논리와 이성으로 정의하고 설명하였다. 세계를 제패했던 콘스탄틴 대제의 교회와 로마제국 시대로부터 개혁하는 복음주의자들과 재침례파들까지도 그러하였다. 그들은 교회를 성경이나 그들이 가진 각양의 신학적 관점에서 논리적, 제도적, 조직적으로 생각하였다. 종교개혁 당시의 교회 지도자들마저도 '순수한 말씀선포', '바른 성례전의 집행', '정당한 교회의 권징'이 실제적으로 무엇을 말하는지에 대해서 분명히 보여 주지 못했다.

초대 개신교의 분열은 교회의 표지(marks)를 사용하는 데 있어서 편협하였다. 자기 교회는 참교회인데 비해 다른 교회들은 무언가 부족한 교회로 비하하여 규정하였다. 논리적인 교회론은 사고 속에 존재하는 이상적인 교회와 현실적인 교회 사이에 심각한 간격을 갖게 한다. 이런 연유로 교회론은 교회를 각기 다른 두 가지 교회로 정의하게 되었다.

첫째, 교회가 이상에 전혀 미치지 못하나 교회의 특성을 갖는 가시적(visible) 교회이다.

둘째, 이상적이고 완전한 교회로 현실 세계에서 찾을 수 없는 비가시적 교회(invisible church)이다.

20세기 초반에 들어와 교회의 본질과 선교에 대한 논의가 활발해졌다. 이런 논의가 요하네스 구스타프 바르넥(Johannes Gustav Warneck)의 저작들에 의해 시작되었다.[4] 다른 학자들은 1937년 인

---

4 다음과 같은 저서들도 포함된다. *Outline of a History of Protestant Missions from the Reformation to the Present Time: A Contribution to Modern Church History*, 7th ed., George Robson, ed. (New York: Revell, 1901), and *The Living Christ*

도 마드라스에서 열린 국제선교사협의회(The International Missionary Council) 대회를 통해서 이 주제를 논의하고 발전시켰다.[5] 바르넥을 비롯한 다른 학자들은 교회와 선교의 관계 및 세상에서 선교적 교회의 본질에 대해 논의하기 시작하였다. 이 주제는 그 뒤 국제선교사협의회의 대회들을 통해서(1952년 빌링겐 대회, 1954년 에반스톤 대회, 1957년 가나 대회) 더욱 잘 정리되었다. 이런 새로운 관점으로 성경적이고 신학적인 연구를 계속하면서도 교회와 선교를 새롭게 보고자 하는 면에서 과거의 논리적 가정들(assumptions)을 과감히 부정하였다. 이 새로운 관점의 출발점은 이상이 아닌 현실 세계에 실존하는 교회이다.

19세기 선교는 선교단체가 주도하였다. 유럽이나 북미주 교회 선교의 대부분이 중국내지선교회(China Inland Mission)나 영국성서교회와 해외성서공회(British and Foreign Bible Society) 같은 선교단체들이 주도하였다. 당시 교회는 선교에 직접 참여하지 않았다. 바르넥과 다른 학자들은 선교와 교회의 관계 및 교회가 해야 할 세상 안에서의 선교에 대해서 논의하기 시작했다. 그들은 이런 과정을 통해서 교회의 본질은 선교를 떠나서 정의할 수 없고 선교

---

    and Dying Heathenism, 3d ed., Neil Buchanan, trans. (New York: Revell, 1909); W. Holsten, "Warneck, Gustav"(1834-1910) in Stephen Neill, Gerald H. Anderson, and John Goodwin, eds., *Concise Dictionary of the Christian World Mission* (Nashville: Abingdon, 1971), 643ff.

5 IMC 회기 동안에 논의되었던 새로운 사상들에 대한 참고 서적으로 다음 문헌들을 참고하라. Rodger C. Bassham, *Mission Theology, 1948-1975: Years of Creative Tension—Ecumenical, Evangelical and Roman Catholic* (Pasadena, Calif.: William Carey Library, 1980), 23ff.

는 교회가 가진 세상과의 선교적 관계를 떠나서 정의할 수 없다는 사실을 인식하였다. 교회의 본질과 그 존재 이유, 세상 안에서의 선교는 점진적으로 이해하고 선교활동을 통해 분명해졌다. 그 후로 선교적 교회와 타종교와의 관계, 제3세계 국가 개발, 새로운 기술, 서방 세계의 식민지 확장 등에 관해 주의를 기울였으며 이런 새로운 관점에서 볼 때 자립 교회, 자치 교회, 자전하는 삼자 교회를 세우는 것만으로는 충분하다고 할 수 없다는 사실을 인식하게 되었다.

1. 현대 교회론의 변화

현대 교회론에 새로운 관점과 변화를 자극하는 요인들은 다음과 같다.

1. 1910년 스코틀랜드 에딘버러에서 열린 역사적인 세계선교사대회, 1921년 뉴욕 레이크 모홍크(Lake Mohonk)에서 설립된 세계선교사협의회(IMC)의 발전,[6] 선교적 관점에서 세계를 보는 선교 운동들이 유럽과 북미 교회들에 준 영향, 이런 선교적 이상을 가진 사람들은 교회를 선교적 열매를 맺기 위한 생명체로 보려 하였다.

---

6 IMC의 역사적인 발전을 가장 잘 정리한 책으로 다음을 참조하라. W. Richey Hogg, *Ecumenical Foundations: A History of the International Missionary Council and Its Nineteenth-Century Background* (New York: Harper, 1952).

2. 1930년대와 1940년대에 유럽 교회에 침투한 악한 정치세력들의 문제가 심각했다. 유럽 교회는 제2차 세계대전 후 악한 세력에 관해 심각한 자기 성찰을 하였고, 수많은 신학자들은 사회 안에서 국가 교회들의 역할에 관하여 재고해야 함을 강력하게 요구하였다.
3. 전 세계 6대 주에 있는 교회들이 더욱 성숙한 토착 교회 조직과 리더십을 개발하고 온 세계 교회들이 가진 문화적 다양성과 국가와 인종, 사회 경제적으로 다양한 교회 형태를 갖게 됨에 따라 서구 중심의 교회론은 새로운 변화를 맞게 되었다.[7]
4. 세계교회협의회(WCC)의 활동이 활성화되어 각 나라 기독인 협의회들이 조직되면서 다양한 선교활동을 하는 선교단체와 교회와의 관계에 대해 정확한 해명을 강력히 요구했다. 이들은 교회협의회에 소속된 조직들이었기 때문에 교회협의회의 회원이 되기 위해 필요한 신조와 교회 조직의 기준을 분명히 하는 등, 어떤 교회를 교회라 부를 수 있을 것인가에 대한 문제를 상당히 심각하게 다루었다. 아프리카 독립 교회들(Africa Independent Churches), 오세아니아 화물숭배 이단 교회들(Oceania Cargo Cults),[8] 예언자운동들(Prophet Movements), 중

---

7 Steven G. Mackie, *Can Churches Be Compared?* (Geneva: World Council of Churches, 1970); and Steven Mackie, "Seven Clues for Rethinking Mission," *International Review of Mission,* 60 (1971): 324-26.
8 오세아니에는 카르고 컬트(Cargo Cult, 화물 숭배) 의식을 행하는 집단이 있다. 전쟁 중 비행기가 좋은 화물을 많이 싣고 비행장에 착륙하는 것을 본 그들은 지금도 그런 일이 일어나기를 바라며 의식을 행한다. 그들은 활주로 비슷한 것을

남미의 바닥교회공동체들(Base Ecclesial Communities), 사회 활동에 열심인 신앙 공동체로 워싱톤 시에 있는 순례자교회(sojourners)와 동성 연애자들의 교회들은 교회론과 기독론이 규정하는 교회의 정의를 크게 넓히라고 도전하였다. 이런 신앙집단을 각 국가 교회협의회나 세계교회협의회 회원으로 받아들인 것은 결과적으로 그들이 스스로를 교회라 부르는 것을 교회협의회가 인정해 주는 결과를 초래하였다. 만일 그런 집단이 교회라 한다면 과연 교회란 무엇인가라는[9] 교회론에 문제를 제기할 수 밖에 없다.

5. 세계가 지구촌이 되었다. 지구촌은 급속히 좁아지고 있는 현실이다. 제3세계 국가들의 번성, 교통과 통신의 발전 등은 교회를 지구촌 기독인 공동체가 되게 하였다. 교회는 지구촌의 문제들에 적절한 해답을 제시할 책임을 갖게 되었다.

6. 선교단체의 르네상스 시대가 열렸다. 제2차 세계대전 후에 다시 급성장한 믿음선교회들(faith missions)은 초교파적인 특성을 갖고 발전하면서 많은 사람들로 하여금 교회의 본질에 대한 질문을 하게 하였다. 1800년대 초기부터 선교단체들

만들어 놓고 활주로 양쪽에 불을 지펴 놓는다. 관제탑 같은 오두막도 만들어 놓고 이 오두막에 들어앉은 사람은 대나무 조각 두 개로 헤드폰을 만들어 머리에 쓴다. 이 사람이 관제사이다. 그리고 그들은 비행기가 착륙하기를 기다린다. 그들은 나름대로 눈에 보이는 비행장 형식을 갖추었다. 그 형식은 완벽해 보인다. 그러나 비행기는 착륙하지 않는다- 역주.

9 교회에 대하여 새롭게 종말론적 그리고 선교학적으로 연구해야 한다고 주장하는 라틴 아메리카 개신교 학자 및 가톨릭 학자로 들 수 있는 사람은 레오나도 보프(Leonardo Boff), 후안 루이스 세군도(Juan Luis Segundo), 라네 파디아(René Padilla), 올란도 꼬스따스(Orlando Costas) 등이다.

(parachurch missions)이 활성화되었다. 데이빗 바렛(Daivd Barrett)은 1900년부터 223개국에서 다양한 선교활동을 펼치고 있는 15,800개의 각기 다른 선교단체가 교회 조직과는 상관없이 별개로 활동하고 있음을 발견하였다.[10] 이런 선교단체들과 교회의 관계 그리고 이런 선교단체를 통하여 개종하게 된 많은 신자들이 각 나라 교회협의회가 인정한 교회의 회원이 되고 있다는 사실은 교회의 본질에 대한 정의를 다시금 깊이 생각하게 하였다. 선교단체들(랄프 윈터의 용어로는 선교조직체를 의미하는 '소달리티〈Sodality〉)[11]이 비록 이제까지의 교회 역사에 나타난 전통적인 교회들과 다른 신앙고백과 행정 조직을 갖는다 하더라도 본질적으로 통일성, 성결성, 보편성, 그리고 사도성을 갖춘 교회의 일부가 아니라고 단정할 수 없다.

7. 선교의 대상, 혹은 비서구권의 어린 교회(Younger Churches)로만 여겼던 제3세계에 속한 교회들이 눈부신 발전을 하였다. 전세계적인 발전은 제3세계에서 어떻게 성경적인 기독교의 본질을 지키면서 그들이 처한 상황에 맞는 새로운 교회론을 정립해야 할 것인가에 대한 새로운 논제를 제시했다.[12]

---

10   David Barrett, "Five Statistical Eras of Global Mission," *Missiology*, 12.1 (Jan. 1984): 31.

11   랄프 윈터가 처음 이런 개념을 발표한 것은 "Churches Need Missions Because Modalities Need Sodalities", *Evangelical Mission Quarterly* (Summer 1971): 193-200에서였고 그 후로 "The Two Structures of God's Redemptive Mission," in *Missiology*, 2.1 (Jan. 1974): 121-39에서 더 발전시켰으며 1976년 William Carey Library에서 출판되었다.

12   Hendrik Kraemer, *From Mission field to Independent Church* (the Hague: Boekencentrum, 1938).

8. '이방인의 빛'(Lumen Gentium)이나 '선교에 대한 명령'(Ad Gentes)에서 드러난 제2차 바티칸 공의회의 교회론은 교회를 하나님의 백성이라는 개념으로 정의함으로써 종래 로마 가톨릭 교회의 교회론을 보다 폭넓게 재정의하는 데 기여하였다.[13]
9. 미국에서 일어난 신앙 공동체들은 서로 높은 헌신도를 유지하며 공동체로서의 삶을 나누고, 사회 활동에 적극적이며, 일상 생활과 예배의 형식을 창조적으로 개선함으로써 교회가 폭 넓고 다양한 형식을 갖추고, 현실 생활에 깊이 참여하도록 독려하였다.[14]

시대가 변했다. 우리는 이런 모든 변화를 수용하고 새로운 방향을 제시할 수 있는 새로운 패러다임(paradigm)이 필요한 현실을 맞고 있다. 이런 변화하는 현실과 교회의 본질적인 문제를 가장 철저하게 결부시킨 본회퍼(Dietrich Bonhoeffer)는 '성도들의 공동체'(communion sanctorum)를 세상 사회 속에 있는 사회적 집단으로 보는 동시에 예수님을 따르는 제자들이 교제하는 '영적 공동체'(sanctorum communio)로 보았다.[15]

---

13 Austin P. Flannery, ed., *Documents of Vatican II* (Grand Rapids: Eerdmans, 1975). The recent papal encyclical, "Redemptoris Missio" affirms this new ecclesiology. See *Origins*, 20.34 (31 Jan. 1991).
14 워싱턴에 있는 '구세주 교회'(The Church of the Saviour), 킵 맥킨(Kip McKean)이 이끌고 있는 '보스톤 하나님의 교회'(the Boston Church of God), 많은 특정 교파들을 대표하는 가정 교회 네트워크인 '연합 공동체'(Community of Communities) 등이 새로운 방식의 교회들이다. "Called and Committed: The Spirituality of Mission," *Today's Ministry* 2.3 (1985): 1-8.
15 Eberhard Bethge, "Foreword," in: Dietrich Bonhoeffer, *The Communion of*

본회퍼 이후의 모든 사람들이 교회론에 있어서 본회퍼를 따르지 않았다고 할지라도 그의 교회론은 한편으로는 사회적이고 다른 한편으로는 성경적이고, 신학적이며, 영적인 두 가지 교회의 본질을 하나로 묶는 새로운 관점을 우리에게 제공한다.

2. 새로운 패러다임의 선교학적 중요성

교회의 본질, 교회의 선교, 교회의 존재목적, 교회와 하나님 나라와의 관계, 세상에 대한 교회의 참된 사명 등에 대해 목회자와 신학자, 선교사에게 보다 분명한 패러다임이 필요해졌다. 비가시적 교회에서 가시적 교회를 따로 구별해 낸다든가 현실에서 소망을 분리하는 일은 더 어려운 일이 되었다. 본회퍼의 영향을 받은 사람들은 확실하게 교회가 '지금 이곳에서' 선교적 본질을 삶으로 보여주어야 한다고 주장했다.[16]

교회론에 있어서의 새로운 선교학적 패러다임이 필요하다. 새로운 패러다임은 세상에 세워진 교회가 선교적 교회로 되어가는 현실을 볼 수 있게 하고 교회가 실제로 믿고 고백하는 그대로 이루어지게 한다. 우리가 이런 새로운 패러다임을 인식하고 받아들

Saints: A Dogmatic Inquiry into the Sociology of the Church. E.T. (New York: Harper, 1963).

16 이런 모순된 관점들에 대한 좀 더 자세한 분석은 다음 논문을 참조하라. Charles Van Engen, *The Growth of the True Church*, "Amsterdam Studies in Thelogy," vol.3 (Amsterdam: Rodopi, 1981), 47-94.

이면 교회와 선교에 대한 사고를 보다 현실적으로 할 수 있다. 그리고 근본적으로 개혁적이며 확실한 소망을 갖고 영원한 관점으로 살아갈 수 있다. 이러한 관점은 교회를 우주적 완성을 향하여 나아가는 과정으로 이해한다.[17] 교회는 믿음으로 형성된 공동체이며, 살아 있는 성례전이요, 교회당 안에 있는 사람들에게나 밖에 있는 사람 모두에게 하나님께로 가까이 나아가는 방향을 보여주는 표지판이다. 이와 동시에 교회는 현실 상황에 맞는 계획과 목적을 갖고 자기 성찰을 통해 본연의 모습으로 형성되는 과정 중에 있다. 교회는 지극히 인간적이고 가시적인 조직체이다. 죄악된 모습을 갖고 있는 현실적 교회와 거룩하며 신적인 보이지 않는 유기체로서의 이상적 교회 사이가 가까워지도록 노력해야 한다.

교회는 본질을 드러낸다. 이러한 관점에서 교회는 계속 성장하고 발전한다. 본질을 드러내면서 매일 새롭게 형성된다. 물론 본질적으로 드러나야 할 교회의 참모습은 변하지 않는다. 그러나 계속해서 새롭게 변화하고 발전하여 새로운 모습을 드러내야만 한다. 이러한 변화들은 사회학적으로 규명할 수 있다. 하지만 교회는 성령의 뜻대로 인도된 신비로운 하나님의 창조물(Cretio Dei)이다. 많은 사람들은 사회적, 정치적, 경제적, 문화적인 이유로 교회에 나오지만 예수님의 부르심과 선택하심 그리고 의롭게 하심과 양자로 삼아 주심이 없이는 교회의 일원이 될 수 없다. 그렇기 때문에 하나님의 영을 떠나서는 어느 곳에도 구원은 없다.

---

17 이러한 관점은 Juan Isais의 책을 참조하라. Juan Isais, *The Other Side of the Coin*, E. P. Isais, trans. (Grand Rapids: Eerdmans, 1966).

교회는 영적인 본질을 갖는 사회적 집단으로 자연적으로 형성되지만 초자연적인 특성들을 갖고 있다. 교회는 성장하고자 하는 교인들의 적극적인 성장에 대한 갈망에 따라 성장한다. 성장을 돕는 사회적 요인들과 영적인 특성들을 감안한 전략으로 인하여 성장한다. 이런 교회는 성령의 능력 안에서 교회의 본연의 모습을 갖게 되며 "음부의 권세가 해치 못한다"(마 16:18). 이러한 성장의 과정은 교회가 어떠한 비전과 꿈을 가지고 시작하느냐에 따라 달라진다. 폴 미니어(Paul S. Minear)는 성경에서 교회의 본연의 모습을 보여주는 96개의 이미지(images)를 찾아냈다.

> 교회의 모습을 나타내는 이미지의 역할은 꿈과 비전을 현실과 잘 연결시켜 준다. 예를 들면 어리석고 단조로운 슬로건인 "교회를 교회되게 하라"는 말을 생각해 볼 수 있다. 이러한 슬로건은 현재의 교회는 온전한 교회가 아니라는 의미를 내포하고 있다. 이 말은 교회가 되어져야 할 본연의 모습과 현재의 모습이 아주 다르다는 것을 의미한다. 그렇다면 교회가 스스로 교회가 되려고 할 때 그것은 무엇인가? 우리는 그것을 어떻게 이해하고 있는가? 교회의 일원이 된 우리는 교회의 참된 특성들을 모호하게 하고 있다. 우리는 하나님의 교회를 향하신 계획에 대해 충분히 알고서도 교회의 주 되신 하나님을 모른다며 부인하고 있다. 그러므로 교회가 반드시 알아야 할 교회의 본질을 이해하지 못하고 있다. 각 세대에 성경에서 교회의 이미지를 사용하거나 재사용하면서 이미지는 교회의 참모습을 배우는 한 가지 방법이 되었다. 그렇게 하면

서도 교회는 참모습과는 다르게 되어 갔다.[18]

부활하신 후 예수님께서 제자들을 남겨 두고 떠나실 때 제자들에게 하신 예수님의 명령이 있다.

> 오직 성령이 너희에게 임하시면 너희가 권능을 받고 예루살렘과 온 유대와 사마리아와 땅 끝까지 이르러 내 증인이 되리라(행 1:8).

이 말씀은 미래에 형성될 교회의 모습이요, 꿈이었다. 예수님의 말씀은 특별히 교회가 국가적, 문화적, 지역적인 장벽을 넘어 계속 확장되어야 한다는 선교학자들에 의해서 지나치게 자주 인용되었다. 단지 극소수 학자들만 그 말씀을 예수님의 약속과 교회의 모습을 보여주는 이미지로 받아들였다. 예수님께서 제자들에게 말씀하시면서 의도하신 바가 무엇일까? 예수님은 제자들이 어떤 특성을 갖는 무리로서 본질적으로 계속 세계로 퍼져 가는 선교사 증인들(missionary witnesses)이 되기를 원하셨던 것은 아닐까? 예수님께서 제자들에게 하신 말씀은 증인이 되는 그 일로 인하여 계속해서 선교하는 제자들이 되라고 하신 말씀이다.

더글라스 스미스(W. Douglas Smith)는 선교적 교회가 형성되는 데 주기적인 형식(cyclical pattern)이 있다고 지적하였다. 그 주기는

---

[18] Paul S. Minear, *Images of the Church in the New Testament* (Philadelphia: Westminster, 1960), 25.

'가는 일, 가르치는 일, 훈련하는 일, 보내는 일'로 되어 있다.[19] 분명히 타락했고, 인간적이며, 죄악된 교회의 모습이 참된 교회의 모습을 이루는 데 방해를 주었다. 하지만 실제 역사에 나타난 교회의 확장은 숫자와 문화와 지역적인 면뿐만 아니라 영적, 조직적, 신학적, 음악적 그리고 경제적으로 선교하는 하나님의 백성들이 형성된 것으로 기술할 수도 있다.

벌코프(Hendrikus Berkhof)는 교회의 '중보적' 역할이라는 용어로 교회의 본질에 대한 형성과정을 다음과 같이 역동적으로 기술하였다.

> 그리스도와 각 개인 사이에 자리한 공동체의 중간 위치는 이중적 특성의 하나인 교회의 중보적 기능에 대한 분명한 초점을 제공한다. 중보라는 의미는 교회가 시작과 마지막을 연결하기 위하여 어디에선가 와서 어디론가 가는 것을 말한다. 교회는 그리스도와 인간 사이에 놓인 커다란 간격을 메울 수 있어야 한다. 교회의 최종 목표는 교회에 모이는 몇몇 신자들일 수만은 없다. 하나님은 모든 사람이 구원에 이르게 되기 원하신다. 세상을 구원하는 성령의 역사 가운데 교회는 임시 대합실과도 같고 새로운 출발점과도 같다. 그러므로 교회는 그리스도와 세상 사이에 있으며 동시에 서로를 연결시키는 위치에 있다.[20]

---

19 W. Douglas Smith, *Toward Continuous Mission: Strategizing for the Evangelization of Bolivia* (Pasadena, Calif.: William Carey Library, 1978), 제 6장.
20 Hendrikus Berkhof, *Christian Faith: An Introduction to the Study of the Faith*, S.

3. 선교적 교회가 되는 일곱 단계

선교적 교회가 되는 단계가 있다. 선교적 교회가 되고자 할 때 교회는 역동적으로 성장 발전하게 된다. 오순절 날 제자들에게 임하였던 능력이 동일한 꿈과 소망, 경험과 명령으로 나타나 교회로 하여금 그리스도가 원하시는 교회가 되도록 부추긴다. 교회는 출생 순간부터 자라나 "온전한 사람을 이루어 그리스도의 장성한 분량이 충만한 데까지 이르러야 한다"(엡 4:13). 이 충만에 이르는 것은 무한하고 영원하며 불변하다. 교회의 비전은 눈에 보이는 것만을 바라는 것이 아니라 하나님의 은혜 가운데 무한한 가능성의 미래와 이루어질 것들을 언제나 바라는 것이다.

우리는 선교 역사에서 이처럼 놀라운 교회의 역동적인 특성을 자주 발견한다. 교회를 개척하는 상황에서 계속 반복되는 단계가 있다. 선교적 교회에 나타나는 성장과정은 적어도 일곱 가지 단계가 있다. 어느 특정 지역에서든 발전하는 교회의 일곱 단계는 다음과 같이 요약할 수 있다.

1. 수 명의 개종자를 얻게 하는 개척 전도 단계.
2. 교회가 형성된 후 설교자나 장로, 집사 등이 외부에서 온 유아기 단계.
3. 지도자 훈련 과정을 통하여 현지 목회자와 지도자들이 선발 훈련되어 책임을 맡는 단계.

Woudstra, trans. (Grand Rapids: Eerdmans, 1979), 345-47.

4. 지방 단체를 결성하고 조직화하여 청소년, 여성, 지역 교회들이 연합체를 갖는 단계.
5. 국가적으로 교단이 조직되어 다른 나라 교회들과 관계를 맺게 되는 단계.
6. 교회 안팎에서 이사회와 예산, 계획, 재정, 건물, 프로그램을 갖추고 특수 사역이 시작되는 단계.
7. 현지 선교사들이 세계에 있는 선교사역을 위하여 보냄을 받고 다른 사역지에서 1단계부터 사역을 다시 시작하게 되는 선교적 교회 단계.[21]

이런 일곱 단계를 거치면서 형성되어 가는 선교적 교회 개념은 현실과 미래의 소망 사이에 있는 긴장 관계를 이해하고 적용함으로써 교회론과 선교학이 만나는 만남의 장을 제공한다.

선교적 교회는 참된 교회로서 성장한다.

---

21 독자들에게 다음 질문들은 선교적 교회가 되도록 독려하는 데 도움을 줄 것이다. 상기한 단계들 중 어느 단계에서 성경 번역이 완성되어야 한다고 보는가? 어느 단계에서 개척 교회가 자급, 자치, 자전을 해야 하는가? 어느 단계까지 외부 자금과 외부 선교사들이 돕기 시작하고 어느 단계에서 그쳐야 하는가? 어느 단계에서 신학 교육이 시작되어야 하는가? 어느 단계에서 원주민 사역자를 지도자로 세워서 선교사가 설립한 모든 선교사역과 기관을 이양하고 전부 담당하도록 할 것인가? 어느 단계에서 사역을 위한 각양의 은사를 가진 성도들로 하나님의 몸된 지역 교회를 세울 것인가? 교회의 성장 단계와 교회의 교육 선교, 의료 선교, 농촌 선교와는 어떤 관계를 가질 것인가? 각 부족의 문화적, 국가적인 조직 체계와 발전 단계와는 어떤 관계가 있는가? 선교지에 세워진 교회의 조직적인 발전에 대비하여 선교사를 파송한 교회와 선교부의 정책은 어떤 역할을 할 수 있는가? 선교지의 교회에는 어떤 운영 방침이 가장 적합할 것인가?

선교적 교회는 되어가는 교회이다.
선교적 교회는 교회 이상이 될 수 없다.
선교적 교회는 선교하는 교회 이상이 될 수 없다.

그러므로 선교사, 선교지도자, 목회자, 교회를 개척하는 사람들은 교회의 선교적 본질의 바탕 위에 교회를 세워야 한다. 본질을 먼저 생각함으로 우리는 사람이 세우지만 사람의 손이 아니라 하나님의 손으로 세워지는 교회를 보다 온전하게 할 수 있다. 이런 관점은 사회학적 신학인 동시에 신학적 사회학이 된다. 교회는 예수님의 몸이다. 예수님은 하나님이시며 동시에 사람이시다. 그분은 이 세상과 저 세상에 동시에 계신다. 예수님의 몸된 교회는 세상에 있으나 저 세상에 동시에 있다. 예수님은 하나님이신 동시에 사람이시고 이 세상과 저 세상에 동시에 계신다. 예수님의 몸된 교회가 '세상에 있으나 세상에 속하지 않는 것'은 우연이 아니라 하나님의 계획과 섭리 가운데 이루어진 것이다. 그러므로 교회는 타락한 인간의 기관임과 동시에 거룩하고 온전한 하나님의 기관이다. 우리가 이렇게 인간적이고 또한 신적인 관점으로 교회의 본질을 이해할 수 있을 때에야 비로소 우리는 교회의 선교가 무엇인가를 바르게 인식할 수 있게 된다. 교회에 속한 성도들이 하나님으로부터 선교하는 백성으로 부르심을 받아 선교적 교회의 본질을 생활 가운데 철저히 실천해 나아갈 때 교회는 우리가 믿음의 눈으로 바라보는 선교적 교회가 되어갈 것이다.

4. 연구도서 목록

Barth, Karl. *Church Dogmatics*, 4.2; 4.3.1; 4.3.2.

Berkhof, Hendrikus. *Christian Faith: An Introduction to the Study of the Faith*, S. Woudstra, trans. Grand Rapids: Eerdmans, 1979.

Berkouwer, G. C. *The Church*, J. Davison, trans. Grand Rapids: Eerdmans, 1976.

Bonhoeffer, Dietrich. *The Communion of Saints: A Dogmatic Inquiry into the Sociology of the Church*. E.T., New York: Harper, 1964.

Calvin, John. *Institutes of the Christian Religion*, Book 4.

Dulles, Avery R. *Models of the Church*. Garden City, N.Y.: Doubleday, 1974.

―――. *A Church to Believe In: Discipleship and the Dynamics of Freedom*. New York: Crossroad, 1982.

Flannery, Austin P., ed. *Documents of Vatican II*. Grand Rapids: Eerdmans, 1975.

Hoekendijk, Johannes C. *The Church Inside Out*, I. C. Rottenberg, trans. Philadelphia: Westminster, 1966.

Küng, Hans. *The Church, Maintained in Truth*, E. Quinn, trans. New York: Seabury, 1980.

Minear, Paul S. *Images of the Church in the New Testament*. Philadelphia: Westminster, 1960.

Moltmann, Jürgen. *The Church in the Power of the Spirit*. New York: Harper, 1977.

Newbigin, J. E. Lesslie. *The Household of God: Lectures on the Nature of the Church*. New York, Friendship, 1954.

Van Engen, Charles. *The Growth of the True Church*. Amsterdam: Rodopi, 1981.

Watson, David C. K. *I Believe in the Church*, 1st American ed. Grand Rapids: Eerdmans, 1979. Williams, Colin W. *The Church*. Philadelphia: Westminster, 1968.

God's Missionary People:
Rethinking the Purpose of the Local Church

제3장
에베소서에 나타난 지역 교회의 참모습

교회에 대한 성경적 기초가 우선이다. 우리가 지역 교회의 선교적 본질에 대한 새로운 이미지를 구축하려면 먼저 성경에서 확실한 기초를 찾아야 한다. 이런 신학 작업을 하는 데 바울이 에베소 교회에 보낸 편지는 가장 중요한 자료들 가운데 하나이다. 에베소서를 자세히 연구하면 지역 교회의 선교적 본질에 대한 개념을 이해할 수 있다. 나는 여기서 에베소서에 대해 자세한 주해를 하기보다 바울이 에베소서에서 제시하는 몇 가지 성경 신학적 원리들을 통해서 바울이 가지고 있었던 선교적 교회론을 살펴보려고 한다. 바울은 지역 교회를 세상 안에서 선교활동 영역을 넓혀 가며 계속적으로 성장하는 유기체로 보았다. 한편 교회의 본질을 표현하는 신학 용어들인 '통일성, 성결성, 보편성'은 381년 제1차 콘스탄틴 종교회의(The First Council of Constantinople)의 법규집(canons)까지 거슬러 올라갈 수 있다. 이런 사상은 적어도 2세기 신학자인 이그나시우스(Ignatius)에게까지 미칠 수 있다. 이그나시우스는 바울의 가르침을 교회를 기술하는 데 적용하려 하였다. 바울이 에베소 교회의 모습에 이런 교회의 기본적인 본질들을 적용하였다는 사실은 너무도 당연한 일이다.

에베소서에 나타난 선교적 교회론을 다룰 때 우리는 본의 아니게도 교회를 나타내는 여러 단어들을 연구하는 일에 매여 잘못을 범할 수 있다. 마틴 루터의 예를 보면 그는 제도적이며 계급적인 의미를 내포하는 오래된 독일 말 "키르헤"(Kirche, 교회)를 대단히 혐오하였다. 루터는 군중(haufe)이나 성회나 모임(versammlung), 집합(sammlung), 회중(협동하는 공동체로서의, gemeinde) 등의 용어를 즐겨 사용하였다. 사실 이런 단어들은 종교개혁자들이 강조한 교회의 본질만큼 중요한 것은 아니다. 이 중요성은 사도신경에 '성도가 서로 교통하는 것'으로 교회를 하나님의 백성 교통함이 있는 친교로 잘 표현되어 있다. 바울이 말하는 교회의 정의는 구약에 나타난 하나님의 백성의 개념과 상통한다.[1] 신약에서 에클레시아(ἐκκλησία)는 적어도 73회 정도 쓰여졌다. 그 의미는 언제나 성회모임이나 모임에 참석한 개개인들을 의미했다.[2]

하지만 의미론적 접근은 교회의 본질을 이해하려는 우리에게 큰 도움을 주지 않는다. 언어 인류학자들(linguistic anthropologists)은 어떤 특정한 단어의 개념을 그 문화적 맥락에서 이해하려면 이에 상응하는 역동적 등가(dynamic equivalents) 사상이나 이미지를 찾아

---

[1] 바울이 사용하는 구약적 교회론에 대한 연구로 다음 문헌들을 참조하라. Paul D. Hanson, *The People Called: The Growth of Community in the Bible* (New York: Harper and Row, 1986).

[2] 예를 들어 Gerhard Kittel and Gerhard Friedrich, eds., *Theological Dictionary of the New Testament*, G. W. Bromiley, trans., 10 vols. (Grand Rapids: Eerdmans, 1965), s.v., "ἐκκλησία" (espec. 3.501-13); Walter Bauer, *A Greek-English Lexicon of the New Testament and Other Early Christian Literature*, W. F. Arndt and F. W. Gingrich, and F. W. Danker, trans. and rev. (Chicago: University of Chicago Press, 1979), s.v., "ἐκκλησία."

내야 한다고 지적한다. 이런 언어 인류학적 방법론은 어떤 의미를 그림 언어로 전달하는 그림 단어(Word Picture)를 사용한다. 폴 미니어(Paul S. Minear)는 신약에서 교회를 나타내는 96개의 각기 다른 이미지 단어(Word Images)를 발견했다.[3] 에베소서에 나타난 교회의 모습을 자세히 연구하면 바울이 가졌던 교회의 선교론을 이해하는 데 도움이 된다.

에베소서에는 에클레시아가 아홉 번 나온다. 이 사실은 놀랍다. 우리가 일반적으로 에베소서를 바울 교회론의 최고봉으로 꼽는다는 과정에서 보면 놀라운 일이다. 바울은 에클레시아를 그리 많이 사용하지 않았다. 우리는 그가 헬라의 논리적 언어체계보다 히브리적 언어체계인 그림이나 영상 표현을 통해 교회론을 전개하고 있음을 인지할 수 있다. 자세히 보면 바울은 에베소서에서 적어도 15개의 그림 단어(Word Picture)를 사용하고 있다. 이중 중요한 단어들은 성도(9회), 몸(8회), 무장한 군사(8회), 그리고 신부(7회)이다. 작은 그림 언어들은 큰 개념들을 꾸며주고 있다. 예를 들어 하나님의 택함 받은 백성(4회), 아들이나 가족(4회), 건축자, 건물 또는 성전(3회), 찬양의 노래 또는 제물(2회), 새 사람(2회) 등이다. 한 번씩 비추며 지나가는 그림 언어들도 다양하다. 사랑의 넓이, 길이, 높이와 깊이, 하나님을 닮아 가는 사람들, 그리스도의 왕국, 빛의 자녀, 지혜로운 사람, 대사들(ambassadors) 등이 교회를 설명하는 그림 언어들이다.

---

3 Paul S. Minear, *The Images of the Church in the New Testament* (Philadelphia: Westminster, 1960).

이러한 선명하고 역동적인 그림 언어들은 교회의 본질을 보여준다. 우리가 교회의 본질을 바로 이해하고 교회를 교리적으로 설명한 신앙고백인 '통일성, 성결성, 보편성'을 밝게 보여주는 역할을 한다. 우리는 에베소서의 핵심을 이해하고 사도신경이 강조한 바 '그리스도 몸의 하나됨'이라는 데서 교회론의 출발점을 찾아야 한다.

1. 통일성에 나타난 교회 선교

교회 선교는 통일성에서 나타난다(엡 4:1-16). 사도 바울은 분명하게 선언한다.

> 몸이 하나요 성령도 한 분이시니 이와 같이 너희가 부르심의 한 소망 안에서 부르심을 받았느니라 주도 한 분이시요 믿음도 하나요 세례도 하나요 하나님도 한 분이시니 곧 만유의 아버지시라 만유 위에 계시고 만유를 통일하시고 만유 가운데 계시도다(엡 4:4-6).

우리는 '거룩하고 보편적인 교회들, 하나님의 가족들, 하나님의 백성들, 그리스도의 몸들, 새로운 이스라엘들'을 믿고 고백하지 않는다. 성경적 관점에서 교회는 오직 하나이다. 우리는 각기 다른 지역에 있는 지역 교회들을 언급할 때에 한해서만 복수형를 사용한다. 교회는 본질상 하나이다. 그래서 하나의 교회만이 존재한다. 에베소서에서 에클레시아는 단수로만 사용되었다.

우리는 교회의 하나됨을 믿음으로 수용한다. 이 하나됨은 사람이 인위적으로 만들어 낸 것이 아니다. 하나님께서 주신 것이다. 이 하나됨은 교회를 불러모으신 하나님의 영으로 하나됨을 말한다. 교회는 선택되어 의롭다함을 입은 죄인들로 이루어진 신비로운 하나님의 창조물(Creatio Dei)이다. 바울은 교회를 하나님께서 그리스도와 성령을 통해서 친히 지으시는 건물처럼 지어져 가는 것이라고 설명한다(엡 2:10, 21-22). 하나님께서 건물을 지으시는 방법이 선교이다. 그 열매는 그리스도의 몸된 교회의 통일성이다. 칼 바르트(Karl Barth)가 다음과 같이 지적했듯이 우리는 영적으로나 성경적으로 나뉜 교회를 인정할 수 없다.

> 근본적으로 나뉘어진 여러 개의 교회들…그리고 내적으로 서로를 배타시하며 외적으로 서로 나뉜 교회, 이런 면에서 여러 교회는 많은 수의 주들(lords), 여러 가지 영들(spirits), 여러 종류의 신들(gods)을 의미한다.[4]

우리의 눈으로 보는 교회는 나뉘고 찢긴 모습이다. 여기서 교회의 하나됨을 말하는 것은 영안(靈眼)으로 보는 신앙으로만 가능하다. 우리는 모두가 '중간에 막힌 담'으로 인해서 '이방인'이요, '그리스도 밖의 사람'이요, 약속의 언약들에 대해서는 '외인'이었

---

[4] Karl Barth, *Church Dogmatics*, 4. 1. 바르트는 교회를 그의 몸으로 만드신 그리스도와 성령의 사역에 대한 논증을 하기 위해 상당한 분량을 할애하였다.

다(엡 2:11-14). 그러나 이제 우리는 믿음으로 고백한다. 하나님도 한 분이시요, 그리스도도 한 분이시요, 한 분이신 성령을 고백하며 그리스도의 몸인 교회의 하나됨도 믿음으로 수용한다.

이런 신앙고백은 믿음으로 교회의 하나됨을 수용하게 하고 그 하나됨을 이루기 위해 우리로 노력하게 함으로 실제 삶에 적용된다(엡 4:1-3). 바울은 우리에게 '겸손과 온유와 오래 참음과 사랑 가운데 용납함으로' 우리를 부르신 '부르심에 합당한 생활'을 하라고 권한다. 성경의 다른 번역은 이 내용을 설명하면서 강조한다. 우리는 "성령이 주신 하나됨과 평안의 매는 띠로 확실하게 묶는 데 혼신의 노력을 아끼지 말아야 한다"(엡 4:3). 그리스도의 몸 된 교회의 하나됨은 외적이거나, 제도적이고, 조직적인 통일성보다는 내적 일치를 의미한다. 바울은 빌립보서 2:1-11과 고린도전서 1:12-13에서 이런 하나되는 정신에 대해 언급하고 있다.

이것은 우리 서로가 고린도전서 12장에서 밝힌 대로 몸의 지체로 한 분이신 그리스도의 몸에 붙어 있어 각 지체가 동시에 기쁨과 영광을, 슬픔과 아픔을 나누게 됨을 말한다. 에베소서에서 바울은 교단이나 협회, 협의회 등 조직을 말하지 않는다. 바울은 하나된 그리스도의 몸을 강조한다. 바울의 강조점은 우리가 믿음으로 우주적 교회의 하나됨을 받아들이고 세상을 향해 우리의 받은 바 은사를 따라 선교함으로 그 하나됨을 이루게 하는 데 있다.[5] 에베소서 4:1-6에 나타난 하나됨의 의미는 4:7-16에서 각 지체가 몸의 일부로 자기가 받은 각양 은사를 따라 섬기는 '몸된

---

5 Barth, *Church Dogmatics*, 4. 2. 바르트는 '세상을 위한 존재'라는 용어를 사용한다.

교회'라는 말로 잘 나타나 있다. 각 사람에게 은혜와 은사가 주어졌다(엡 4:7). 이 은사는 '만물을 충만케 하시는 자'이신 그리스도가 주셨다(엡 4:8-10). 선물의 분량대로 사도요, 선지자, 전도자, 목사로 섬기게 하신다(엡 4:11-12). 이 은사들의 목적은 그리스도의 몸된 교회를 세우며 성도들을 온전케하여 봉사의 일을 하게 함에 있다(엡 4:12).

그리스도 안에서 하나됨의 의미는 개인들이나 교단을 하나로 마구 모아 들여 교단을 크게 만드는 것을 뜻하지 않는다. 바울이 말하는 몸된 교회란 지체들이 몸에 붙어 있어야 하며 교회는 지체들의 모임 그 이상이다. 이런 관점에서 교회는 집성촌을 이루고 사는 특별한 씨족이나 종족과 같다. 교인은 개개인들 나름대로 중요하지만 그들이 그리스도의 몸에 연합되어 있을 때에야 비로소 전체 안에서 자기의 위치를 정확하게 발견할 수 있다. 바울이 고린도전서 12:14-27에서 기술한 바와 같이 몸에서 떨어진 손이나 눈, 귀는 아무 일도 할 수 없고 쓸 곳도 없다. 각 지체들은 몸에 연결되어 있을 때에만 하나님께서 부분들로 만드신 지체로서의 존귀함을 누리게 된다.

그리스도의 몸이라는 개념은 서구의 개인주의자들이나 공산막스주의자들을 모두 무색하게 한다. 개개인은 하나님께서 특별하게 창조 하셨음으로 중요한 것은 사실이다. 그러나 교회 안에서 개개인의 가치는 몸의 지체로서 은혜로 받은 바 그 은사를 따라 섬기는 특별한 역할에 따라 결정된다. 이런 관점에서 우리는 키프리안의 격언(Cyprian's Dictum)인 "엑스트라 에클레시암 눌라 살루스" (*extra ecclesiam nulla salus*, 곧 교회 밖에는 구원이 없다)를 이해할 수 있다.

그리스도의 몸을 떠나서는 누구도 하나님과 바른 관계를 유지할 수 없고 그들의 주체성이나 삶의 목적도 알 수 없다.

교회의 하나됨은 내향성과 외향성을 동시에 내포한다. 성령의 은사들은 '성도들을 온전케 하여' 성령께서 원하시는 외향적인 "봉사의 일"(*ergon diakonias*, 4:12)을 하게 한다. 4:12은 계속하여 성도들이 함께하는 봉사의 일은 "그리스도의 몸을 세우려" 함이라고 설명한다. 이것이 내적 본질을 외적으로 표출하는 선교적 교회의 하나됨이다.[6] 교회의 지체들은 각양 은사를 따라 서로를 훈련하여 세상에서 선교와 봉사의 일을 하도록 독려한다. 이런 면에서의 하나됨은 서로 마음에 맞는 열성파 신자들끼리만 모이는 내향적인 일치를 의미하지 않는다. 이 몸은 사도와 선지자, 전도자, 목사, 교사들이 하나된 몸으로 서로를 세워주고 그들이 속한 세상에서 복음을 선포하도록 돕는다. 이 몸은 초대 교회 시대처럼 모든 족속으로 제자를 삼고, 전하고, 가르치고, 세례를 베푸는 행함이 있는 그리스도의 몸이다(마 28:19-20). 이 몸은 "모든 물건을 서로 통용하고"(행 4:32), 한 마음과 한 뜻을 가지고 가난한 자들, 병든 자들과 고아와 과부를 돌아보는 믿는 무리들이 이룬 그리스도의 몸이다. 이것은 우리가 잃어버린 자들을 큰 잔치에 초대하기 위해(마 22:9-10) 세상 밖으로 나가 넓은 길과 좁은 골목 길을 찾아가는 외향적인 하나됨을 말한다.

예수님도 자신의 대제사장적인 기도에서 그런 외향화된 선교

---

6 Johannes C. Hoekendijk, *The Church Inside Out*, I. C. Rottenberg, trans. (Philadelphia: Westminster, 1966). 호켄다이크는 이러한 관점을 강력하게 변호하였다.

적 관점을 강조하셨다.

> 내게 주신 영광을 내가 그들에게 주었사오니 이는 우리가 하나가 된 것 같이 그들도 하나가 되게 하려 함이니이다 곧 내가 그들 안에 있고 아버지께서 내 안에 계시어 그들로 온전함을 이루어 하나가 되게 하려 함은 아버지께서 나를 보내신 것과 또 나를 사랑하심 같이 그들도 사랑하신 것을 세상으로 알게 하려 함이로소이다(요 17:22-23).

이 모든 일의 목적이 있다. 교회가 성숙하여 하나가 되는 것이다.

> 우리가 다 하나님의 아들을 믿는 것과 아는 일에 하나가 되어 온전한 사람을 이루어 그리스도의 장성한 분량이 충만한 데까지 이르리니 오직 사랑 안에서 참된 것을 하여 범사에 그에게까지 자랄지라 그는 머리니 곧 그리스도라 그에게서 온 몸이 각 마디를 통하여 도움을 받음으로 연결되고 결합되어 각 지체의 분량대로 역사하여 그 몸을 자라게 하며 사랑 안에서 스스로 세우느니라(엡 4:13, 15-16).

이것이 성장이다. 몸으로 지체들이 연결됨으로 이루어지는 보다 큰 하나되는 성장[7](숫자적 성장)이다. 세상을 향하여 그들의 각양

---

7 바르트는 공동체를 '세워 나감'을 강조한다. Barth, *Church Dogmatics*, 4. 2; pp.

은사를 따라 몸의 지체로 섬기는 영적 성장(유기체적인 영적 성장)이며 보냄을 받은 세상에 그리스도의 몸으로 영향력을 행사하는 봉사 사역의 성장이다. 또 '사람의 속임수와 간사한 유속에 빠져 온갖 교훈의 풍조에 밀려 요동치 않게'(신학적 성장, 엡 4:14) 그리스도의 주되심을 교회 안에서 더 깊이 이해해 가는 성장이다.

바울의 교회론에서 선교와 교회는 하나이다. 우리도 언젠가 성숙하여져서 그리스도께서 '자기 앞에 영광스러운 교회로 세우사 티나 주름 잡힌 것이나 이런 것들이 없이 거룩하고 흠이 없게' 하실 것이다(엡 5:27, 계 21:9-10, 25-26 참조).

2. 성결성에 나타난 교회 선교

교회 선교는 성결성에서 나타난다(엡 1:1-14; 4:17-5:5; 5:6-6:20; 3:14-21). 교회는 본질적으로 성결하다. 하지만 우리가 교회의 성결성을 언급하는 것은 상당히 불편한 일이다. 성결하지 못한 교회의 현실을 뼈아프게 느끼기 때문이다. 본질적으로 성결한 교회의 모습을 이해하기 위해 우리는 몇 가지 교회론으로 교회를 분류하지 않으면 안 된다. 즉 가시적 교회와 불가시적 교회, 교회의 형태와 본질, 이상적 교회와 실제적 교회, 기관으로서의 교회와 공동체로서의 교회, 불완전한 교회와 완전한 교회 등으로 구분할 수 있다. 에베소서에서는 성결하게 하는 샘물이 세차고 깊게 흐르고

641-60.

있다. 우리가 잘 아는 바와 같이 에베소서는 '성도들'(saints)이라는 용어가 핵심 단어로 쓰인다. 더욱이 바울은 우리가 받은 성결한 생활(5:1-21)로, 어둠에서 빛(5:8-14)으로의 소명을 강조하고 전신 갑주를 입은 군사로 정사와 권세와 공중권세 잡은 자들과 싸우라고(6:10-18) 권고한다. 이 말씀들은 콘스탄틴 종교회의에서 제창한 교회의 성결성을 강조한다.

우리는 교회의 성결성을 믿음으로 수용한다(엡 1:1-14). 이 거룩함은 하나님께서 우리를 향하신 목적으로 확인된 하나님의 선물이다. 바울은 그의 서신 첫머리를 하나님 나라에 함축된 의미가 있는 열 가지의 축복을 노래한 초대 교회 찬양으로 시작한다. 이 찬양은 삼위일체이신 하나님께서 행하신 놀라운 일에 대한 찬양이다. 하나님께서 우리를 위해 무슨 일을 행하셨나? 우리는 누구인가?

성부 아버지께서 우리를 (1) 택하시고, (2) 거룩하게 하시고,
(3) 예정하시고, (4) 자기의 아들이 되게 하셨네.

그의 영광을 찬송하라.

성자 그리스도께서 우리를 (5) 구속하시고, (6) 죄 사하시고,
(7) 비밀을 알게 하시고, (8) 그리스도와 연합하게 하시고,
(9) 그와 함께 후사가 되게 하셨네.

그의 영광을 찬송하라.

성령께서 (10) 인치셨네.

그의 영광을 찬송하라.

이 찬송 시에는 신학이 담겨있다. 이 찬송에 나타난 바에 따르면 우리는 하나님의 거룩한 백성이다. 우리는 이 사실을 눈으로 볼 수 없기에 믿음으로 이 말씀을 받는다. 우리가 우리 개개인의 삶을 돌이켜 성찰해 보면 그렇게 성결하지 못하다. 에베소서 1:1과 같이 우리는 입술로 우리가 성도임을 고백한다. 그리고 마음으로 우리는 죄인임을 느낀다. 이방인이 그 마음의 허망한 것으로 행함 같이 행한다(엡 4:17).

그러면서도 우리는 개인적으로나 연합으로 그리스도의 몸을 드러내는 성결함에 이르기를 갈망한다(엡 4:17-5:14). 이방인의 사도인 바울은 이방인들이 행하던 많은 일들을 단호하게 정죄한다. 그는 이방 신자들의 문화적 요소들에 말씀의 밝은 탐조등을 비추어 이제 '새 사람'(엡 4:24)이 되었기에 버려야 할 부분들을 지적한다. 새 사람이 된 사람들의 모임에서 새로운 문화가 형성된다. 여기서 바울은 상당히 개인적인 면들도 다룬다. 방탕과 방임, 음행(엡 4:19, 22; 5:3), 욕심(엡 4:19, 28, 5:3), 도적질(엡 4:28), 더러운 말(엡 4:29; 5:4), 악독과 분냄(엡 4:26-27; 31), 거짓(엡 4:25), 탐심(엡 5:5)을 경계한다. 바울은 여기서 교회의 지체들에게 '빛의 자녀답게' 행하고, '선함과 의로움과 진실함의 열매들'로 밝게 비추어, 그 빛으로 은밀한 어두움 가운데서 행하는 악한 것들이 모두 드러나, 잠자던 자들이 '깨어서' 일어나며 '죽은 자들 가운데서 일어나', 그들의 삶에 '그리스도의 빛이 비추이도록' 하는 삶의 변화를 강조한다(엡 5:8-14).

이 부분의 문맥을 자세히 살펴 보면 바울이 말하는 것들은 개개인의 생활 태도 이상을 의미하고 있다. 바울이 강조하는 바는 회중으로서의 교회는 우리가 어떻게 말하고, 직장에서 어떤 태도로 일하고, 우리의 몸을 어떻게 사용하고, 우리가 무슨 생각을 하고, 도움이 필요한 사람을 어떻게 대하는 가에 의해 직접적인 영향을 받는다. 함축적으로 말하면, 교회의 성결성은 새 사람이 된 교회의 각 지체들이 세상 안에서 어떻게 사느냐에 의해 직접 영향을 받는다.

우리가 어떻게 정직하게 소득세를 내고 가정과 사업체의 자본 관리를 어떻게 진실하게 하는가, 정치적으로는 투표를 누구에게 하는가, 공석이나 사석에서 우리는 무엇을 말하는가 등은 교회의 성결성과 직접 연관된다.

우리가 몸의 지체들이라는 사실을 기억해야 한다. 우리가 교회의 성결성을 믿는다고 고백할 때 우리는 우리가 거룩하게 되기를 갈망하며 헌신하고 고백한다. 이런 삶은 우리의 문화, 우리의 경제, 우리의 정치, 우리의 교육, 심지어 우리의 생활 습관까지 모두 성결하게 변혁시킬 것을 요구한다.[8]

바울은 우리 개개인의 삶의 현장에서 교회의 성결성의 표현으로 거룩함을 드러낼 수 있게 되기를 소망한다(엡 5:6-6:20). '빛의 자녀들'의 공동체인 교회는 개인적으로나 단체적으로 각 지체들의 거룩한 생활을 통하여 세상의 어두운 구석구석을 밝게 비춘다(마 5:14). 더 나아가 교회의 성결성은 예배의 거룩함(엡 5:19-20)과

---

8 예를 들어 Ronald J. Sider, *Rich Christians in an Age of Hunger* (Downers Grove, Ill.: Inter-Varsity, 1977); idem, ed., *Cry Justice! The Bible on Hunger and Poverty* (New York: Paulist, 1980).

지역 교회 조직 안에서의 거룩함과 순종함(5:21),[9] 결혼생활에서의 성결(5:22-23), 자녀 양육에서의 성결(6:1-4), 직장에서의 성결(6:5-9)과 직결된다.

우리가 속한 사회 안에서 교회의 성결성은 "혈과 육에 대한 것이 아니요 통치자들과 권세들과 이 어둠의 세상 주관자들과 하늘에 있는 악의 영들에게 대한"(엡 6:12) 전쟁을 요구한다. 개별적이고 단체적인 악들 사이에서 교회는 정치나 경제적인 힘이 주 안에 있는 성결케 하는 힘을 대신할 수 있다고 생각해서는 안 된다. 교회는 진리로 허리띠를 띠고, 모든 관계 중심에 의를 세우고, 복음의 신발을 신고, 악한 자의 불화살을 막을 수 있는 믿음으로 어려움을 이겨내야 한다.

교회는 확실한 구원을 선포하고, 하나님의 말씀으로 악한 공격을 물리치고, 세상의 필요들을 하나님께 아뢰는 기도와 간구가 있어야 한다(엡 6:10-20). 바울이 말하는 전신갑주를 입은 교회는 참된 성결성을 통해서 세상을 변화시키는 선교적 사명을 감당한다.

참된 거룩함은 "사랑 안에서 자란다"(엡 3:17-19). 에베소서 3:14-21에서 바울은 거룩함을 설명한다. "그의 성령으로 말미암아 너희 속사람을 능력으로 강건케 함"으로(엡 3:16), "믿음으로 말미암아 그리스도께서 너희 마음에 계시고"(엡 3:17), 또 "하나님의 모든 충만하신 것으로 충만하게"(엡 3:19) 되기를 소원했다. 교회 안에 하나님의 거룩한 임재를 무엇으로 알 수 있는가? 그것은 사

---

[9] 신약 원어 사전은 여기서 사용된 '휘포타쏘메노'(*hypotassomenoi*)를 '사랑 안에서 하는 자발적인 양보'라고 번역하고 있다.

랑이다. 예수님께서 말씀하셨다.

> 이로써 모든 사람이 너희가 내 제자인 줄 알리라(요 13:35, 15:10-12).

주님이 함께 하는 교회와 신자를 분명히 밝혀 주는 행실은 사랑뿐이다. 선지자와 율법의 총화가 무엇인가? 하나님을 사랑하고 이웃을 사랑함이 아닌가? 에베소 교회는 "사랑 가운데서 뿌리가 박히고 터가 굳어지게 됨"으로 거룩하게 되도록 부르심을 받았다. 그리하여 그들이 "모든 성도와 함께 지식에 넘치는 그리스도의 사랑을 알아 그 너비와 길이와 높이와 깊이가 어떠함을 깨닫게"(3:17-19) 되기를 원했다. 사랑은 세상에서 교회가 가진 능력이다. 교회 역사학자인 라토렛(Kenneth Scott Latourette)이 보여 준 대로 사랑은 그 놀라운 힘을 예수 그리스도의 제자들에게 불어넣어 마침내 로마제국을 정복하게 한 교회의 놀라운 능력이 되었다.[10]

> 친구를 위해서 목숨을 버리면 이에서 더 큰 사랑이 없느니라 (요 15:13).

그리고 사랑 안에 교회의 성결함이 있다.

---

10 Kenneth S. Latourette, *A History of the Expansion of Christianity*, 7 vols., vol. 1, *The First Five Centuries* (New York: Harper, 1937-45; repr. ed., Grand Rapids: Zondervan, 1970), 163-69; idem, *A History of Christianity* (New York: Harper and Row, 1953), 105-8.

내가 이것을 너희에게 명함은 너희로 서로 사랑하게 하려 함
이로다(요 15:17).

나는 사도신경을 따라 엄숙히 고백한다. "거룩한 공회와 성도가 서로 교통하는 것을 믿습니다."

3. 모든 사람을 위한 교회의 선교

에베소서는 구속의 노래로 시작한다. 골로새서 1장과 더불어 신약에 나타난 가장 우주적인 그리스도론을 전개한다. 그리스도론은 교회론의 핵심이다. 바울은 우리가 교회의 머리 되신 분을 앎으로 교회에 대해 알게 되기를 원한다. 왜냐하면 교회는 성자 예수 그리스도로부터 생명과 본질적 사명을 받기 때문이다. 바르트(Barth)는 교회에 대해 다음과 같이 말한다.

> 교회는 몸이라 불리거나 몸과 같은 공동체가 아니다. 그리스도 자신이 몸이다. 본질상 그는 몸이기에 많은 지체들이 연합되어 있다. 그의 몸은 하나이지만 여러 지체가 연합하여 이룬 하나이다. 몸(sωμa)이 공동체를 잘 설명하는 표현이기 때문이 아니라 그리스도가 본질적으로 몸(sωμa)이다…특정 공동체는 한 유기체를 상기시키고 유기체적 본질을 가지고 있는 사회 집단이기에 몸(sωμa)이 아니다…교회는 본질적으로 그리스도로 말미암았고, 그리스도를 위한 그의 몸으로 존

재하기에 소마(sωμα)인 것이다. 그리스도로 말미암은 관계는 여러 곳에 나타난다.

우리 많은 사람이 그리스도 안에서 한 몸이 되어 서로 지체가 되었느니라(롬 12:5).

그는 몸인 교회의 '머리'이시다. 모든 지체를 하나로 일치시키는 중심이요, 지체의 다양성을 인정하고 통제하는 근본이시다(골 1:18, 엡 5:23)…예수 그리스도를 떠나서는 이 몸을 조성하고 주관하고, 보존할 다른 어떤 본질적 원리인 텔로스(τελος)[11]가 없다.[12]

에베소서 1장에 나타난 기독론을 읽으면 놀랍다. 우리의 "마음의 눈이 밝아지고"(1:18) 교회인 몸에 대한 개념이 선명해진다. 우리가 배우는 에베소서 내용은 참으로 놀라운 사실이다. 그리스도 안에서 이루어진 일은 놀랍다. 바울은 "그의 힘의 위력으로 역사하심을 따라 믿는 우리에게 베푸신 능력의 지극히 크심"(1:19)을 찬양한다. 하나님께서는 그리스도를 죽은 자 가운데서 다시 살리셨다. 하늘에서 하나님의 오른편에 앉히시고 모든 통치와 권세와

---

11 τελος(*telos*)는 목적(end)을 의미하는 그리스어이다. 아리스토텔레스(Aristotle)의 물리학, 생물학 및 행동의 설명에 있어서 중요한 개념은 목적(purpose) 이다. 그는 모든 자연현상을 행동에 의해 충족되는 목적(*telos*)으로 설명하였다. 이와 같은 설명을 목적론적 설명이라고 한다. 바울이 사용한 *telos*는 일반적으로 "완성", "목표", "마침" 으로 해석한다– 역주.

12 Barth, *Church Dogmatics*, 4. 1.

능력과 주권과 이 세상뿐 아니라 오는 세상에 일컫는 모든 이름 위에 뛰어나게 하셨다. 모든 만물을 그 발 아래 복종하게 하시고 그를 만물 위에 교회의 머리로 주셨다. 그는 몸된 교회의 머리시며, 그 안에서 온전함이 드러나고, 그는 만물을 충만케 하신다(엡 1:20-24).

이 우주적 그리스도론을 그리스도가 머리 되신 몸에 적용하면 우리는 계속 확장되는 보편성을 경험할 수 있다. 우리는 교회의 보편성(universality)을 믿음으로 수용한다. 왜냐하면 교회의 보편성은 그리스도 안에서 나타난 하나님의 보편적 계획의 표현임을 인정하기 때문이다.[13] 하나님께서 특정한 백성을 택하실 때 온 세상을 구원하실 계획을 갖고 계셨다. 요하네스 버카일(Johannes Verkuyl)이 이스라엘의 선택에 대해 잘 설명하였다.

하나님께서 모든 인류의 일부인 이스라엘을 택하실 때 다른 나라 사람들에서 눈을 떼신 것이 아니다. 이스라엘은 다수를 섬기기 위해 부름받은 소수(*pars pro toto*)였다. 하나님께서 아브라함과 이스라엘을 택하심은 온 세상을 위함이었다.[14]

교회의 보편성은 우리의 눈으로 볼 수 없다. 우리는 믿음으로 교회의 보편성을 수용한다. 사실 이렇게 저렇게 세어 보면 세계 교회 안에 있는 신자는 10억 명이 넘을 것이다. 그러나 아직도 30억 명 이상이 목자의 울타리 밖에 있다. 만일 교회가 모든 사람들

---

13 Cf. Herman N. Ridderbos, *Paul: An Outline of His Theology*, J. R. de Witt, trans. (Grand Rapids: Eerdmans, 1975), 387-92.
14 Johannes Verkuyl, *Contemporary Missiology: An Introduction*, D. Cooper, trans. (Grand Rapids: Eerdmans, 1978), 91-92.

을 위한 것이라면 왜 모든 사람들이 교회 안에 있지 않을까?

우리는 그리스도 안에서 교회의 보편성을 고백한다. 동시에 이 세상에서 그 보편성을 실현하려 힘쓴다(엡 2:1-13). 바울은 에베소서 2장에서 말한다.

> 우리 허물로 죽은 우리를 그리스도와 함께 살리셨고 (너희는 은혜로 구원을 받은 것이라) 또 함께 일으키사 그리스도 예수 안에서 함께 하늘에 앉히시니 이는 그리스도 예수 안에서 우리에게 자비하심으로써 그 은혜의 지극히 풍성함을 오는 여러 세대에 나타내려 하심이라(엡 2:5-7).

> 그러므로 생각하라 너희는 그 때에 육체로는 이방인이요 손으로 육체에 행한 할례를 받은 무리라 칭하는 자들로부터 할례를 받지 않은 무리라 칭함을 받는 자들이라 그 때에 너희는 그리스도 밖에 있었고 이스라엘 나라 밖의 사람이라 약속의 언약들에 대하여는 외인이요 세상에서 소망이 없고 하나님도 없는 자이더니 이제는 전에 멀리 있던 너희가 그리스도 예수 안에서 그리스도의 피로 가까워졌느니라(엡 2:11-13).

교회는 모든 사람을 위한 곳이다. 그러므로 우리는 모든 사람들이 교회 안으로 들어올 수 있도록 초청하고 불러들이는 일을 계속해야 한다. 보편적인 교회는 왕의 특별한 초청을 전하는 전달자로서 큰 길이나 작은 길에 나가 사람들을 불러 잔치에 참석할 수 있게 해야만 한다. 보편적인 교회는 그 문이 항상 활짝 열려 있다. 모든 사람에게 열려 있는 열린 공동체이다. 보편적 교회는 사회적 신분, 경제적 수준, 피부 색깔, 성별, 문화적 배경, 국적 때문에 서로를 배타시하거나 반목함으로 보편성을 잃어서는 안 된다. 보편적 교회는 본질적으로 선교적이다. 선교적 교회는 '모든 만물을 충만케' 하시는 교회의 머리 되신 그리스도에 의해 모든 민족 가운데 보내졌다.

우리는 믿음으로 교회의 보편성을 수용한다. 이 세상에서 그 선교적 목적을 이루려 노력한다. 그러므로 우리는 성도 한 사람의 삶 자체가 교회의 보편성을 나타내는 삶이 되어야 함을 믿는다(엡 2:13-22). 그리스도의 몸 안에서 중간에 막힌 담들이 무너지는 것을 볼 때 우리는 세계적인 성도(World Christian)된 우리의 정체성을 발견한다. 우리는 이제 주 예수 그리스도 안에서 그의 죽으심과 부활에 동참함으로 죽음과 부활을 통해 서로 화목하게 되었다. 한 몸의 충만함으로 사회적인 구별이나 인종적 차별이 사라지게 되었다(엡 2:16-18). 그러므로 우리는 하나님이 지어 가시는 건물의 일부가 된다(엡 2:20-22).

> 그러므로 이제부터 너희는 외인도 아니요 나그네도 아니요
> 오직 성도들과 동일한 시민이요 하나님의 권속이라 (엡 2:19).

가끔 이 말씀을 오해하는 사람도 있다. 인간이 가진 독특한 문화적 차이와 인종적 차이를 인정하지 않고 모두를 한 종류로 만들려는 방향으로 본문을 해석하는 사람도 있다. 그러나 이 통일성은 그와 다른 깊은 의미가 있다. 이 말씀을 토대로 각 지체들

은 하나님께서 주신 각양 다른 은사를 기쁘게 표출하고 그 모습 그대로 받으시는 주님을 믿으며 다른 사람도 그 모습 그대로 받아들인다. 우리 모두는 보편적인 교회의 일원이 되었다. 이는 교회가 더욱 보편화되게 하려는 데 있다. 그리고 우리는 다른 이들을 제자 삼기 위해 세상에 보내심을 받았다. 교회는 특권층 사람들만 모이는 회원제 사교 클럽이 아니다. 우리가 그냥 안식하며 일을 쉬는 휴식처도 아니다. 우리가 교회의 일원이 된 것은 이 은혜로운 하나님의 나라에 다른 사람들을 모아 들이기 위함이다. 우리가 구원을 얻음은 "그리스도 예수 안에서 우리에게 자비하심으로써 그 은혜의 지극히 풍성함을 다른 모든 사람들에게 증거하고 오는 여러 세대에 나타내려 하심이다"(엡 2:7).

교회가 점점 더 많은 사람들을 위한 교회가 되어질 때 그 몸은 보편성을 가진 참된 교회의 모습을 드러낸다(엡 3:1-13). 바울이 에베소서에 기술한 교회의 선교적 본질은 간결하면서도 심오하다. 믿음으로 깨달은 대로 보편성은 우리가 최선을 다하여 이루어야 할 목표이다. 이 일이 이루어지는 자연스런 과정이 성장이다. 우리는 '하나님의 권속'으로, 하나님이 계시는 거룩한 '성전'으로 지어진다. 교회는 지역적으로, 문화적으로, 숫자적으로, 인종적으로, 사회적으로 계속 자라간다. 여기에 사도 바울이 복음의 '종'이 됨으로써 모든 사람들을 위한 하나님의 '비밀'이 드러난다(엡 3:2-12).

바울은 예수 그리스도가 기뻐하시는 선교를 하다 감옥에 갇혔다. 그는 '이방인을 위하여' 보내심을 받았다(엡 3:1). 바울은 이 특별한 비밀을 맡은 일꾼이 되었다. "이방인들이 복음으로 말미암아 그리스도 예수 안에서 함께 상속자가 되고 함께 지체가 되고 함께 약속에 참여하는 자"(엡 3:6)가 되었다. 바울에게 계시된 감추어졌던 비밀은 무엇인가? 하나님께서 교회의 보편성을 이루신다는 것이었다. 이 말씀대로 바울은 "측량할 수 없는 그리스도의 풍성을 이방인들에게 전하였"(엡 3:8)고 교회로 말미암아 하나님의 각종 지혜를 알게 하려 하였다. 바울은 말하기를 "하나님의 각종 지혜와 영원하고 보편적인 계획이 보편적인 교회를 통하여 하늘에서 통치자들과 권세들에게 드러났다"(엡 3:10-11)고 설명한다. 소아시아의 길목에 사는 많은 종족과 언어, 피부 색깔이 다른 사람들이 모여 이룬 도시가 에베소였다. 이런 에베소 교인들이 전에는 외인이었으나 이제 "하늘에 있는 자와 땅에 있는 자들에게 뛰어난 이름을 가지신 이로 말미암아"(엡 3:14-15, 빌 2:9-10 참조) 놀라운 하나님 나라의 백성이 되었다.

이제까지 우리는 바울이 에베소서에서 제시한 교회의 모습을 통하여 교회의 선교적 본질을 살펴보았다. 선교적인 모습이 하나님의 영광스러운 계획을 나타낸다는 것을 알게 되었다. 이런 탐구 과정을 통하여 우리는 선교적인 지역 교회에 대해 확실한 비전을 가져야 한다는 사실을 깨달았다. 우리가 신앙을 고백할 때 '하나이며 거룩하고 보편적인 교회와 성도가 교통함을' 고백한다. 이것은 우리 자신을 철저하게 하나님의 선교에 헌신하고 이 세상에서 선교적 교회로, 선교하는 하나님의 백성으로 살아갈 것을 고백하는 것이다.

4. 연구도서 목록

Allen, Roland. *The Spontaneous Expansion of the Church.* Grand Rapids: Eerdmans, 1962.

Banks, Robert. *Paul's Idea of Community: The Early House Churches in Their Historical Setting.* Grand Rapids: Eerdmans, 1980.

Barth, Karl. *Church Dogmatics,* 4.1.

Berkhof, Hendrikus, and Philip Potter. *Key Words of the Gospel.* London: SCM, 1964.

Blauw, Johannes. *The Missionary Nature of the Church.* New York: McGraw-Hill, 1962.

Boer, Harry. *Pentecost and Missions.* Grand Rapids: Eerdmans, 1961.

Gilliland, Dean. *Pauline Theology and Mission Practice.* Grand Rapids: Baker, 1983.

Minear, Paul S. *Images of the Church.* Philadelphia: Westminster, 1960.

Neill, Stephen. *Fulfill Thy Ministry.* New York: Harper, 1952.

Newbigin, J. E. Lesslie. *The Household of God.* New York: Friendship, 1954.

———. *The Open Secret.* Grand Rapids: Eerdmans, 1978.

Piet, John. *The Road Ahead: A Theology for the Church in Mission.* Grand Rapids: Eerdmans, 1970.

Ridderbos, Herman N. *The Coming of the Kingdom.* Philadelphia: Presbyterian and Reformed, 1962.

———. *Paul: An Outline of His Theology.* Grand Rapids: Eerdmans, 1975.

This chapter is adapted from the author's article in *Reformed Review* 37.3 (Spring 1984): 187–201; used by permission.

God's Missionary People :
Rethinking the Purpose of the Local Church

제4장
역사적 관점에 나타난 지역 교회의 참모습

    초대 교회 당시 바울이 뜨거운 선교적 열심으로 세웠던 교회는 통일성, 성결성, 보편성을 갖는 교회였다. 그 후세대들도 교회에 대한 세 가지 본질을 정당한 교회론으로 수용하였다. 교회의 네 번째 본질인 사도성(apostolic)이 381년 제1차 콘스탄티노플 공의회에서 첨가되었다. 그 후 교회는 천 년 이상 선교를 공교회의 조직적이고 외적인 확장으로만 이해했다. 이를 위해 전력을 다하였으나 큰 성공을 거두지는 못하였다.

    교회에 대한 바울의 관점은 열려 있다. 그는 하나님과 온 인류 또 미래에 대해 열린 자세로 교회의 위치를 현세와 내세 사이에 있는 창조적 긴장 속에 놓는다. 이 긴장감(tension)은 교회를 미래 지향적으로 몰고 가는 힘으로 작용한다. 한 알의 씨앗이 자라 큰 나무가 되도록 성장한다. 성도인 우리가 교회의 본질과 선교에 대해 숙고할 때면 교회의 핵심적인 본질에 대해 근본적인 질문을 던지게 된다. 사람들은 이 질문을 가볍게 여긴다. 적어도 마틴 루터가 1537년 슈말칼트 신조(Smalcald Articles)[1]를 작성할 때만 해도

---

1 슈말칼트 신조는 루터교를 가장 잘 요약한 고백서이다. 1537년 루터가 슈말칼트

쉽게 생각하였다.

> 거룩한 신자이며 목자의 음성을 듣는 양이 된(요 10:3), 일곱 살 난 아이도 교회가 무엇인지 알게 하신 하나님께 감사한다. 그 어린 아이도 "하나님의 거룩한 공회를 믿사오며"라고 기도하며 고백할 수 있다. 이 거룩한 공회는 가톨릭교인들이 성경을 넘어서 만든 많은 종교 의식들을 필요로 하지 않으며 오직 하나님의 말씀과 참된 믿음으로 이루어진다.[2]

최근의 학자인 헨드릭 크레이머(Hendrik Kraemer)는 루터가 간략하게 정의한 교회론에 가깝게 교회론을 간략하게 정의하였다. "교회는 세례 받은 신도들의 모임"이다.[3] 하지만 교회를 정의하는 일은 그리 쉬운 일이 아니다. 루터 자신도 교회론에 오래된 신앙고백인 '공회를 믿사오며'를 교회의 정의 속에 포함시켰다. 우리는 이런 신앙고백으로부터 배운다. 교회란 우리가 눈으로 보는 형체나 이 순간에 존재하는 형태 그 이상의 무엇이다. 교회는 우리의 약한 믿음으로 다 알 수 없는 교회에 관해 언급된 특성들 그 이

연맹(Schmalkald League)을 위해 작성한 것이다. 1531년 만들어진 슈말칼트 연맹은 루터란 도시들과 영지들의 연합체였다. 이 신조는 1580년 루터교 신조의 총체인 '협화신조'(Book of Concord)에 채택되었다- 역주.

2 Lehmann, Helmut T., gen. ed., *Luther's Works*, 53 vols. (Philadelphia: Fortress, 1955), Introduction to vol. 39.
3 국제선교사협의회(International Missionary Council) 자료에서 인용. International Missionary Council, *The Missionary Obligation of the Church* (London: Edinburgh, 1952).

상이다.⁴ 벌카우워(G. C. Berkouwer)는 다음과 같이 설명한다.

> 교회론(*Credo Ecclesiam*)을 연구하는 사람들은 누구나 여러 종류의 교회가 있고 교회의 본질에 대한 이해가 각기 다른 데에서 오는 여러 가지 의문들에 직면한다. 오늘날 특별히 하게 되는 또 다른 질문은 세상 안에서의 교회의 위치에 대한 것이다. 과연 이러한 생각이 꼭 필요한 것일까? 교회에 대한 이상적인 여러 정의를 하면 할수록 교회의 그런 모습들을 우리가 찾아볼 수 있는가 하는 질문들이 오히려 많아진다. 교회에 대한 여러 정의들은 정말 신뢰할 만한가?
>
> 일부 학자들이 교회는 역사적, 심리학적, 사회학적 요소들만으로는 결코 설명할 수 없다고 강조함에도 불구하고 교회론(*Credo Ecclesiam*)의 의도가 우리가 일상적으로 경험하는 교회를 지향할 수 밖에 없다는 사실은 부정할 수 없다.⁵

1. 보이지 않는 이상과 보이는 현실

본질은 결국 드러난다. 우리가 교회의 본질을 유일성, 성결성, 보편성, 사도성으로 받아들일 때 "교회는 그런 교회의 속성이 실

---

4 Charles Van Engen, *The Growth of the True Church* (Amsterdam: Rodopi, 1981), 48-94.

5 G. C. Berkouwer, *The Church*, J. E. Davison, trans. (Grand Rapids: Eerdmans, 1976), 7.

제로 나타내는 교회가 되어야 한다."⁶ 우리는 교회의 본질적인 특성에서 이 세상 안에서의 삶을 제외한 추상적인 관념 만을 구분하여 생각할 수 없다. 아울러 교회를 하나의 조직체로 보고 눈에 보이는 현상만으로 기술할 수도 없다. 우리는 교회를 본질상 참된 사랑의 공동체요, 조직된 기관이라 믿고 실제적인 표징을 연구해야 한다. 하지만 우리가 교회를 평가할 때 우리 눈에 보이는 것들을 기초자료로 삼을 수 밖에 없다.⁷ 역설적으로 교회는 우리가 눈으로 볼 수 있는 것이 전부가 아니다. 우리는 이 역설을 이해한다. 교회는 거룩하면서도 죄성이 있고, 하나이면서 나뉘어 있고, 보편적이면서도 지역적이고, 사도적이면서도 시대사조에 깊이 잠겨 있다. 교회론에서 교회의 본질이 가진 논리적 의미와 현실세계의 교회를 구분하는 일은 드문 일이었다. 캘리(J. N. D. Kelly)가 이 점을 잘 지적하였다.

교회의 성결성은 교회가 하나님의 선택받은 백성이며 성령이 임재하신다는 확신을 표출하는 것이다. 보편성에 대해서 말할 때 보편성이 원래 '보편적인' 또는 '일반적인' 이라는 의미를 가지고 있다. 이런 관점에서 저스틴(Justin)이 '보편성의 부활'에 대하여 언급할 수 있었다. 이러한 보편성의 관점을 교회에 적용해 보면 각개 교회의 지역적인 특성에 반대되는 교회의 보편성을 더 강조하게 한다.⁸

---

6 Avery R. Dulles, *Models of the Church: A Critical Assessment of the Church in All Its Aspects* (New York: Doubleday, 1974), 126.

7 Gene A. Getz, *The Measure of a Church* (Glendale, Calif.: Regal, 1975), 16.

8 J. N. D. Kelly, *Early Christian Doctrines* (New York: Harper and Row,

초기 신학자들은 가시적인 교회와 비가시적인 교회를 구분하지 않았다. 이런 우주적인 교회의 모임과 교제를 대부분 일상적이고 가시적 교회로 인식하였다. 교회는 성령의 부르심을 따라 실존하는 예수님 중심의 회중이었다. 교회의 문은 이 세상 모든 사람에게 열려 있었다.[9] 초대 교회 당시의 교회는 스스로 통일성, 성결성, 보편성, 사도성을 교회에서 일어나는 모든 문제나 오류들을 진단하는 표준으로 삼았다. 그 후 신앙고백들은 이런 특성들을 참된 교회를 규정하는 표준으로 삼았다.

시간이 흘러 교회에 대한 새로운 신조들이 생겨났다. 이 교회를 규정하는 표준신조는 마침내 교회의 표징(notae ecclesiae)으로 확정되었다. 이런 작업은 제도적인 로마 가톨릭 교회를 방어하고 유지하려는 목적으로 전용되었다. 이런 교회의 특성들은 로마 가톨릭 교회만이 거룩하고, 완벽하고, 온전한 교회로서 하나님이 허락하셨다는 잘못된 관점을 변호하는 데 사용되었다. 이것은 잘못이다. 이렇게 함으로 로마 교회는 제도적 교회를 동방교회나 왈덴시안(Waldensians)[10] 또는 다른 교회들로부터 구분하는 신학적 근거로 삼았다.

1200년대 교황 그레고리 9세가 통치하던 로마 교회는 하나님

1978), 190.
9 Ibid., 190-91. 캘리는 이런 관점에서 로마의 클레멘트, 저스틴, 이그나시우스, 제2 클레멘트 및 헤르마스(Hermas)를 인용하고 있다.
10 피터 왈도(Peter Waldo)의 이름을 따라 불리는 신앙 집단이다. 이들은 가톨릭의 부패한 교리를 반대하였고 수만 명이 죽임을 당했다. 핍박을 피해 알프스 산맥 등으로 피난하여 경건한 생활을 하였다. 프랑스, 스위스, 오스트리아, 폴란드, 바바리아, 보헤미아 등 유럽 전역에 복음을 전하였다- 역주.

의 은사들이 모두 로마 가톨릭 교회에게 주어진 것이라고 믿었다. 궁극적으로 교회의 통일성, 성결성, 보편성, 사도성 등은 교회의 본래의 모습을 되찾을 수 있도록 참된 교회의 모습을 돌아보게 하는 특성들이라기보다 유일한 로마 교회의 정당성을 지지하는 교회의 특성들로 이해하였다. 제1차 바티칸 공의회(1869-1870)에 이르러서야 조금 달라졌다. '우주적 교회'에 대하여 로마 교회는 우주적 교회 자체가 "하나님이 주신 선교와 신뢰도(Credibility)에 있어서 중요하고 항구적인 주제(motive)이다"라고 기술하였다.[11]

로마 교회가 교회의 네 가지 특성을 자기를 정당화하기 위한 수단으로 편협하게 적용하는 문제는 심각했다. 개혁주의자들은 교회의 특성과 표준(Marks or notae)사이에 분명한 구분이 있어야 한다고 주장하였다. 교회 역사를 간추린 벌카우워(Berkouwer)는 이 점에 대하여 다음과 같이 설명한다.

> 우리는 교회의 특성과 표준 사이에 엄청난 차이가 있다는 것을 발견한다. 처음 보면 모호하다. 우주적 교회란 교회의 '특성들'에 의해서만 알 수 있으므로 그 특성과 표준을 별도로 구분하여 생각하기 어렵다. 하지만 좀 더 자세히 살펴보면 이들 사이에 내적 구분이 명확해진다. 아울러 로마 교회와 종교개혁자들이 어떻게 대조적으로 교회의 특성을 이해하고 있었는가에 대해 중요한 단서를 잡을 수 있다.[12] 교회의 표준

---

11 Hans Küng, *The Church: Maintained in Truth*, E. Quinn, trans. (New York: Seabury, 1980), 266.
12 Berkouwer가 Herman Bavinck를 인용. Herman Bavinck, *Gereformeerde Dog-*

(*natae ecclesiae*)을 언급함에 있어서 개혁자들은 교회가 그렇게 될 수 있고, 그렇게 되어야만 할 기준, 즉 참된 교회의 모습을 제시했다. 교회론에서 교회를 참된 교회와 거짓된 교회로 구분하는 기준을 제시한 것은 교회의 특성을 규정한 교리에 새롭고 중요한 관점을 갖게 하였고 교회의 본질과 특성을 보다 신중하게 다루게 하였다.[13]

이런 구분을 하는 데 중요한 이슈가 있다. 교회의 이런 속성들에 대한 역할이다. 교회론에서 통일성, 성결성, 보편성, 사도성은 교회의 본질이다. 지역 교회는 교회이기에 아무런 논란의 여지없이 이런 속성을 갖게 된다. 그러나 이러한 속성들이 교회의 일상생활 가운데서 어떻게 나타나고 있는가에 대해서는 생각하지 않는다. 종교개혁자들은 단호했다. 교회의 속성에 대해 이러한 태도는 절대로 수용될 수 없다는 사실을 직시하였다. 그들은 이 문제에 대하여 보다 근본적인 문제들을 제시하고 지역 교회가 우주적 교회의 중심이 되는 예수 그리스도에서 얼마나 떠나 있는가를 알 수 있는 신학적 표준을 제시하려고 시도하였다.[14] 이러한 신학적 노력이 계속되자 개혁자들은 교회의 핵심 요소들이 실제로 있는지 없는지를 알아볼 수 있는 새로운 신학적 패러다임(Paradigm)을 찾아 나서기에 이르렀다. 버콰우워는 이렇게 설명한다.

---

matiek 4 vols. (Kampen, the Netherlands: Kok, 1985-1901), 4.304.
13 Berkouwer, *The Church*, 13.
14 Hendrikus Berkhof, *Christian Faith: An Introduction to the Study of the Faith* (Grand Rapids: Eerdmans, 1979), 409.

개혁자들은 교회의 다른 '특성들'을 제시하지 않았다. 이런 연유로 개혁자들은 네 가지 특성을 의심하지 않고 그대로 수용하였다. 이것은 놀라운 사실이다. 어느 곳에서든 니케아 신조(The Nicene Creed)에 있는 교회의 통일성, 성결성, 보편성, 사도성을 그대로 인정한다. 교회가 실로 하나이며 거룩하고 보편이며 사도적인가에 대한 질문을 하기보다는 순수한 복음의 선포, 순수한 성례의 집전, 교회 권징의 실시 등 몇 가지 다른 표준들을 언급한다. 결정적인 요점이 있다. 교회는 주되신 그리스도의 권위와 음성에 늘 복종해야 한다는 점이다. 이러한 복종으로 그리스도는 교회를 시험하신다. 이것이 교회의 표준(notae)에 대한 개혁자들의 일반적인 입장이다.[15]

개혁자들은 교회의 세 가지 속성을 교회의 가장 중요한 본질로 유일하신 예수 그리스도께 가까이 나아가는 방편으로 여겼다. 바른 말씀의 선포, 성례전의 바른 집전, 정당한 권징의 실시 등은 교회가 주님께 얼마나 충성을 다하고 있는가에 대한 시금석이었다. 주님께서는 교회의 중심에 계시며 교회가 모든 활동과 신조와 권징을 바르게 하고 있는지 지켜 보신다. 개혁자들은 교회의 네 가지 속성보다 깊은 핵심적인 문제에 주목하였다. 즉 교회가 그의 본질과 생명을 이어받은 그리스도에 대하여 더 깊은 관심을 갖게 되기 원했다. 당시 네 가지 속성들이 바른 교회를 정의하는 역할을 다하지 못하였기 때문에 개혁자들은 말씀과 성례를 교회의 기

---

15 Ibid., 14-15.

본적인 요소로 사용하여 교회의 존재 의미와 진위를 가리려 하였다. 교회 생활과 예배 중에 복음이 말과 행함으로 선포되면 세상 사람들은 그리스도를 알게 된다. 이런 관점에서 보면 교회의 네 가지 속성을 보다 역동적인 관점(dynamic view)으로 방향 전환을 유도할 수 있다. 애버리 덜레스(Avery Dulles)는 다음과 같이 지적한다.

> 확실히 복음은 유일하고 거룩하다. 모든 사람을 향해 선포해야 할 보편성이 있다. 이것은 절대로 '다른 복음'(갈 1:6 참조)이 될 수 없기에 항상 '사도적'이다. 복음을 생활화한 교회는 이러한 특성을 드러낸다. 스스로 이러한 본질적 특성을 나타내 보여주지 못하는 교회는 복음적인 교회가 아니며 말씀에 의해 심판을 받는다.[16]

개혁자들은 교회가 통일성, 성결성, 보편성, 사도성을 갖고 있다고 주장할지라도 이 특성들이 핵심 목표인 몸된 교회의 머리되시는 그리스도를 위하여 발현되지 않는다면 아무런 의미가 없다고 주장하였다.[17]

그러나 불행한 일이 일어났다. 종교개혁 직후부터 개혁자들이 주장한 교회의 '특성들'은 우주적 교회의 통일성, 성결성, 보편성을 파괴하는 도구로 전락하고 말았다. 원래 루터와 칼빈은 이 특성들이 보다 광의적 의미에서 교회의 통일성, 성결성, 보편성

---

16 다음 문헌들을 함께 참조하라. Dulles, *Models*, 126-27 ; Küng, *The Church*, 268
17 Cf. Van Engen, *Growth of the True Church*, 237-39.

을 갖게 하는 데 기여하기 원했다. 교회의 본질을 더욱 역동적이며 포괄적으로 표출하는 방편이 되기를 기대하였다. 하지만 종교 개혁의 후예들은 이런 좋은 특성의 부정적인 면, 즉 배타적이며 내향적인(introverted) 면만을 강조하기에 이르렀다. 리차드 드 리더(Richard de Ridder)가 파이어트(John Piet)의 견해를 따라 보여 준 것처럼 후기 개혁자들은 교회의 특성을 세상 가운데서 이루어져야 하는 사역 자체보다는 특정한 일이 일어나는 특정 장소로 이해하였다.[18] 그들은 거기서 더 나아가 교회의 특성들을 오용했다. 교회의 특성들을 한쪽 편에 선 교회를 '참된 교회'라 지칭하고 다른 쪽 편에 선 교회를 '거짓 교회'로 구분하는 교리적이고 논증적인 도구로 전락시키고 말았다. 이렇게 하여 종교개혁 후기의 개신교는 자성(self-examining)하지 않았고 교회는 역동적인 역할을 계속 상실해 갔다. 이런 연유로 생동적이고 역동적인 교회론의 정의를 해결하지 못했다. 파이어트는 이러한 특성들이 가지고 있던 원초적 결점들을 잘 지적하였다.

    첫째, 16세기에 사용한 교회의 정의들이 당시의 종교적 사회적인 요인들에 영향을 받았다.

    둘째, 지금까지 교회의 특성들은 한 가지인 데 반해 해석은

---

18 Richard de Ridder, *Discipling the Nations* (Grand Rapids: Baker, 1971), 212-14; Van Engen, *Growth of the True Church*, 243-48; John Piet, *The Road Ahead: A Theology for the Church in Mission* (Grand Rapids: Eerdmans, 1970), 24; Colin Williams, *Where in the World?: Changing Forms in the Church's Witness* (New York: National Council of Churches, 1963), 52, and idem, *What in the World?* (New York: National Council of Churches, 1964), 44.

여러 가지였다. 여러 부류의 사람들이 자기들만의 개념에 '바른'과 '순수한' 등의 형용사를 붙였다. 그리하여 루터교인들과 칼빈주의자들이 서로 다르다고 하였다. 심지어 루터교 내에서도 각 분파에 따라 서로 다르게 해석하였고 칼빈주의자들 중에서도 각 분파에 따라 서로 다르게 해석하게 되었다.

셋째, 모든 개혁주의적인 정의들이 성경으로부터 나왔다고 해서 모두가 다 '성경적'이라고 할 수 없다. 그 이유는 성경에 나타난 교회는 선교하는 특정 상황에서 정의되었으며 개혁주의 교회론도 당대의 시대 상황에서 기인하였기 때문이다.

넷째, 마지막으로 제시된 개혁주의 신학의 효과는 그것이 본질적으로 무엇인가를 알아보고 그것이 어떻게 나타났는지 알아내는 것이다. 한 가지 분명한 것이 있다. 교회에 대한 개혁주의적인 개념을 그대로 따르는 사람은 누구나 교회에 대해 고정적이거나 정적(static)관점을 가질 위험성을 안고 있다. 교회는 하나님을 향함과 동시에 또한 세상을 향하여 나아가야 한다. 그리고 하나님의 세계 속에 있는 하나님의 백성으로서의 존재목적을 발견해야만 한다."[19]

이러한 교회론의 발전은 20세기 풍조에 영향을 주었다. 가톨릭 신자나 개신교도들 누구에게도, 그들의 교회가 생명력 있는 교회의 역동적 본질에 가까이 다가서 있다는 확신을 주지 못했다. 개혁 교회는 계속적으로 개혁하는 교회론을 유지하는 객관성을 상

---

[19] Piet, *The Road Ahead*, 28-29.

실하고 말았다. 성도들은 실제 경험 속에서 유일성, 성결성, 보편성, 사도성을 평가할 수 있는 명확한 기준을 갖지 못하였다. 교회의 한 가지 속성만을 주장하는 관점만으로는 부족하다는 의심이 커져 갔다. 교회는 과연 인간적이든 신적이든 오직 한 가지 속성만을 갖는다고 볼 수 있을까?[20] 교회론자들은 지역 교회를 인간적이며 신적이고, 유기체적이며 조직적인, 친교와 기관(institution) 등 두 가지 속성을 다 가지고 있다는 양면적 관점으로 보기 시작했다. 이러한 관점은 교회론자들로 하여금 니케아 회의에서 결의된 교회의 속성들과 개신교 학자들이 기술한 교회의 특성 등을 다시 돌아보게 했다. 교회를 은사(gift)와 사역(task)을 동시에 포함하는 존재로 인식하게 되었다.

2. 네 가지 속성을 보는 새로운 관점

새로운 관점이 생겨났다. 한스 큉, 벌카우어, 덜레스, 벌코프, 칼 바르트와 같은 여러 신학자들은 이상적인 네 가지 개념들을 이용하여 실체를 측량하는 방법으로 교회를 재점검할 것을 주장

---

20 예를 들어 제3차 세계선교협의회(1952)의 신앙과 직제(Faith and Order)에서 "우리는 교회가 가시적 교회와 우주적 교회 등 두 교회가 아닌 이 땅에서 교회의 모습을 보여 주어야 하는 하나의 교회임을 동의한다" (Lukas Vischer, *A Documentary History of the Faith of the Faith and Order Movement* [St. Louis: Bethany, 1963], 103). 아브라함 카이퍼도 이와 비슷한 관점을 변호하기 위해 "*Waarom de eenezelfde kerk op aarde tegelijk onzichtbaar en zichtbaar zij*"라는 논설을 *Tractaat van de Reformatie der Kerken*에 썼다.

하였다. 은사와 사역을 함께 표현하는 단어들로 교회를 다시 정의한다면 교회는 자신의 본질을 온전히 드러내도록 형성되어 가는 것이라 할 수 있다. 은사로 받은 교회의 유일성은 교회를 하나로 연합하는 역할을 한다. 하나되는 삶을 살게 하고 주님과 연합하게 한다. 은사로 받은 교회의 본질인 성결성은 성도들이 조직 안에서 세상 가운데 하나님의 말씀을 받고 전하는 데 있어서 거룩하게 되려는 일을 하게 한다. 은사로 받은 교회의 보편성은 교회를 지리적, 문화적, 인종적, 영적, 숫자적으로 성장하게 하시며 모든 만물에게 말씀하시는 만군의 주님 주위에 모두가 모이게 한다. 은사인 교회의 사도성은 사도적인 복음을 생활 속에 적용하여 사도처럼 살게 하고 세상을 향해 사도로 보냄을 받는 일을 하게 한다.

이러한 관점은 교회의 사역을 구체화한다. 우리가 고백하는 교회가 이 세상 실제 생활에서 보여질 수 있는 현실이 되도록 하는 구체적 방안을 제시한다. 이 관점은 선교적 교회에 대한 놀랍고 새로운 가능성을 제공한다. 왓슨(David Watson)은 좀 더 나아간다.

> 기성 교회의 낡은 질서는 하나님의 성령이 새롭게 하심보다 전통과 조직을 의존하기에 선교하지 않는다. 영적 생활이 결핍된 교회의 신조들과 의식서들은 스스로 살아계신 하나님을 찾고 있는 사람들의 영적 욕구를 만족시킬 수 없다. 만일 교회가 하나님께서 의도하신 자기의 원래 모습을 되찾기만 한다면 영적으로 생동감을 되찾게 되고 교회 역사 가운데 가장 놀라운 역사가 펼쳐지게 될 것이다. 모든 것이 교회에 대한 새로운 비전을 가질 수 있는가에 달려 있다. 필요한 부분을

고치려는 의지를 가지고 이 모든 것보다 우리의 삶에 영적 갱신이 일어나도록 열린 마음으로 살아가야 한다.[21]

우리는 교회가 무엇인가 하는 우리의 생각에서부터 시작하여 어떤 교회가 되어야만 하는가에 대해 헌신하는 선교적 교회론 운동을 일으켜야만 한다.[22]

우리가 네 속성들을 은사와 사역으로 함께 이해하기만 하면 된다. 그러면 우리는 니케아 회의와 개혁자들이 주장한 교회의 특성들이 있는 교회인가 아닌가 하는 논쟁에 갇혀 있을 필요가 없다. 우리의 교회에 대한 개념은 '교회가 무엇이다'라는 단계를 넘어서 '교회의 본질적 요소들과 보다 긴밀한 관계를 통해 어떤 교회가 될 수 있는가'하는 단계에 이르게 되었다. 본질적으로 교회는 교회 밖으로 뻗어나가기 시작한다. 호켄다이크(Johannes C. Hoekendijk)가 주창한 바와 같이 교회는 '안에서 밖으로 나가는' 교회가 된다. 도표 2는 교회의 본질에서부터 밖으로 나가는 역동적인 움직임을 보여 준다.

---

21 David Watson, *I Believe in the Church,* 1st American ed., (Grand Rapids: Eerdmans, 1979), 37-38.
22 Jürgen Moltmann, *The Church in the Power of the Spirit* (New York: Harper and Row, 1977), 2.

| 제4장 | 역사적 관점에 나타난 지역 교회의 참모습   111

도표 2에서 예수 그리스도는 교회론의 중심에 계신다. 개혁자들이 주창한 교회의 네 가지 '특성들'과 다른 교회의 네 가지 본질들이 네 가지 계획들을 통해 표출되고 있다. 하지만 이 속성들은 교회 생활 가운데 은사와 사역으로 밖을 향해 펼쳐지지 않으면 교회 내에서 임재하시는 그리스도의 실체를 보여 줄 수 없다. 이러한 일이 일어날 때 네 가지 속성들은 세상을 향해 밖으로 퍼져 나가는 모습으로 나타난다.[23]

도표 2. 역동적 관점에서 본 교회의 네 가지 속성

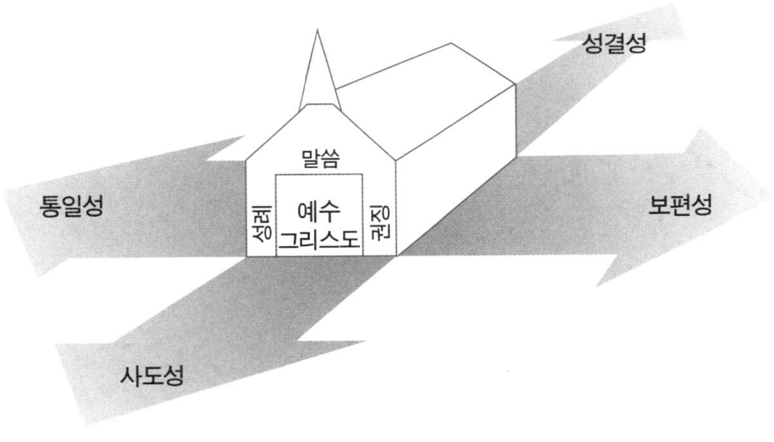

---

[23] J. E. Lesslie Newbigin은 이 점을 그의 다음 저서에서 강조하였다. J. E. Lesslie Newbigin, *The Household of God: Lectures on the Nature of the Church* (New York: Friendship, 1954), 47-60.

3. 행동으로 나타난 네 가지 속성

선교학적으로 우리는 이 정도에서 멈출 수 없다. 우리는 이 네 가지 속성에 대한 선교적인 이해를 심화하고 교회의 역동성을 유지하기 위한 또 다른 방법을 강구해야만 한다. 이러한 선교적 차원에서 보면 '은사와 사역'의 관점으로 대변되는 큉과 벌카우어(Küng-Berkouwer)의 관점은 부족하다. 이들의 관점은 교회를 내면적으로만 성찰하고 교회가 처한 세상, 교회가 보내심을 받은 세상을 무시하는 관점이며 온전하다고 할 수 없다. 근대 교회론자들 가운데 몰트만(Moltman)은 교회가 교회되기 위해서는 '교회 밖의 세상을 볼 수 있어야 한다'고 주장하는 학자이다. 몰트만은 다음과 같이 주장했다.

> 교회 밖의 세상은 전쟁과 불의, 비인간적으로 분열된 곳이다. 그러므로 우리는 교회의 속성을 말씀과 성례로만 보는 내향적 성찰을 바른 태도라 할 수 없다. 내적 성찰과 동일하게 세상을 향하여 나가는 밖을 보는 외향적 성찰도 있어야 한다. 교회는 교회 내에서 이루어지는 활동만 중요시하지 말고 세상에서 교회의 모습을 보여 주고 증거하는 것이 더욱 중요함을 인식해야 한다.[24]

몰트만은 예수님과 억압받는 자들을 하나라고 여기고 네 가지

---

[24] Moltman, *Church in the Power*, 341-42.

특성들이 매우 철저한 선교적 반응을 불러일으켜야만 한다고 주장했다.

> 교회의 연합은 자유함 안에서의 연합이다. 교회의 성결성은 가난함 가운데에서의 거룩함이다. 교회의 사도성은 십자가의 형상을 지는 것이다. 교회의 사도성은 억압받는 자들을 교회가 후원하는 것과 연관되어 있다.[25]

소브리노(Jon Sobrino)는 『가난한 자와 참교회』(*The True Church and the Poor*)[26]에서 몰트만의 사상을 따르고 그의 강한 선교적 관점을 발전시켰다. 그는 다음과 같이 고백했다.

> 나는 가난한 자들의 교회의 연합, 가난한 자들의 교회의 성결성, 가난한 자들의 교회의 보편성, 가난한 자들의 교회의 사도성을 믿는다.

거기서 더 나아가 교회의 선교에 대해 다음과 같이 말했다.

> 가난한 자들의 교회는 복음 전도를 위해 헌신된 순수하게 선교하는 교회이다. 선교는 과거 어느 때보다 중요하다. 선교는 교회의 존재 자체를 바꾸어 놓는다.[27]

---

25 Ibid., 341.
26 M. J. O'Connell, trans. (Maryknoll, N.Y.: Orbis, 1984).
27 Ibid., 117-18. 다음을 참조하라. Leonardo Boff. *Ecclesiogenesis: The Base Com-*

이런 소브리노 사상은 남미 가톨릭 교도들에게 큰 영향을 미쳤고 개신교들도 이와 비슷한 사상을 갖게 되었다. 따라서 교회의 속성을 나타내는 오래된 네 단어에 새로운 선교적 강조점을 불어넣어야만 한다는 논지는 신학적, 사회학적 사상 사이에 넓게 퍼져 나가고 있다. 예를 들면 하워드 스나이더(Howard Snyder)는 교회의 통일성에 대해 언급하면서 교회가 선교하기 위해서는 네 단계의 운동이 필요하다고 하였다.

첫째, 기본적인 목표는 하나님께 영광을 돌리는 것이다.

둘째, 복음을 순수하게 전하는 것이다.

셋째, 교회 통일성은 그리스도와 삼위일체이신 하나님께로 연합함이다.

넷째, 진리 안에서의 통일성은 믿음과 생활에서의 통일성과 정통 교리와 바른 실천 사이의 통일성을 말한다.[28]

---

munities Reinvent the Church, R. Barr, trans. (Maryknoll, N.Y.: Orbis, 1986); idem, *Church, Charism, and Power: Liberation Theology and the Institutional Church*, J. Dierksmeyer, trans. (New York: Crossroad, 1986); Juan Luis Segundo, *Theology and the Church: A Response to Cardinal Ratzinger* (London: Winston-Seabury, 1985); Sergio Torres and John Eagleson, eds., *The Challenge of Basic Christian Communities*, J. Drury, trans. (Maryknoll, N.Y.: Orbis, 1981), and Gustavo Gutiérrez, *A Theology of Liberation* (Maryknoll, N.Y.: Orbis, 1973), 255-85.

28 Howard A. Snyder, "Co-operation in Evangelism," in: C. René Padilla, ed., *The New Face of Evangelicalism: An International Symposium on the Lausanne Covenant* (Downers Grove, Ill.: Inter-Varsity, 1976): 113-34. Jose Miguez Bonino, "Fundamental Questions in Ecclesiology," in Sergio Torres and John Eagleson, eds., *The Challenge of Basic Christian Communities: Papers from the International Ecumenical Congress of Theology, February 20-March 2, 1980, São Paulo, Brazil*, J. Drury, trans. (Maryknoll, N. Y.: Orbis, 1981): 145-59; C.

이제 우리는 니케아 회의의 네 단어들을 우리가 아는 명사형 교회를 수식하는 형용사로 보지 말고 이 세상에서 영생을 가진 교회의 선교활동을 하는 동사형 교회를 수식하는 부사로 이해할 때가 되었다. 이렇게 하면 교회의 네 가지 본질은 정적인 '속성들'에 머물지 않고 시험하는 '측량자들' 이상이 되며 역동적인 '은사와 사역' 이상으로 동적(動的) 개념이 된다. 이 관점은 우리로 하여금 네 가지 단어를 세상에서 선교적 교회의 수족(手足)으로 보게 한다.

도표 3에서 볼 수 있는 것과 같이 이 관점은 교회의 선교적 본질을 근본적으로 새롭게 재확인하는 관점이다. 이 관점은 교회를 선교운동이나 선교적으로 의미가 있는 사건을 일으키는 동사형(動詞形) 집단으로 이해하게 한다.

René Padilla, "A New Ecclesiology in Latin America," *International Bulletin of Missionary Research*, 11.4 (Oct. 1987), 156-64; Guillermo Cook, "Grassroots Churches and Reformation in Central America," in *Latin America Pastoral Issues*, 14.1 (June 1987), 5-23; Orlando Costa, *Christ Outside the Gate* (Maryknoll, N. Y.: Orbis, 1978); Robert L. Wilson, "How the Church Takes Shape," in *Global Church Growth*, 20.6 (Nov. -Dec. 1983), 325-27, and John R. Welsh, "Communidades Eclesiais de Base: A New Way to Be Church," *America*, 154.5 (8 Feb. 1986), 85-88.

도표 3.
선교적 관점에서 본 교회의 네 가지 본질

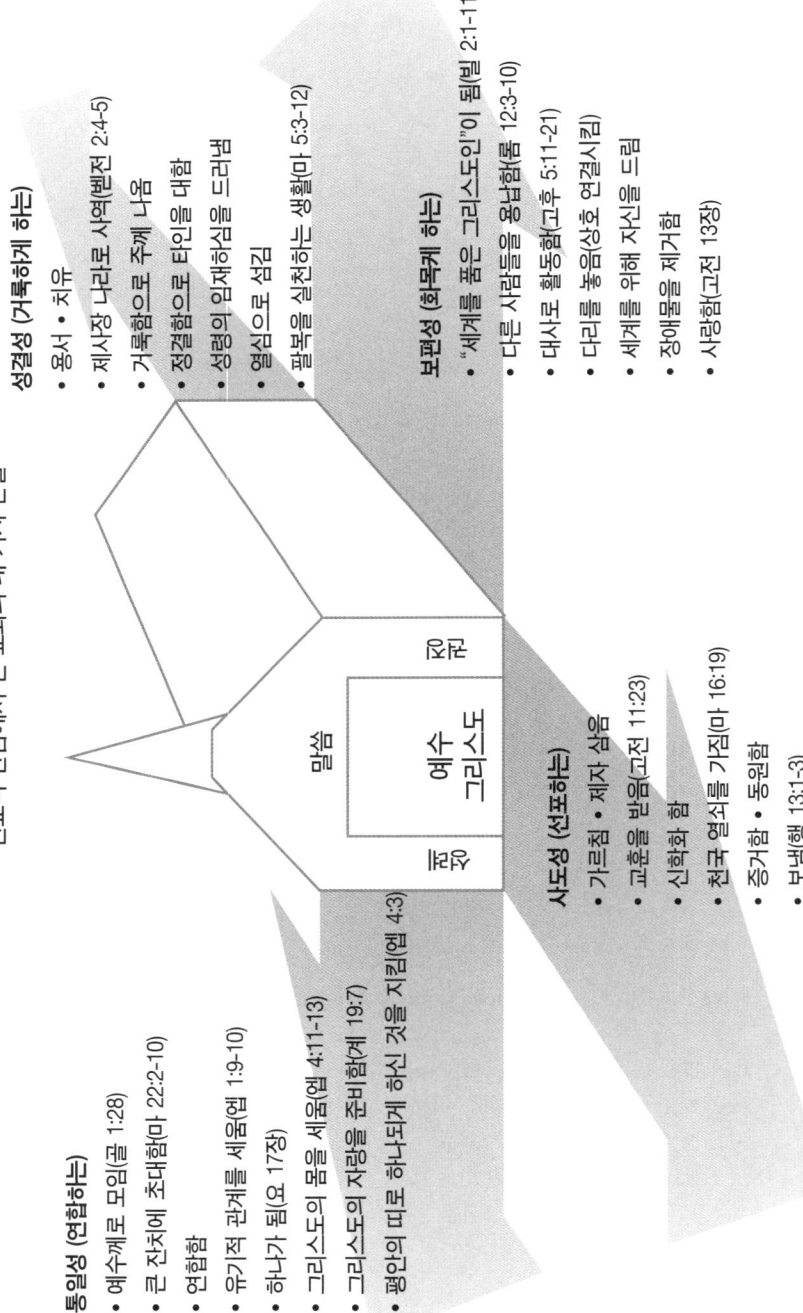

첫째, 오직 하나인 예수 그리스도의 교회는 하나로 통일시키는 힘으로 볼 수 있다. 교회 생활은 다른 사람들을 초청하고, 모이고, 받아들이는 사회 생활이다. 교회의 유기체적인 결합을 나타내는 성경의 상징들인 몸과 지체의 생활, 결혼 잔치 등은 "평안의 매는 줄로 성령이 하나 되게 하신 것을 힘써 지키라"(엡 4:3)는 말씀을 실천하는 선교적 행동으로 바뀔 수 있다.

둘째, 거룩한 예수 그리스도의 교회는 성결하게 하는 힘으로 볼 수 있다. 교회 생활은 사람들로 하여금 용서받고, 치유받고, 성령의 임재하심을 경험하게 하는 데 있다. 광야에서 생활했던 이스라엘의 성막은 중요한 상징으로 예수님 안에서 온전히 재현되었다. 임마누엘 하나님이 우리와 함께 계신다.

셋째, 보편적 예수 그리스도의 교회는 화목하게 하는 힘이나 능력으로 볼 수 있다. 이것은 하나님과 멀어져 이방인이 된 인간들에게 하나님과의 관계를 새롭게 맺어 가는 방법을 보여주는 다리를 놓는 운동이다. 여기서 교회는 대사로서 하나님과 화목하도록 세상을 부른다(고후 5장).

넷째, 사도적 예수 그리스도의 교회는 선포하는 힘으로 볼 수 있다. 진리는 오직 교회 안에 있고 이 진리는 누구나 찾을 수 있으며 안정감과 조직을 제공하고 또한 실제적이다. 교회는 주님을 알고 사랑하고 섬기기 때문에 서로를 알고 사랑하고 섬기는 제자들의 공동체이다. 교회는 사도들과 선지자들의 가르침에 기초하여 증거하고 동원하며 가르치는 공동체로서 세상에 하나님의 말씀을 선포한다.

이러한 관점에서 보면 오래 된 네 가지 본질들은 교회가 하는 선교활동들뿐만이 아니라 교회의 존재적 의미의 총화(總和)를 말한다. 그러므로 네 가지 본질들은 지역 교회가 실행할 의제(agenda)를 설정할 때 고려해야 하는 것이다. 교회란 무엇인가? 교회는 세상에서 하나가 되게 하고 성결하게 하고 화목하게 하며 복음을 선포하는 예수 그리스도의 활동이다. 선교는 교회의 본질에서 분리된 것이거나 첨가된 것이 아니다. 지역 교회의 핵심적 본질은 선교이다. 그렇지 않은 교회는 교회가 아니다.

이것은 "교회가 하는 모든 것은 선교이다"라는 말과는 아주 다르다. 교회가 하는 일 가운데 교회 바깥 세상에 아무런 영향을 주지 못하는 사역 교회 안에서만 이루어지는 일들은 선교라고 할 수 없다. 그러나 지역 교회가 선교적 교회의 본질을 이해하고 선교활동들을 하며 선교하는 공동체로서의 삶을 의도적으로 살아나간다면 그 교회는 예수 그리스도의 참된 교회로 자라나게 될 것이다. 이제 다음 장에서는 '선교적 의도'(intention)에 대한 개념을 살펴보고 세상에서 선교하기 위해 존재하는 지역 교회에 대한 새로운 단어들을 찾아보기로 한다.

4. 연구도서 목록

Barth, Karl. *The Church and the Churches*. Grand Rapids: Eerdmans, 1936. See 27–28.

Berkouwer, G. C. *The Second Vatican Council and the New Catholicism*, L. B. Smedes, trans. Grand Rapids: Eerdmans, 1965. See chapter 3.

Congar, Georges Yves. *The Mystery of the Church*, A. V. Littledale, trans. Baltimore: Helicon, 1960. See chapter 2.

Cook, Guillermo. "Grassroots Churches and Reformation in Central America," *Latin American Pastoral Issues*, 14.1 (June 1987), 5–23.

──. *The Expectation of the Poor: Latin American Base Ecclesial Communities in Protestant Perspective*. Maryknoll, N.Y.: Orbis, 1985. See 95–104.

──. "The Protestant Predicament: From Base Ecclesial Community to Established Church-A Brazilian Case Study," *International Bulletin of Missionary Research*, 8.3 (July 1984), 98–102.

Dulles, Avery R. *A Church to Believe In: Discipleship and the Dynamics of Freedom*. New York: Crossroad, 1982. See chapter 2.

──. *Models of the Church*. Garden City, N.Y.: Doubleday, 1974. See chapter 2.

Grabowski, Stanislaus J. *The Church: An Introduction to the Theology of St. Augustine*. St. Louis: Herder, 1957. See chapter 3.

Hoekendijk, Johannes C. "The Church in Missionary Thinking." *International Review of Missions* (July 1952): 324–37.

──. *The Church Inside Out*, I. C. Rottenberg, trans. Philadelphia: Westminster, 1966.

Johnson, Douglas W. *Managing Change in the Church*. New York: Friendship, 1974.

Kelley, Arleon L. *Your Church: A Dynamic Community*. Philadelphia: Westminster, 1982.

Kelley, Dean M. *Why Conservative Churches Are Growing: A Study in the Sociology of Religion,* rev. ed. New York: Harper and Row, 1977. See chapter 5.

Mayers, Marvin K. *Christianity Confronts Culture: A Strategy for Cross-Cultural Evangelism*. Grand Rapids: Zondervan, 1974. See chapter 1.

Schlink, Edmund. *The Coming Christ and the Coming Church*. Philadelphia: Fortress, 1968. See part 2.

Schmemann, Alexander. *Church, World, Mission: Reflections on Orthodox in the West*. Crestwood, N.Y.: St. Vladimir's Seminary Press, 1979. See chapter 8.

Sexton, Virgil. *Listening to the Church: A Realistic Profile of Grass Roots Opinion*. Nashville: Abingdon, 1971.

Visser T' Hooft, W. A. *The Pressure of Our Common Calling*. New York: Doubleday, 1959.

Watson, David. *I Believe in the Church*. Grand Rapids: Eerdmans, 1979. See 331–68.

Williams, Colin W. *Where in the World?: Changing Forms of the Church's Witness*. New York: National Council of Churches of Christ in the U.S.A., 1963. See 21–71.

제5장
지역 교회의 선교적 의도

지역 교회의 선교적 의도가 모든 것을 결정한다. 이것이 필수이다. 본회퍼(Dietrich Bonhoeffer)는 『성도의 교통』(Communio Sanctorium)[1]이라는 저술을 통해 지역 교회를 선교적 교회로 전환시킬 새롭고 확실하며 혁신적인 사상을 내놓았다. 본회퍼의 핵심 역시 우리가 제4장에서 다룬 것처럼 오래된 네 가지 개념들을 새롭게 다루는 것이었다. 벌카우어에 의하면, 개혁자들이 주장한 세 가지 특성으로 시험된 이 네 가지 신조적 속성들은 교회의 궁극적인 본질과 실체를 가리키는 모든 것을 다 포함하지 못했다. 벌카우어는 이렇게 지적하였다.

> 만일 새롭게 제시된 용어들이 니케아 회의에서 결의된 속성들의 함축된 의미를 표출하지 않는다면 어떻게 되는가. 여기서 우리는 성경, 특히 신약성경에 나타난 교회의 많은 특성들과 상징들을 생각하지 않을 수 없다…이런 다양함으로 인하

---

1 E.T., Dietrich Bonhoeffer, *The Communion of Saints: A Dogmatic Inquiry into the Sociology of the Church*, trans. from 3d German ed. (New York: Harper, 1964).

여 우리는 한쪽으로만 치우치게 되는 잘못을 범하지 않게 된다. 교회의 전체 생활은 교회의 신조, 유일한 교회의 실체를 얼마나 잘 이해하느냐에 달려 있기 때문에, 우리가 교회의 속성을 생각할 때 이런 다양성을 함께 기억하는 것이 좋다.[2]

우리는 변증법적 긴장 속에 있다. 서로 다르면서도 서로 보완되는 두 가지 진리를 가지고 있다.

첫째, 우리는 어느 특정 시간과 역사적 상황에 따라 교회의 본질을 인식할 수 있는 새로운 방법들에 대해서 열린 마음을 가져야 한다.

둘째, 우리는 역사 속에서 변함 없는 교회의 목적과 말씀을 기억하면서 "어제나 오늘이나 영원토록 동일하신 주님"(히 13:8), 홀로 영원하신 실재를 믿어야 한다. 그러므로 교회에 대한 새로운 설명은 네 가지 속성에 비추어 보고, 성경으로 시험하여 보고, 교회에 대한 개혁자들의 특성 안에서 인정할 수 있다. 새로운 제안은 오늘날에 있어서 예수 그리스도의 유일하며, 성결하고, 보편적이며, 사도적인 공동체의 모습을 인정할 수 있는, 확실할 뿐만 아니라 시험할 수 있고 가시적인 것이어야 한다.

교회는 오순절과 재림 사이에서 형성되고 이루어지는 운동

---

2 G. C. Berkouwer, *The Church*, J. Davison, trans. (Grand Rapids: Eerdmans, 1976), 24. Hans Küng, The Church: *Maintained in Truth,* E. Quinn, trans. (New York: Seabury, 1980), 359; Jürgen Moltmann, *The Church in the Power of the Holy Spirit* (New York: Harper and Row, 1977), 340, and Hendrikus Berkhof, *Christian Faith: An Introduction to the Study of the Faith,* S. Woudstra, trans. (Grand Rapids: Eerdmans, 1979), 409-10.

(movement)이다. 특정 역사적 상황 안에서의 교회 활동(이것을 일부 신학자들은 프락시스[praxis]라고 부른다), 세상에서 계속 변하고 있는 교회의 위치와 특성 등은 우리로 하여금 교회 개념을 표현하는 새로운 방법을 강구하도록 종용한다. 이러한 일들이 오늘날 어떠한 의미를 갖는지 연구한 몰트만은 다음과 같이 주장했다.

> 우리가 발견한 기독교가 개화된 세상에 대한 해답은 첫째는 선교적 교회, 둘째는 나뉜 교회들 간의 연합에 대한 의지, 셋째는 하나님 나라의 우주성에 대한 재인식, 넷째는 평신도 사도직이다."[3]

하나님의 동일하심 안에서 계속 변화해 가는 세계 역사에 관심을 가졌던 교회는 세계 속으로 퍼져 나가는 교회 형식을 계속 달리해야만 했다. 새로운 생각들은 오늘 이 세상에 분명한 교회의 모습을 보여 줄 수 있는 선교적인 모습을 향상시키고 강조해야만 한다. 여기서 우리가 살펴보고자 하는 새로운 생각들이 있다. 교회를 세상을 위한 존재, 억압받는 자들과 함께함, 선교, 선포하는 증거, 그리고 숫자적 성장을 갈망함으로 보는 것이다.

---

3 Moltmann, *Church in the Power*, 9.

1. 세상을 위한 존재

교회는 세상을 위해 존재한다. 본회퍼는 그의 『옥중서신』(Letters and Papers from Prison)에서 지적했다.

> 교회는 다른 사람들을 위하여 존재할 때에만 교회라고 할 수 있다.[4]

교회는 그리스도의 영적인 몸(spiritual body)으로 인류를 위해 존재한다. 또한 교회는 그리스도처럼 종으로 세상에 보내심을 받았다. 아버지가 아들을 보내신 것과 같이 예수님께서도 세상을 위하여 그의 제자들을 세상으로 보내신다. 자기의 목숨을 구하는 자는 잃을 것이요 자기 목숨을 세상에서 화목케 하는 복음을 위하여 잃는 자는 그 목숨을 얻게 될 것이다(요 15:13, 20:21, 마 10:39 참조). 몰트만은 『성경의 능력 안에서의 교회』(The Church in the Power of the Spirit)서문에서 이와 비슷한 교회론을 천명했다. 사회의 불안정을 가져오는 여러 가지 변화와 갈등을 지켜본 그는 다음과 같이 언급했다.

> 교회의 전통들이 불안정한 상황 때문에 위태롭게 될 때 교회는 원래의 뿌리로 되돌아간다. 그리고 그전보다 더욱 가깝게 예수님과 교회의 역사, 교회의 현재와 미래를 돌아본다. 교

4　Dietrich Bonhoeffer, *Letters and Papers from Prison* (New York: Macmillan, 1953), 203.

회는 '예수 그리스도의 교회'로서 근본적으로 오직 한 분이신 주님께 속해 있다…교회가 복음을 책임 있게 선포하고, 신학적으로 서술하고, 성찬을 나누고, 새로운 시작을 의미하는 세례를 주고, 예수님과 교제하며 살아가는 사람들 가운데 사람들의 자발적인 공동체로 인정받는 것 이외에는 다른 방법이 없다. 선교적 교회들, 고백하는 교회들과 십자가 밑에 있는 교회들은 사귐이 있는 교회들로 피할 수 없이 사귐을 갖게 된다. 그들은 스스로를 사회에서 격리시키는 과오를 범하지 않으며 사람들 가운데 산 소망이 된다.[5]

20세기 후반에 들어서 학자들의 활동이 활발해졌다. 위와 비슷하게 세상을 위한 교회의 존재를 강조한 신학자들과 선교학자들이 여럿 나왔다. 학자들로는 헬무트 틸리케(Helmut Thielicke)[6], 파이어트(John Piet)[7], 한스 큉(Hans Küng)[8], 이스트멘(Albert Theodore Eastman)[9] 등이 있다. 비슷한 관점을 천명한 문서들로는 세계교회협의회(WCC),[10] 로마 가톨릭 문서들인 '이방인의 빛(Lume Gentium,

---

5 Moltmann, *Church in the Power*, xiii-xvi.
6 *The Evangelical Faith*, vol. 1, G. W. Bromiley, trans. and ed. (Grand Rapids: Eerdmans, 1974), 345, 362.
7 *The Road Ahead: A Theology for the Church in Mission* (Grand Rapids: Eerdmans, 1970), 101.
8 *The Church*, 485-86.
9 *Chosen and Sent: Calling the Church to Mission* (Grand Rapids: Eerdmans, 1971), 129, 132-33.
10 *The Church for Others and The Church for the World: A Quest for Structures for Missionary Congregations* (Geneva: World Council of Churches, 1968).

1964)', '선교에 대한 명령'(*Ad Gentes Divinitus*, 1965)[11] 등이 있다. 최근 들어 교황의 규정으로 선포해야 할 복음(*Evangelii Nuntiandi*, 1975)과 구속적 선교(*Redemptoris Missio*, 1991)[12] 등이 발표되었다. 여러 학자들은 여러 가지 다른 관점을 제시하였지만 교회가 '세상을 위해 존재함'에 대해서는 놀랍게도 많은 학자들이 동의하고 있다. 이 사실은 우리로 하여금 이 주제를 대해 좀 더 심각하게 고려하게 한다. 그들은 강조한다. '세상을 위해 존재하는 교회의 특성은 선택 사항이 아니다. 이것은 교회 존재의 일부분이다.'

이 '새로운 단어'는 보편성과 사도성이라는 두 가지의 전통적 속성과 관련이 있다.

첫째, '세상을 위한 존재'는 교회의 사도성과 관련되는 교회의 '보내심을 받음'에 대한 표현이다. 예수님께서 자기 주위로 제자들을 모으셨던 것처럼 예수님께서는 제자들을 보내신다. 특별히 마태복음 10:5-42, 복음서(마 18:19-20, 막 16:16, 눅 24:49, 요 20:21) 그리고 사도행전 13:2-4에서 '보내심'을 강조한다. 제자도는 항상 세상을 향하여 나아가는 제자도이다. 세상을 화목하게 하는 복음

---

11 이것은 제2차 바티칸 공의회에서 발간된 중요한 문서 중 일부이다. Austin P. Flannery, ed. *Documents of Vatican II* (Grand Rapids: Eerdmans, 1975)을 참조하라.

12 "*Evangelii Nuntiandi*"는 1974년 9월 로마에서 모인 제4차 감독 회의의 결과이다. 교황 바오르 4세는 이 중요한 문서를 1975년 12월 발간하였다. *The Pope Speaks* 21 (Spring 1976): 4-51, and Michael Walsh and Brian Davies, eds., *Proclaiming Justice and Peace: Documents from John XXIII-John Paul II* (Mystic, Conn.: Twenty-Third, 1984), 204-42. 이 문서들은 가장 최근에 요한 바오르 2세에 의해 1991년 1월 발간된 "*Redemptoris Missio*"를 긍정적으로 비교하고 있다. "Origins," *CNS Documentary Service* 20.34 (31 Jan. 1991), 541-68도 참조하라.

을 위해 목숨을 내놓지 않는 제자는 예수님을 따르는 자로서 합당하지 않다.

둘째, 교회가 '세상을 위해 존재함'은 교회의 보편성과 연결된다. 하나님 나라의 범위가 우리가 믿는 것처럼 넓다면, 그리고 그리스도의 주되심이 '모든 통치와 권세'(마 28:18, 엡 1:19-23, 골 1:15-20)를 총괄하신다면, 교회의 존재는 이런 우주적인 범주 안에서 이해되어야만 한다.

칼 바르트(Karl Barth)는 20세기 신학자로서 교회가 세상을 위해 존재함을 신학적인 주제로 확실하게 발전시켰다. 바르트는 그의 『교회론』(Church Dogmatics)[13]에서 "세상을 위한 공동체"라는 주제로 한 부분을 할애하였다. 바르트의 이론은 다음과 같다.

> 예수 그리스도의 공동체는 하나님의 창조물이며 세상의 일부이다. 그러므로 교회는 사람들과 세상을 위해 존재할 때 비로소 스스로 교회를 위해 존재한다…교회가 속해 있는 세상 안에서 자신에게만 유익하게 또는 자기 희열에 빠지기 위해 존재하지 않고 전적으로 교회는 주변 세상을 위해 존재한다. 교회는 모든 다른 사람들을 위하여 자신을 내어 주고 중재하는 일을 할 때에만 자신의 생명을 구원하고 유지해 나갈 수 있다.[14]

---

13 Edinburgh: T and T Clark, 1958, 762-63.
14 Ibid., 4. 3. 2, para. 72.

2. 억압받는 자들과 함께함

몰트만은 억압받는 자들과 함께함을 강조한다. 그는 교회의 특성 중에서 우리에게 교회의 선교적 본질을 이해할 수 있는 또 하나의 특성을 제안한다.

> 참교회는 어디 있는가? 말씀과 성례로 나타나는 성도의 사귐 가운데, 또는 가난한 자들 안에 숨어 계시는 심판자 하나님의 잠재적 형제애 안에 있는가? 이 둘이 동시에 일어날 수 있을까? 우리가 그리스도의 임재에 대한 약속을 심각하게 받아들인다면, 우리는 신자들의 형제 됨과 그리스도 안에서 가장 작은 형제라도 *그가 우리의 형제*라는 사실에 대해 이야기해야 한다. 주님께서 말씀하셨다.
>
> "네 말을 듣는 자는 내 말을 듣는 것이다."
> "그들을 찾아보는 자는 나를 찾아보는 자이다."
>
> …만일 십자가에 달리시고 부활하신 그리스도께 교회가 간청한다면 교회 안에서만 그리스도의 형제 됨을 나타내지 말고, 가난한 자, 배고픈 자, 포로된 자들 가운데서 모든 창조적인 능력을 발휘하고, 그들 가운데 사역(work)과 성령, 성례, 교통함이 함께 있어야 되는 것이 아닐까?…그러면 교회는 선교하면서 그리스도가 기다리고 계시는 곳, 학대받는 자들 가운데, 병든 자와 포로된 자들 가운데 교회로 드러나게 된다. 사

> 도성이야말로 교회가 무엇인지 말해 준다. 그리스도의 가장 작은 형제들이 교회가 어디에 속해 있는지를 말해 준다.[15]

1968년 7월 스위스 웁살라(Uppsala)에서 열렸던 세계교회협의회 모임에서 이런 논의가 강해졌다. 그곳에서 많은 목소리들이 모여 합창으로 강조한 말들은 '인간화', '새 인간성', '새 인간', '참 인간성', '성숙한 인간', '새롭게 된 인류' 등이었다. 교회의 선교에 있어서 정치적이고 사회적인 활동이 선교의 목표로서 타당한 것인지 아닌지를 따지는 것이 우리의 목표는 아니다. 여기서 우리가 살펴보고자 하는 것은 웁살라에서 교회론과 선교가 가까워졌고 특별히 교회의 본질은 '세상을 위해 존재함'으로 인식하였다는 점이다.

웁살라에서 발전된 선교관은 급진적이며 수평적인 선교관이었다. 교회가 가난한 자들과 억눌린 자들을 돌아보아야 할 빚을 지고 있으며 지난 여느 시대처럼 세상에 대한 많은 책임이 있다는 것을 인식하기 위해 우리가 웁살라 신학을 따를 필요는 없다. 사도행전 6장을 보면 교회가 과부들을 잘 돌보지 못했었는데 그 문제를 잘 처리했다. 야고보서 1:27에는 참된 종교의 표징으로 고아와 과부를 돌아보라고 하였다. 신약성경이 가난한 자들을 위하여 자비와 구제를 강조한 것은 구약 말라기나 이사야와 같은 구약의 가르침을 바탕으로 이루어진 것이다. 하나님은 성전의 많은 희생 제물들을 가난한 자, 억압받는 자, 도움이 필요한 자들을 위

---

15 Moltmann, *Church in the Power*, 128-29.

해 사용하지 않는 이스라엘 백성들의 생활을 기뻐하지 않으셨다.

 재정을 선교적으로 사용해야 한다. 데이빗 바렛(David Barrett)은 오늘날 교회가 재정을 어떻게 사용하고 있는가를 다룬 글에서 "금과 은은 내게 없다. 가난한 자의 교회인가, 부자들의 교회인가?"[16]라며 재정적인 면을 지적했다. 바렛이 보고서를 작성할 당시 지구 상의 교회는 1년에 약 59조 달러(미화)의 헌금 수입이 있었다. 이중에서 기독교인과 비기독교인을 위해 쓰여진 헌금은 3%에 불과했다. 세계 선교를 위하여 쓰여진 헌금은 이 3% 중에서 5%였다. 전체 헌금수입의 0.0015%만 세계 선교를 위해 썼다는 계산이 나온다. 바렛의 결론은 무엇인가? "세계 교회들이 서로 돈, 부(wealth), 재산, 물건들을 함께 통용하고 나눈다면 세계 문제의 대부분인 기근, 가난, 질병, 실업자 문제 등을 해결할 수 있을 것이다. 그러므로, 기독교인들은 현재에도 계속되는 비참한 상황에 대해 책임을 다하지 못했다는 비판을 면할 수 없다.[17]

 억압받는 자들과 함께하는 것은 오늘날 교회에게 선택 사항인가, 아니면 세상에서 그리스도의 몸된 교회가 감당해야 할 중요한 본질의 일부인가? 후자의 관점을 갖는 사람은 선교적이 된다. 말씀이 순수하게 선포되고, 성례가 바르게 집전되고, 교회의 권징이 바로 실시되는 예배당 안에서는 참된 교회의 모습을 발견할 수 없다. 참된 교회의 모습은 경제적, 정치적, 사회적으로 억눌린 사람들의 편에 서서 그들을 자유케 하는 사역을 위해 고군분투하는 성

---

16 *International Bulletin of Missionary Research*, 7.4 (Oct. 1983): 146-51.
17 Ibid., 151.

도들이 있는 곳에서 발견할 수 있다. 그렇다면 해방신학은 교회의 본질을 나타내는 한 방법일까? 여기서 우리는 교회의 본질과 관련하여 우리가 어떻게 억눌린 자들과 함께할 수 있을 것인지 성경적으로 신학적으로 더 깊이 이해하기 위해 계속 노력해야 한다.

3. 선교

우리는 이미 교회의 '사도성'과 '보내심을 받음'과의 관계에 대해 언급하였다. 선교는 이 사도성이 의미하는 바를 강력하게 실천하는 것이다. 사도들이 예수님에 의해 보냄을 받은 것처럼 교회는 주님에 의해 보냄을 받았다. 순종하는 교회는 보냄을 받았다는 사명 안에서 세상을 향해 사도직을 감당하면서 선교적 교회로 세워진다. 반 룰러(Arnold A. Van Ruler)와 호켄다이크(Johannes C. Hoekendijk) 등 많은 학자들은 교회의 사도성에 대하여 말하기를 '선교는 선택 과목이 아니라 교회 존재의 가장 중요한 필수'라고 하였다.

성경신학적 관점에서 말씀이 육신이 되신 예수 그리스도를 이해하기 위해서는 '보내심'에 대한 개념을 먼저 이해해야 한다. 성육신이란 보내심이다. 요한복음 1장은 예수님이 어두움 가운데 빛으로 보내심을 받은 말씀이라고 가르친다. 어두움은 빛을 알 수 없었고 받아들이지도 않았지만 빛의 나아감을 막을 수도 없었고 빛을 이길 수도 없었다. 성령의 역사하심을 따라 믿음의 공동체가 12사도, 120문도, 3천명, 5천명, 8천명으로 늘어났다. 예수님은 이들에게 "너희는 세상의 빛이다"(마 5:14)라고 하셨다. 교회는 어두움의 나라 가운데서 하나님 나라의 빛 되는 복음을 선포하며 사도적인 공동체로 주님을 따름으로써 선교를 이룬다.

제2차 바티칸 공의회는 "선교에 대한 명령"(Ad Gentes Divinitus)에서 "교회의 본질은 선교다"라고 정의하여 '선교'라는 본질을 강조하였다.

선교는 성부 하나님의 계획에서 그리고 성자와 성령께서 행하신 일에서 그 근본을 찾을 수 있다. 하나님의 계획은 샘처럼 솟아나는 하나님의 사랑에서 흘러나온다. 그러므로 선교활동은 교회의 본질에서 흘러나오고 선교신학은 신학의 중요한 부분이다…이런 교회의 선교적 본질을 분명히 이해해야 한다.[18]

선교적 본질이 핵심이다. 20세기의 학자로 이러한 관점을 누구보다 더 강조한 사람은 『교회의 선교적 본질』(The Missionary Nature of

---

18 Flannery, ed., *Documents of Vatican II*, 841, 820, 857. *Vatican II, "Ad Gentes Divinitus,"* 2.5 ; and Paul VI, *"Ecclesiae Sanctae III"* (6 Aug. 1966). 오늘날 많은 신학자들과 선교학자들이 제2차 바티칸 공의회에서 표현된 교회에 대한 관점에 동의를 표하는 것은 참으로 놀라운 일이다. 예를 들어 버카일(Johannes Verkuyl)은 바르트의 이론대로 "교회가 선교적 책임을 다하지 못한다면 그런 교회는 교회가 아니다"라고 말한다. *Contemporary Missiology: An Introduction*, D. Cooper, trans. (Grand Rapids Eerdmans, 1978), 61, citing idem, *Church Dogmatics*, 4. 2, 3 ; idem, *Credo: A Presentation of the Chief Problems of Dogmatics with Reference to the Apostles' Creed*, J. S. McNab, trans. (New York: Scribners, 1936), 145. 이와 비슷한 사상을 가진 학자로는 J. H. Bavinck, Hendrik Kraemer, Amold A. van Ruler, Colin W. Williams, *New Directions in Theology Today: The Church* (vol. 4 of William Hordern, ed., New Directions in Theology Today, 6 vols. [Philadelphia: Westminster, 1968], 80)를 들 수 있다.

the Church)을 저술한 요하네스 블라우(Johannes Blauw)[19]이다. 블라우는 명백하게 선언하였다.

> 세상에 보내심을 받지 않은 교회는 교회가 아니며 그리스도가 주 되신 교회의 선교가 아니면 선교가 아니다.

그는 교회로 하여금 세상을 향한 선교에 다시 초점을 맞추도록 하였다.

> 언제나 본질을 기억해야 한다. 누군가가 선교를 '외국 선교'로만 그 신학적인 의미를 구체화시키려 한다면 나의 소견에는 교회 공동체가 세상으로 보내심을 받은 교회의 본질을 기억하도록 교회를 일깨워야 한다. 그런 관점에서 보면 선교사역은 선교활동들에만 국한되는 것이 아니라 교회의 모든 활동의 기준이 된다. 교회는 교회 밖으로 나갈 때 교회이고 진정한 교회가 되어가는 것이다.[20]

우리는 교회의 본질을 이해하기 위해 '선교'가 새로운 개념이 될 수 있는지 충분히 살펴보았다. 선교는 교회의 특징 중 사도성

---

19 *The Missionary Nature of the Church: A Survey of the Biblical Theology of Missions* (New York: McGraw-Hill, 1962).
20 Ibid., 121-22(저자의 강조점이 여기에 있다). "The Mission of the People of God," in Charles C. West and David M. Paton, eds., *The Missionary Church in East and West* (London: SCM, 1959).

을 설명하는 데 꼭 필요한 개념이고 보내심을 받은 세상에 말씀을 선포하는 자연스러운 과정으로 이해할 수 있다.

선교에 우선순위를 부여해야 한다. 선교는 우리가 언젠가는 해야 할 사역으로 여러 '희망사항들' 중 하나로 받아들여지고 있는 경우가 태반이다. 선교사들과 목회자들도 선교라는 '새 용어'에 큰 무게를 두지 않는다. 서구 선교사들은 자기 기준으로 판단하여 새로 일어나는 제3세계 교회들이 어느 정도 성숙해지기 전까지는 선교할 준비가 되어 있지 않다고 간주했다. 그러나 하나님께서는 선교적 교회를 도처에 일으키고 계신다. 북미와 유럽의 교회들은 교회 내부적인 사역에 우선순위를 두고 '선교'는 뒷전으로 밀어 놓는 경우가 많다. 선교는 교회의 사역을 철저하게 성찰하게 한다. 만일 선교가 그리스도의 몸된 교회의 본질이라면 선교는 교회 모든 사역들 중에서 최우선 순위가 되어야 할 것이다.

4. 선포하는 증거

지역 교회의 선교는 선포하는 증거(proclamation witness)에서 구체화된다. 수년 전 블라우는 바르트를 "조직 신학자 가운데 성도들의 존재와 사역이 증거하는 데 있다고 보는 처음이며 유일한 사람이다"[21]라고 평가하였다. 블라우는 바르트가 하나님의 말씀을 강조하는 점을 지적하면서 이 계시의 말씀을 교회의 선교에 연관

---

21 Blauw, *Missionary Nature*, 169.

시켰다.[22] 바르트는 이렇게 주장한다.

> 교회 공동체는 인간들의 모임이다. 예수 그리스도의 자연적이고 역사적인 환경을 특정한 방법으로 일시적으로 형성하는 인간들의 모임이다. 교회의 특수성은 교회의 존재 자체가 온 땅에 있는 사람들에게 복음을 증거하여 온 세계가 그리스도에게로 나아올 수 있도록 하는 사명을 감당하는 데 있다. 교회의 일시적인 특성은 선교사명과 직분으로 교회의 경계선을 넘어가 모든 사람들이 믿음의 교제 안에 들어오도록 증인과 전파자의 역할을 감당하는 것이다.[23]

증인의 역할이 중요하다. 우리는 교회의 존재목적과 세상과의 관계에 대해 여러 가지로 혼동되어 있는 이 때에, 말씀선포가 교회 안에서만 이루어질 것이 아니라 그리스도가 세상 사람들을 위해 돌아가신 교회 건물 밖에서도 이루어져야 한다는 사실을 직시해야 한다. 레슬리 뉴비긴(Lesslie Newbigin)도 이 점을 지적하면서 교회의 존재목적과 성령이 하시는 구원 사역을 연결시켜 강조하였다. "구원에 이르게 하는 일은 교회가 하는 것이 아니라 성령이 하신다." 그는 "그렇다면, 교회가 설 자리는 어디인가?"라고 묻고, "교회가 설 자리는 신앙으로 인해 환난이 오는 곳, 예수님의 주되심을 부인하는 세력들 가운데서 예수님의 주되심을 고백하는 곳,

---

22 Blauw는 *Church Dogmatics*, 4. 2를 기본적인 문헌으로 참고하였다.
23 *Church Dogmatics*, 2. 2.

따라서 십자가의 흔적을 증거하고 순교(marturia)하는 곳이다."[24]라고 대답한다.

    선포하는 증거는 교회의 특성이다. 교회의 특성으로써 '선포하는 증거'는 교회를 밖으로, 위로 나아가게 한다. 세상에서 교회는 예수 그리스도의 증인인 것처럼 세상 속에서 선포하는 증거는 큰 위력을 발휘한다. 이런 선교적인 관점에서 본 말씀선포에 대한 이해는 종교개혁 당시 설교와 성례, 권징 등 교회의 특징들을 내향적으로(introvertedly) 해석하여 교회 내에서만 해야 하는 것으로 해석한 개혁자들의 잘못을 보게 한다. 개혁자들은 교회의 특징을 내면적으로 이해하였지만 선포하는 증거는 교회의 특징을 밖으로 향하게 한다. 이러한 관점은 교회를 변혁시킨다. 즉 교회의 본질을 강조하여 교회가 하나님과 사람 사이를 연결하는 교량이 되게 하는 생활을 하게 함으로써 밖으로 나아가게 하는 것이다. 이런 교회는 결혼 잔치에 손님을 초청하는 종들로 비유될 수 있다(마 22:1-14). 교회는 큰 길과 작은 길로 나아가 모든 사람들을 종말론적인 어린 양의 혼인 잔치에 초청하는 일을 할 때에만 비로소 말씀에 순종하는 교회라 할 수 있다. 이러한 교회가 선포하는 증거를 감당하는 예수 그리스도의 교회이다.

---

[24] J. E. Lesslie Newbigin, "Context and Conversion," *International Review of Mission*, 68.271 (July 1979): 307.

5. 수적인 성장을 갈망함

교회에 수적인 성장을 향한 갈망이 필요하다. 이제까지 우리가 살펴본 바와 같이 20세기 신교와 구교의 학자들은 동시에 그들의 교회론을 다시 생각해 보고, 정리하고, 새롭게 하며, 다시 써야 할 필요를 느꼈다. 그 결과 몇몇 학자들은 신조적인 '네 가지 속성'이 가진 원래의 의미를 되살려서 교회의 생활과 활동을 점검함으로써 네 가지 속성을 새롭고 역동적인 의미로 바꿀 수 있다고 주장하였다. 다른 학자들은 세상 안에서 교회가 처한 상황을 다시 생각해야 한다고 주장했다. 이러한 새로운 관점들은 교회의 네 가지 속성과 개혁자들이 주장한 세 가지 특징을 반영하거나 새로운 각도에서 재조명한 것이다. 하지만 이러한 관점이 갖는 중요한 의미는 교회를 가장 핵심적인 사역에서 떠나지 않도록 중심을 잡아 주고 교회가 중심에서 멀어진 것을 지적한다.

이러한 평가 과정에 우리는 한 가지 핵심 개념을 더 첨가해야만 한다. 나는 '수적인 성장을 갈망함'(yearning for the growth)이 교회의 본질적인 특성이라는 것을 『참교회의 성장』(*The Growth of the True Church*)[25]에서 논증하였다. 수적인 성장에 대한 갈망은 성경에서 발견한 중요한 주제들 가운데 하나이다. 이 모든 것들은 한 가지 핵심적인 실체를 지향한다. 구약에 나타난 하나님의 우주적인 관심, 신약에 나타난 모으심, 잃은 양을 찾으심, 온전케 하심, 성장하게

---

[25] Charles Van Engen, *The Growth of the True Church* (Amsterdam: Rodopi, 1981), 142.

하심 등은 수적인 의미가 있다. 이 모두가 교회의 본질적인 요소들이며 더 많은 사람들이 구원받고 교회 안으로 들어오게 되기를 갈망한다. 성경은 여러 곳에서 이런 진실한 소망을 갖는 교회의 모습을 보여 준다. 교회가 하나님의 백성, 새 이스라엘의 양 무리, 심은 나무, 건물, 몸 등 어떤 그림으로 보여졌든지 그 안에는 항상 강력하게 움직이는 힘이 작용하고 있다. 이것이 바로 성장 원리이다. 교회는 더 많은 사람들을 하나님의 은혜 가운데로 모아 들이기를 '갈망함'으로 교회의 본질을 드러낸다. 이 갈망은 하나의 운동(movement)이고 하나의 정신이다. 교회를 오순절에서부터 현재까지 세상 속에서 계속 넓히고 계속 나가게 하고 계속 영향력과 삶의 영역을 키워 가게 하는 원동력이다. 이러한 '갈망함'의 특징적 요소는 이사야 55:11, 13과 56:8에 나타난다. 여호와께서는 이렇게 약속하신다.

> 내 입에서 나가는 말도 이와 같이 헛되이 내게로 되돌아오지 아니하고 나의 기뻐하는 뜻을 이루며 내가 보낸 일에 형통함이니라 너희는 기쁨으로 나아가며 평안히 인도함을 받을 것이요 산들과 언덕들이 너희 앞에서 노래를 발하고 들의 모든 나무가 손뼉을 칠 것이며 잣나무는 가시나무를 대신하여 나며 화석류는 찔레를 대신하여 날 것이라 이것이 여호와의 기념이 되며 영영한 표징이 되어 끊어지지 아니하리라 이스라엘의 쫓겨난 자를 모으시는 주 여호와가 말하노니 내가 이미 모은 백성 외에 또 모아 그에게 속하게 하리라 하셨느니라 (사 55:11-13; 56:8).

수적인 성장을 갈망하는 성도들은 교회에 대한 태도가 달라진다. 그들은 하나님의 선교에서 자신들의 위치를 알며 세상 안에서 교회의 역할에 관심을 갖고 참여한다. 그 과정에서 교회는 성장한다. 바울은 수적인 성장을 갈망했다. 바울이 "나의 형제 곧 골육의 친척을 위하여 내 자신이 저주를 받아 그리스도에게서 끊어질지라도 원하는 바로라"(롬 9:3)라고 고백하던 심정에서 수적인 성장을 향한 갈망이 나타난다. 뉴비긴(Lesslie Newbigin)은 핵심을 강조하여 말했다.

> 그리스도를 구세주로 모신 자는 누구나 다른 사람들이 믿어 교인들이 늘어날 때 기뻐해야 한다. 이러한 열망과 기쁨이 없는 교회라면 교회 생활의 가장 중심 되는 곳에 무언가 잘못된 점이 있지 않은지 살펴보아야 한다.[26]

내가 새롭게 정의한 '수적인 성장을 향한 갈망 개념'은 네 가지의 모든 신조적 속성을 분명하게 보여 준다.

첫째, 유일한 교회(the one church)는 더 많은 사람들을 믿음 안으로 들어오게 하기 위해, 또 모든 사람과 모든 것을 예수 그리스도의 발 아래서 연합하게 하기를 갈망한다(골 1장).

둘째, 거룩한 교회(the holy church)는 죄 가운데 사는 모든 사람들에게 성결한 생활을 통하여 하나님의 거룩함을 전해 주려고 열망한다.

---

26 James E. Lesslie Newbigin, *The Open Secret: Sketches for a Missionary Theology* (Grand Rapids: Eerdmans, 1978), 142.

셋째, 보편적 교회(the catholic church)는 사랑하는 성도들이 더 많이 포함되기를 갈망한다.

넷째, 사도적 교회(the apostolic church)는 그리스도께서 모든 민족들과 함께 계신다고 약속하셨기에 가서 모든 족속으로 제자삼기를 갈망한다.

이런 갈망을 가진 교회는 섬기기 위해 모인 교회요 다른 사람들도 함께 세상 안에서 섬기기 위해 모이는 교회이다. 이런 제자들은 아직 "하나님의 백성이 아닌 사람이 하나님의 백성"(벧전 2:9-10)이 되는 기쁨을 맛보기를 갈망한다. 이러한 갈망은 교회의 사도성을 일깨우는 교회의 본질적인 특성이다.

이와 같은 여러 개념들이 도표 4에 잘 정리되어 있다. 지금까지 우리는 개혁자들이 주장한 교회의 세 가지 표징, 교회의 네 가지 신조적 속성을 다루었다. 또 교회의 본질인 은사와 사역을 함께 상고하면서, 세상 안에 존재하는 교회의 선교적 본질은 교회가 갖는 본질의 중심에서부터 세상 밖을 향하여 나아가는 외향적 운동(movement)으로 이해하였다. 우리도 이 운동에 참여해야 한다. 우리가 이 운동에 참여하기 시작할 때, 교회가 세상과 만나는 곳에서 역동적으로 성장하고 형성되고 변화한다는 관점을 이해할 수 있다. 우리는 교회의 본질에 관한 새로운 측면들을 성찰하면서 교회가 세상에서 선교하는 모습을 잘 나타내는 '새로운 용어들'을 발견하였다. 선교적 교회는 교회의 중심인 예수 그리스도께로부터 세상을 향해 나아간다. 주님의 선교 명령에 순종하여 힘차게 성장하는 지역 교회는 선교적 교회의 활기찬 모습을 드러낸다.

| 제5장 | 지역 교회의 선교적 의도   141

도표 4. 선교하는 교회의 새로운 용어들

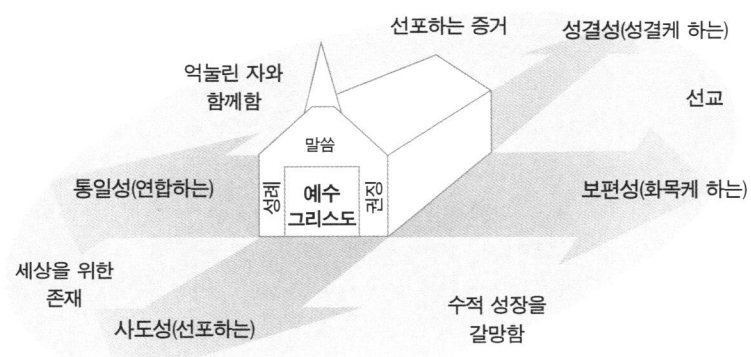

6. 연구도서 목록

1) 억눌린 자

Arias, Mortimer. *Salvación es Liberación*. Buenos Aires: Aurora, 1973.

Arias, Esther and Mortimer. *The Cry of My People*. New York: Friendship, 1980.

Gutiérrez, Gustavo. *We Drink from Our Own Wells: The Spiritual Journey of a People*, M. J. O'Connell, trans. Maryknoll, N.Y.: Orbis, 1984.

Padilla, C. René. *Mission Between the Times: The Essays of C. René Padilla*. Grand Rapids: Eerdmans, 1985, 170–85.

Segundo, Juan Luis. *The Community Called Church*, J. Drury, trans. Maryknoll, N.Y.: Orbis, 1973.

Verkuyl, Johannes. *Break Down the Walls: A Christian Cry for Racial Jus-*

tice. Grand Rapids: Eerdmans, 1973.

2) 선교

Bosch, David. "Mission in Jesus' Way: a Perspective from Luke's Gospel." *Missionalia* 17.1 (April 1989), 3–21.

Avis, Paul D. L. *The Church in the Theology of the Reformers*, P. Toon and R. Martin, eds. Atlanta: John Knox, 1981.

Hall, Francis J. *The Church and the Sacramental System*. New York: Longmans, Green, 1920. See chapters 3, 5, and 6.

Miller, Donald G. *The Nature and Mission of the Church*. Atlanta: John Knox, 1957.

Peters, George. *A Biblical Theology of Missions*. Chicago: Moody, 1972. See chapter 6.

Scott, Waldron. *Karl Barth's Theology of Mission*. Downers Grove, Ill.: Inter-Varsity, 1978. See 31ff.

Van den Heuvel, Albert H. *The Humiliation of the Church*. Philadelphia: Westminster, 1966. See chapter 3.

Wilson, Frederick. *The San Antonio Report: Your Will Be Done. Mission in Christ's Way*. Geneva: World Council of Churches, 1990.

Part Two

2부

지역 교회:
하나님의 선교적 교회를 향한 새로운 비전

제6장 지역 교회의 존재목적
제7장 하나님 나라와 지역 교회
제8장 선교적 교회의 역할

God's
Missionary
People
Rethinking the Purpose of
the Local Church

God's Missionary People :
Rethinking the Purpose of the Local Church

제6장
지역 교회의 존재목적

교회의 존재목적은 무엇인가? 우리는 교회의 선교적 본질에 대한 관점을 넓혀 왔다. 교회의 머리가 되시는 예수 그리스도로부터 출발하여 개혁자들의 세 가지 특성을 통과하고, 교회의 네 가지 신조적 속성을 지나 오늘날 이 세상에서 참으로 선교하는 사람들이 모인 교회다운 교회를 나타내는 새로운 속성들에까지 이르게 되었다. 다른 사람들을 위해서 중보 기도만 하던 우리는 교회에 대한 아주 본질적인 질문을 한다. 교회는 이 세상에 왜 존재하는가?

이 심각한 질문에 어떻게 대답할 것인가? 우리 마음대로 교회의 목적은 우리가 원하는 것이 곧 목적이라든지 또는 우리의 생각이 닿는 대로 세상이 필요로 하는 일을 하는 것이 교회의 목적이라고 말할 수는 없다. 교회의 참된 목적은 교회의 머리가 되신 예수 그리스도의 뜻과 생명을 주시는 성령, 자녀로 삼아 주신 하나님 아버지, 즉 삼위일체이신 하나님의 선교에서 찾아야 한다.[1]

---

1 James E. Lesslie Newbigin은 그의 저서 *The Open Secret: Sketches for a Missionary Theology* (Grand Rapids: Eerdmans, 1978)에서 교회의 목적과 삼위일체와의 관계를 설명하였다.

교회의 목적은 무엇인가? 이 질문은 너무나 중요한 질문이다. 지역 교회 차원에서, 노회 차원에서, 총회 차원에서, 국제적인 회합 차원에서, 타문화권에서 이 질문은 교회 생활과 활동에 직접적인 영향을 미친다. 우리가 이 질문에 어떻게 대답하느냐에 따라 어떤 목표를 세우고 무슨 목적으로 어떻게 전략을 수립할 것인지가 결정된다. 목표가 힘이다. 데이톤(Edward Dayton)과 엥스트롬(Theodore Engstrom)은 '목표가 갖는 놀라운 힘'에 대하여 언급했다.[2] 린드그렌(Alvin Lindgren)은 지적했다.

> 현존하는 문제들이 교회의 본질을 분명히 하라고 요구한다. 교회의 참모습과 목적을 정의하는 작업은 사역자가 개인적으로 잘 정립해야 한다. 왜냐하면 사역이라는 개념이 교회라는 개념에서 출발하기 때문이다. 우리는 복음의 내용 자체가 그 복음을 전하기에 가장 적합한 방편을 결정한다고 말한다. 행동주의가 아닌 하나님의 뜻을 성취하는 것이 교회 행정에 있어서 최고의 관심사이다. 여기서 우리의 관심사는 교회가 지금 어떤 모습을 하고 있는가를 기술한다거나 지난 날의 교회가 어떠했는지 역사적으로 신약성경을 살펴보는 것만으로는 충분하지 않다. 과연 교회의 본질과 목적이 무엇이며 교회는 어떠한 교회가 되어야 하는지 분명하게 알아야 한다. 교회는 하나님이 원하시는 그 뜻대로 되어야 하고 우리는 성경에서

---

2   Edward R. Dayton and Theodore W. Engstrom, *Strategy for Leadership* (Old Tappan, N.J.: Revel, 1979), 51.

교회를 향한 하나님의 뜻을 발견하기 위하여 연구한다.[3]

바르트는 본질에 주목했다. 교회의 본질은 이해하는 데서 끝나지 않고 교회가 존재하는 목적을 이룰 때 실제로 그런 교회가 나타나게 된다고 보았다. 바르트는 교회의 목적을 화해함을 입은 사람들의 '공동체에 함께 하게 하는 화해의 교리'와 연결시켜서 이해하였다.[4]

교회는 공동체의 구성원들 가운데 그리스도가 계시기에 존재한다. 존 맥케이(John MacKay)는 다음과 같이 강조한다.

> 우리는 교회를 예수 그리스도를 주로 모신 공동체로 본다. 우리는 교회의 중요한 실체는 공동체이며 이것은 교회의 조직이나 구조보다 훨씬 더 본질적이다.[5]

교회를 하나님의 백성들이 모인 공동체로 보는 관점은 제2차 바티칸 공의회가 합의한 것으로 로마 가톨릭 사상 가운데 새로 발전된 놀라운 관점이다. 그레고리 바움(Gregory Baum)은 『제2차 바

---

3 Alvin J. Lindgren, *Foundations for Purposeful Church Administration* (Nashville: Abingdon, 1980), 281-33
4 Karl Barth, *Church Dogmatics* (Edinburgh: T and T Clark, 1958), 4.1.650-51.
5 John MacKay, "The Witness of the Reformed Church in the World Today," *Theology Today*, 11 (Oct. 1954): 375. Charles Van Engen, *The Growth of the True Church* Amsterdam: Rodopi, 1981), 166; Ralph P. Martin, *The Family and the Fellowship: New Testament Images of the Church* (Grand Rapids: Eerdmans, 1979); Paul D. Hanson, *The People Called: The Growth of Community in the Bible* (San Francisco: Harper and Row, 1986).

티칸 공의회의 가르침들』⁶의 서문에 나오는 '교회'⁷에 대한 주석에서 이 점을 잘 지적했다. 제2차 바티칸 공의회의 교회에 관한 문헌은 교회에 대한 기관적인(institutional) 관점에서 교회를 하나님의 백성, 사귐, 공동체로 보는 관점으로 놀랍게 변한 것을 보여 준다. 이 문헌을 읽을 때 우리는 놀라운 교리적 풍성함을 발견한다.⁸

그러므로 교회는 이 세상 안에서 구속함을 받은 공동체로서 교회의 본질에서 발전된 교회의 목표를 확실히 정해야만 한다. 이 시점에서 우리는 다시 성경으로 돌아가 교회가 존재해야 할 이유를 밝혀 주는 성경적 용어들을 기억해 보자. 이 가운데 네 단어는 우리 모두가 잘 알고 있다. 네 단어는 코이노니아(*koinonia*), 케리그마(*kerygma*), 디아코니아(*diakonia*), 말투리아(*martyria*) 이다. 이 장의 논지는 선명하다. 선교는 선교적 교회의 성도들이 세상 안에 있는 지역 교회에 코이노니아, 케리그마, 디아코니아, 말투리아를 실천하는 사역에 동참할 때에 이루어진다는 것이다. 이런 이유 때문에 이 단어들을 성경적인 관점으로 좀 더 자세히 살펴볼 필요가 있

---

6 Gregory Baum, "Introduction" in *The Teachings of the Second Vatican Council: Complete Texts of the Constitutions, Decrees, and Declarations* (Westminster, Md.: Newman, 1966), vii-xi.

7 Idem, "Commentary," in Edward H. Peters, ed., *De Ecclesia, The Constitution on the Church of Vatican Council II Proclaimed by Pope Paul VI on November 21, 1964* (Glen Rock, N.J.: Paulist, 1965), 18.

8 Baum의 몇 가지 중요한 저서들에서 이런 새로운 교회론에 함축된 의미를 담고 있다. 예를 들면 *The Credibility of the Church Today: A Reply to Charles Davis* (New York: Herder and Herder, 1968), chapter 1, and *Man Becoming: God in Secular Language* (New York: Herder and Herder, 1970), chapter 3. Baum은 Karl Rahner를 염두에 두고 읽어야 하며 Hans Küng, 다른 2차 바티칸 학자들도 공의회가 제정한 교회론으로부터 비슷한 영향을 받았음을 알 수 있다.

다. 각 단어들의 세상 안에서 교회의 존재 이유를 잘 설명하고 있는 성경적인 설명을 다음과 같이 붙여 볼 수 있다.

코이노니아: "서로 사랑하라"(요 13:34-35, 롬 13:8, 벧전 1:22).
케리그마: "예수님은 주님이시다"(롬 10:9, 고전 12:3).
디아코니아: "이 지극히 작은 자 하나에게"(마 25:30, 45).
말투리아: "나의 증인이 되리라, 하나님과 화목하라"(사 43:10, 12, 44:8, 행 1:8, 고후 5:20).

우리는 신약시대의 교회를 보면서 예수 그리스도를 중심으로 모여든 무리들의 자화상(self-images)을 볼 수 있어야 한다. 신약의 교회들은 예수 그리스도야말로 교회 존재에 있어서 최고의 존재목적이라고 보았다. 그 외에 "너희와 항상 함께 하리라"(마 28:20)는 약속의 말씀은 나사렛 예수와 함께 개인적으로 살아가는 사람들의 공동체로서의 교회의 성격을 보여준다.

1. 코이노니아: "서로 사랑하라"

교회를 향한 가장 간단하면서도 복잡한 예수님의 명령은 '사랑'이다. 제자들은 아가페 사랑을 하나님의 백성들의 삶에 최고의 덕목으로 이해하였을 뿐만 아니라 초대 교회는 이 사랑을 교회의 의무로 여겼다. 이웃에 대한 사랑은 구약시대까지 거슬러 올라가는 성경의 가르침이다(레 19:18, 잠 20:22, 24:29). 사실 하나님을 사랑하고 이웃을 사랑하는 것 외에 더 큰 계명은 없다(막 12:29-31). 하지만 예수님은 이 구약의 가르침에 새로운 면을 첨가하셨다.

> 새 계명을 너희에게 주노니 서로 사랑하라 내가 너희를 사랑한 것같이 너희도 서로 사랑하라(요 13:34).

이 말씀에서 계명의 어느 부분이 새로운가? 찰스 바렛(Charles K. Barrett)은 이 계명에 대해 다음과 같이 강조한다.

> 성부와 성자의 관계를 드러내는 계명이기에(요 10:18, 12:49-50, 15:10) 새로운 계명이며 서로 사랑하는 제자들은 서로를 세울 뿐만 아니라 그 사랑으로 성부와 성자를 드러내게 된다.[9]

예수님은 사랑에 혁명적인 요소를 주입시키셨다. 물론 구약에서부터 계속된 것이지만 이러한 사랑은 전혀 새로운 종류의 사랑이다. 이 사랑은 삶의 질이 변하게 되는 것을 의미한다. 밖으로 나가는 질적인 면에서 자기를 희생하여 내어 주는 면이 새롭다.[10] 찰스 도드(Charles Dodd)는 강조한다.

> 주님을 따르는 제자들은 하나님께서 성자를 보내신 사랑, 성자께서 자신의 목숨을 버리기까지 보여 주신 사랑, 서로 사랑

---

9 Charles K. Barrett, *The Gospel According to Saint John: An Introduction with Commentary and Notes on the Greek Text* (Philadelphia: Westminster, 1978), 451.
10 Charles Van Engen, *Growth of the True Church* (Amsterdam: Rodopi, 1981), 167.

하는 사랑 안에서, 제자 삼는 재생산 사역을 해야만 한다.[11]

이 사랑은 감정적인 것만이 아니라 성부와 성자께서 세상을 위하여 결단하신 '특별한 형태로 나타난 행동'이다. 이러한 자기를 부인하는 하나님의 사랑을 제자들에게 명하신 것이다. 새 계명은 성육신적이다.

> 나를 사랑하면 내 말을 지키리니 내 아버지께서 저를 사랑하실 것이요 우리가 저에게 와서 거처를 저와 함께하리라(요 14:23).

이 성부와 성자가 와서 함께 거하신다는 말씀에 대해 바렛은 다음과 같이 주석하였다.

> 요한이 지대한 관심을 가졌던 예수님의 재림(parousia)은 묵시적 기독교(apocalyptic Christianity)가 알지 못하던 부분인데, 요한은 부활과 온전한 구속이 이루어지는 종말적 순간의 사이에 있는 것으로 설명하려 하였다.[12]

주님께서 "너희와 항상 함께 하리라"(마 28:20) 하신 약속은 사랑으로 성취되고 주님의 초림과 재림 사이에 존재하는 교회를 그

---

11 Charles H. Dodd, *The Interpretation of the Fourth Gospel* (Cambridge: Cambridge University Press, 1953), 405.
12 Barrett, *Gospel According to Saint John*, 466.

리스도의 몸이 되게 한다. 언제나 함께하시는 그리스도의 임재하심은 하나님 나라의 '이미'(already)와 '아직'(not yet) 사이를 연결하는 교량 역할을 한다. 제자들이 서로를 향한 사랑으로 함께 사귐을 가질 때 초림 후 재림 전일지라도 그리스도가 그곳에 찾아오신다. 제자들과 그들을 따르는 사람들은 이런 새로운 그리스도의 임재하심 안에서 눈으로 보이지는 않을지라도 생생한 주님의 숨결을 느끼게 된다. 그리고 그들이 사랑의 코이노니아로 모인 그곳에 그리스도가 임재하신다. 그의 제자들 가운데 머리 되신 그리스도가 계시면 바로 그곳이 교회가 된다.

제자들의 사랑하는 사귐(koinonia) 가운데 새롭게 임재하시는 예수 그리스도는 교회를 세우신다. 이런 그리스도의 임재하심이 없으면 교회가 될 수 없다. 교회의 생명은 항상 제자들이 주님과 다른 제자들을 서로 사랑하는 데에 있다는 것을 우리는 쉽게 잊어버리고 살고 있지 않은가?

바울이 고린도전서 13장에서 말한 사랑을 적용해야 한다. 만일 교회가 유일하고, 성결하며, 보편적이고, 사도적이라 할지라도 사랑이 없으면 아무것도 아니다. 하나님의 백성에게 있어서 모든 다른 특성들은 사랑이라는 고귀한 특성에서 시작한다. 교회에서 무엇보다도 사랑이 없으면 말씀과 성례는 허공을 치는 소리에 불과하다. 이 '초림과 재림 사이의 시간'에 교회는 주님의 음성을 다시 들어야 한다.

> 새 계명을 너희에게 주노니 서로 사랑하라 내가 너희를 사랑한 것같이 너희도 서로 사랑하라 너희가 서로 사랑하면 이로

써 모든 사람이 너희가 내 제자인 줄 알리라(요 13:34-35).

사랑이 함께하지 않는 세상을 위한 존재, 억눌린 자들과 함께함, 선교, 선포하는 증거, 수적인 성장을 갈망함 등은 아무런 의미가 없다. 사랑의 공동체인 교회의 코이노니아는 디아코니아, 케리그마, 말투리아의 기초이다. 그러나 교회에 봉사와 말씀선포, 증거하는 속성이 없다면 교회 내부적인 일에만 매달려 예수님이 말씀하신 코이노니아도 결국 존재할 수 없다. 주님께서 말씀하신 사랑은 밖으로 퍼져 나가는 사랑이기에 제자들이 교회 안에서만 서로 사랑한다면 모든 사람들을 잃게 된다는 사실을 잊어서는 안 된다. 이렇게 밖으로 표현하는 사랑이 없으면 우리는 피터 와그너(Peter Wagner)가 '친교 과다증'(koinonitis)[13]이라고 부르는 병든 상태에 빠지게 된다.

> 사귐은 인간관계들로 이루어진다. 그리스도인들이 서로를 알고 서로를 좋아하게 되고 서로를 아끼게 될 때 성도의 사귐이 이루어진다. 그러나 사귐이 지나쳐 병이 들면 친교(koinonia)는 친교 과다증(koinonitis)이 되고 이런 서로 좋아하는 관계에만 너무 깊이 빠져들어 교회의 거의 모든 활동들의 초점이 되고 만다. 그리하여 교회 내의 활동들과 인간관계는 내

---

13 피터 와그너 교수의 교회 병리학 용어이다. 친교(koinonia)만 강조하다 보면 성도의 사귐 자체가 선교의 목적이 되어 버리는 병리적인 상태인 친교 과다증(koinonitis)을 유발한다는 것이다. 이것은 사귐은 있으나 세상을 향한 선교가 없는 교회의 병리학적 증상을 말한다-역주.

향적으로 되는 병리적 현상이 생겨난다.[14]

사랑은 외향적으로 드러나야 한다. 성도의 사귐이 존재하는 이유를 상실했을 때 친교(koinonia)는 친교 과다증(koinonitis)이 되고 만다. 즉 교회는 왜 주일학교 교육을 하고, 기도회로 모이고, 이웃을 초대하는가에 대한 목적 의식을 잃어버리게 된다. 성도의 사귐과 봉사, 자기 희생에 사랑이 나타나지 않으면 모든 일이 안으로 움츠러들게 된다. 성도들 간에 사귐을 잃어버린 교회는 "가서 제자삼으라"는 명령과 "항상 너희와 함께 하리라" 약속하신 그리스도와의 사귐마저도 잃어버리게 된다.

2. 케리그마: "예수님은 주님이시다"

오순절에 성령 강림을 체험한 제자들은 벅찬 감격을 견딜 수 없었다. 즉시 밖으로 뛰어 나갔다. 그들의 삶을 변화시킨 진리를 선포하였다. 사귐의 공동체는 나사렛 예수의 주되심을 선포하는 무리가 되었다.

신약시대의 교회는 "예수님은 주님이시다"라는 신앙을 고백했다. 이것을 교회가 선포하였다. 이 신앙고백에는 역사적 배경이 있다. 구약시대 하나님의 백성을 여호와께 속한 백성이라고 했던 70인역에서 여호와를 '주'로 번역하고 예수님의 제자들 마음에 하

---

[14] C. Peter Wagner, *Your Church Can Be Healthy* (Nashville: Abingdon, 1979), 78.

나님의 이름을 연결시킨 오래 된 신앙을 다시 새롭게 고백한 것이다. 오스카 쿨만(Oscar Cullmann)이 이것을 확실히 강조하였다. 초대 교회는 "예수님은 주님이시다"를 교회의 신앙과 교회 신분의 중심 요소로 받아들였다.[15] 가장 오래된 기독교 신조는 "예수님은 주님이시다"라는 형태를 가지고 있다.

그리스도의 주되심은 교회로 하여금 세상에 복음을 선포하기 위해 밖으로 나가게 하신다. 이 신앙고백은 아주 놀라우리만큼 넓은 의미와 예리한 함의(含意, implications)를 내포한다. 예를 들어 해리보어(Harry Boer)는 신약이 가르치는 예수님의 주되심을 하나님의 우주적인 뜻과 연결하여 설명하였다. 그는 로마서 11:25, 26; 16:25, 에베소서 1:26-27, 디모데전서 3:16 등을 인용하여 강조하였다. 그리스도의 주되심은 교회 안에서만 주가 되심을 의미하는 것이 아니라 전 우주와 우주적 권세자들에게까지 주가 되신다는 사실을 보여 주는 것이다(행 4:25-30).[16] 사도 바울이 골로새 교인들에게 편지할 때 기록한 골로새서 1장에 나오는 기독론은 "예수는 주님이시다"라는 신앙고백의 의미를 심도 있게 잘 다루고 있다.

복음은 이 신앙고백을 강조함으로 시작한다. 세례 요한은 선포했다. "하나님의 나라가 가까이 왔다"(마 3:2). 예수님은 자신이 보내심을 받은 이유가 "하나님 나라의 좋은 소식을 전파하기 위함이라"(눅 4:43)고 하셨다. 오순절에 성령이 임하신 후 제자들은 길

---

15 Oscar Cullmann, *The Earliest Christian Confessions* (London: SCM, 1949). Harry R. Boer, *Pentecost and Missions* (Grand Rapids: Eerdmans, 1961), 144.
16 Boer, *Pentecost and Mission*, 153-55.

로 나갔고 베드로는 선포하였다.

> 너희가 십자가에 못 박은 이 예수를 하나님이 주와 그리스도가 되게 하셨느니라(행 2:36).

바울의 첫 번째 설교도 이 부분을 반복하여 강조한다.

> 형제들아 너희가 알 것은 이 사람을 힘입어 죄 사함을 너희에게 전하는 이것이며 또 모세의 율법으로 너희가 의롭다 하심을 얻지 못하던 모든 일에도 이 사람을 힘입어 믿는 자마다 의롭다 하심을 얻는 이것이라 주께서 이같이 우리에게 명하시되 내가 너를 이방의 빛으로 삼아 너로 땅 끝까지 구원하게 하리라 하셨느니라 하니(행 13:38-39, 47; 참조, 눅 2:32, 사 49:6).

수년 후 바울은 로마의 옥중에서도 같은 말씀을 선포하였다.

> 하나님의 나라를 전파하며 주 예수 그리스도에 관한 모든 것을 담대하게 거침없이 가르치더라(행 28:31).

교회는 세상에서 예수 그리스도의 주되심을 고백하고 선포하는 목적을 가진 공동체이다. 스크나켄버그(Rudolf Schnakenburg)가 기술한 바와 같이, 교회는 하나님의 뜻에 따라 이 세상 사람들과 모든 창조물을 주님의 통치 안으로 인도하는 사명을 가진 공동체이다. 그는 설명한다.

> 바울 서신에 나타난 '우주적 교회론'은 그리스도의 주되심, 하늘의 영광을 받으시고 주권을 세우시는 모든 일들을 인식함과 동시에 초대 교회의 신앙고백을 보여준다. 지금도 세상과 교회를 친히 다스리시는 주님의 통치는 하나님의 왕권을 성취와 완성 사이에 있는 구원의 시대 곧 현재에도 인식할 수 있게 한다.[17]

"예수님은 주님이시다"라는 케리그마적 신앙고백은 필연적으로 교회가 세상을 향하여 밖으로 나아가는 역동성을 포함한다. 교회는 화목케 하고, 구속하고, 새롭게하는 주님의 나라를 모든 민족을 포함하는 우주적인 나라로 인정한다. "예수님은 주님이시다"라는 고백은 "주님은 온 세상의 주님이시다"라는 고백이다. 교회가 예수님을 주님으로 고백하는 것은 확실히 교회에게 온 민족들에게로 나아가게 하는 선교적이며 보편적인 사명을 갖게 한다. 이 사실은 다음에서 보다 선명하게 나타난다.

> 하늘과 땅의 모든 권세를 내게 주셨으니 그러므로 너희는 가

---

[17] Rudolf Schnackenburg, *God's Rule and Kingdom*, J. Murray, trans. (New York: Herder and Herder, 1963), 316-17. See also Geerhardus Vos, *The Teaching of Jesus Concerning the Kingdom of God and the Church* (Grand Rapids: Eerdmans, 1958); George Ladd, *The Gospel of the Kingdom* (Grand Rapids: Eerdmans, 1959), and Herman N. Ridderbos, *The Coming of the Kingdom*, H. de Jongste, trans. (Philadelphia: Presbyterian and Reformed, 1962).

서 모든 족속으로 제자를 삼으라(마 28:18-19).

사람들이 입술로 예수님을 모든 사람들과 모든 만물의 주, 교회의 주라고 고백하고 마음에 믿을 때 예수 그리스도의 교회는 이루어진다(골 1:15-20). 이 신앙고백을 통하여 교회는 본연의 모습, 예수 그리스도의 제자들이 모인 선교하는 공동체가 된다.

이 예수님의 선교는 모든 제자들을 확실한 사명으로 묶어 준다. 제자들은 주님의 선교적 사명을 피할 수 없다. 온 세상에 예수님의 주되심을 선포하는 일과 예수님을 주님이라고 고백하는 일을 동시에 하지 않으면 주님의 제자가 아니다. 신앙고백과 선교사명은 서로 뗄래야 뗄 수 없다. 이것은 예수님이 주인이신 세상에서 선교적 사명을 완수하는 것으로 그 자체가 선교적 교회의 표징이다(빌 2:9-11).

선교적 교회가 교회 프로그램을 계획할 때 교회 예배와 성찬 등이 교회가 선교사명을 감당하는 세상에서 복음을 선포하고 있음을 드러내도록 준비해야 한다. 바울은 성찬까지도 주님이 다시 오실 때까지 그리스도의 죽으심을 선포하는 것이라고 하였다(고전 11:26). 복음을 말로 선포하는 것과 가시적인 성례로 선포하는 일은 교회의 신앙고백인 예수님의 주되심을 더욱 확실하게 한다. 하지만 우리가 자주 잊어버리는 것이 있다. 이런 복음 선포가 오직 그리스도의 제자들만을 대상으로 선포한다면 케리그마의 본래적 의미를 상실한다는 사실이다.

복음 선포는 의도적으로 예수님을 주님으로 모시지 못한 사람

을 대상으로 선포할 때에만 케리그마적(*kerygmatic*)이다.[18]

모든 인류와 모든 창조물, 교회의 주가 되시는 예수 그리스도는 세상에 복음을 들고 나가라고 제자들을 보내신다. 이러한 복음 선포를 힘있게 하는 것은 신앙고백과 밖으로 표출된 사랑이다. 이것이 디아코니아(*diakonia*)라는 행동으로 나타난다.

3. 디아코니아: "이 지극히 작은 자 하나에게"

도날드 맥가브란(Donald A. McGavran)은 교회를 "예수님을 따르는 제자들의 사랑의 사귐"으로 정의했다. 이 교회는 십자가에 달리신 주님의 공동체이다.[19] 주님의 종이다. "종(*doulos*)은 그의 주인보다(*kuriou autou*) 높지 않다"(마 10:24, 요 13:16; 15:20). 그러므로 예수님을 주님으로 고백하는 제자들은 주인을 섬기는 종으로 살아가는 것이 당연하다. 마태복음 10:18은 그리스도를 위하여 왕과 관원들 앞에 끌려가는 것과 제자도를 연결시켜 설명한다. 이는 그들과 온 이방인들에게 복음의 증인이 되게 하려 함이라 하였다(*eis martyrion autois kai toisethnesin*; 이 내용을 다소의 사울을 부르심과 비교하여 보라, 행 9:15-16). 요한복음 13:16에서 예수님은 가장 낮은 종이 하

---

18 Harvie Conn, *Evangelism: Doing Justice and Preaching Grace* (Grand Rapids: Zondervan, 1982), and John R. W. Stott, *Christian Mission in the Modern World* (Downers Grove, Ill.: Inter-Varsity, 1975), 48-51.

19 Donald A. McGavran and Winfield C. Arn, *Back to Basics in Church Growth* (Wheaton: Tyndale, 1981), chapter 5.

는 일을 하시면서 강조했다. 즉 제자들의 발을 씻기심으로써 주인보다 높은 종은 하나도 없다는 사실을 깨우쳐 주셨다. 제자들은 이렇듯 겸손하게 섬기시는 예수님의 태도를 본받아야 한다. 요한복음 15:20에서 종과 주인의 관계는 그리스도께서 제자들을 택하심, 예수님과 친구(philoi)처럼 마음을 열고 하나됨, 십자가에 달리신 메시아이신 예수님과 친구로 동행하기 때문에 당하는 핍박들과 연결된다.

종이 된다는 참된 의미를 보여주는 제자도의 세 가지 면이 있다. 그것은 증거, 서로 돕는 개인적인 봉사, 주님을 위해 당하는 고난이다. 이것을 마태복음 5:1-16에 나오는 팔복과 누가복음 6:17에 나오는 제자도와 비교하면 개념이 더욱 선명해 진다.

신약에서 섬김에 대한 개념을 살펴볼 수 있는 몇 가지 단어들을 신약 신학사전에서 찾아 볼 수 있다.

Douleuo(δουλεύω): 종으로 섬김

Therapeuo(θεραρεύω): 섬기려는 의지

Letreuo(λατρεύω): 삯을 받는 봉사(신약에서는 주로 종교적인 직무들을 통하여 이루어짐)

hupeireteo(ὑπηρετέω): 주인을 섬김

diakoneo(διακονέω): 다른 이들을 위한 지극히 개인적인 봉사[20]

---

20 Gerhard Kittel and Gerhard Friedrich, eds., *Theological Dictionary of the New Testament*, G. W. Bromiley, trans., 10 vols. (Grand Rapids: Eerdmans, 1964-76): s.v., "διακονέω, διακονία, διάκοωος."

초대 교회 성도들은 이런 단어들을 통하여 제자로서의 삶을 이해하였다. 마태복음에서는 이런 제자도 사상이 점차로 발전되어 감을 보여준다. 마태복음 24장과 25장은 교훈적 자료와 비유들을 묶어 예수님께서 의도하신 제자도의 비전을 강조하고 있다. 재미있는 것은 이 가르침의 마지막 부분이 디아코니아(diakonia)를 다루고 있다는 점이다(마 25:31-36).

여기서 주인에게 보고하는 한 청지기가 나온다. 예수님은 마지막 날, 청지기가 종으로서의 역할을 어떻게 감당하였는지 물으셨다. 제자들을 심판하실 때 선한 행동, 희생, 경건한 생활, 예식, 신학 등을 기준으로 삼지 않으셨다. 예수님이 종들을 심판하신다. 그들의 도움을 필요로 하는 세상에서 무엇을 하고 무엇을 하지 않았는가에 따라서 심판하신다. 제자들은 모든 사람을 위해 대속물로 자신을 내어 주신 그리스도를 섬기는 종으로서 어떤 섬김의 삶을 살았는가에 따라 심판을 받는다. 이것이 바로 제자인가 아닌가를 알게 하는 새 계명이다. 이 내용은 "서로 사랑하라"의 확실한 의미를 새롭게 한다.

섬김의 계명이 중요했다. 초대 교회의 생활 가운데 이토록 섬김의 계명이 차지하는 비중은 대단하였다. 이것은 의심할 여지가 없다. 오순절 이후 제자들을 통하여 놀라운 기적들이 일어났다. 병든 자가 나음을 입고 어려운 자들이 도움을 받았다. 그리고 사람들이 넘쳐나서 제자들이 이런 섬김과 봉사 사역을 효과적으로 감당할 수 없게 되었을 때 그 사역을 돕는 집사직(deacon)이라는 새로운 사역 형태가 등장하였다.[21] 이러한 제자의 섬김 사역은 신속히 퍼져 나갔다.

누가가 주목한 도르가는 그녀의 선행으로(봉사와 섬김의 삶으로 살아온) 욥바 사람들에게 칭송을 받았다. 그녀가 죽었을 때 룻다에 있는 베드로를 불러왔다. 그녀는 다시 살아나게 되었다(행 9:36-42). 가난한 사람들은 도르가가 지어 준 따스한 옷을 자랑하였다. 바울은 디아코니아를 온전한 여러 종류의 사역으로 보여 준다. 예를 들어 고린도전서를 보면 성령께서 성도들에게 여러 모양으로 제자로서의 디아코니아 사역을 하게 하신다고 하였다(고전 12:5). 집사직은 교회의 공식적인 직분이 되었다.[22] 교회의 공식 사역이 된 봉사하는 일을 통하여 교회는 십자가에 달리신 주님을 따르는 제자의 삶을 드러내고 보여 준다. 교회가 행하는 디아코니아 사역은 교회의 참모습을 보여 주고, 선교적 교회가 되게 하고, 그리스도를 주님으로 고백하는 사람들의 사랑하는 섬김의 공동체를 보여 준다.

바울은 더 나아간다. 고린도후서에서 섬기는 사역을 더욱 강조하였고 예루살렘에 있는 어려운 사람들을 위해 기쁜 마음으로 헌금하라고 독려하였다. 바울은 이러한 사역을 "이 은혜와 성도 섬기는 일에 참여함"(*ten charin kai ten koinonian tes diakonias tes eis tous hagious*, 8:4)이라고 하였다. 그리고 바울은 섬기는 일에 참여함이 하나님의 사랑으로 공급하심을 믿고 의지하는 제자의 생활과 분명

---

21 Ralph P. Martin, *Family and the Fellowship*, 62.
22 Kittel and Friedrich, *Theological Dictionary*, 2:89-93.

하게 연결되어 있다고 지적하였다(9:10-15). 바울은 사랑의 사귐인 교회의 본질을 섬기는 사역과 연결시켜 하나로 보았다. 이 사역은 고난받는 사람들의 물질적인 필요를 공급하는 일이었다. 바울이 편지를 보내 헌금을 모아 그들과 함께 은혜를 나누고자 한 일이었다.

야고보서는 오랜 전통을 가진 유대적 신앙의 중요성을 다시 한 번 일깨우기 위해 다음과 같이 말씀한다.

> 하나님 아버지 앞에서 정결하고 더러움이 없는 경건은 곧 고아와 과부를 그 환난 중에 돌보고 또 자기를 지켜 세속에 물들지 아니하는 그것이니라(1:27의 말씀을, 신 14:29; 욥 31:16, 17, 21; 시 146:9; 사 1:17, 23 등과 비교하여 보라).

메시아적 선교를 생각해 보자. 나사렛에 있는 회당에서(눅 4:18-19, 21) 이사야 61:1-2을 서서 읽으심으로 공포하신 예수님 자신의 메시아적 선교는 구약의 희년(레 25:8-55)을 배경으로 하고 있다.

우리의 목회 신학에 이런 모든 것들이 잘 포함되어 있어야 한다. 그럼에도 불구하고 우리는 섬김의 사역이 교회의 핵심적인 본질을 나타내는 데 꼭 있어야 하는 사역이라는 사실을 자주 망각한다. 예수님을 주님으로 고백한다는 것은 "이 지극히 작은 자 하나에게라도 예수님이 주신 섬기는 사명을 감당해야 한다"는 것과 분리해서 생각할 수 없다. 그것은 구세주의 얼굴을 대하는 것이다. 이러한 맥락에서만 우리는 정의, 의로움, 평화(shalom)를 실현하는 교회의 역할을 심도 있게 논할 수 있다.

신약성경의 가르침에 따르면 섬기는 사역은 믿는 사람들의 공동체가 필요로 하는 것 이상을 의미한다. 디아코니아는 예수님의 주권 아래 평화, 정의, 자비 등 새로운 세계 질서를 형성하는 데 교회가 참여하고 공헌하라는 부르심이다. 디아코니아는 무슨 간단한 선행 정도나 우리가 사는 세상에 약간의 도움이 되는 정도가 아니다. 도움을 필요로 하는 모든 사람 누구나를 막론하고 섬겨야 하는 교회의 핵심적 본질이다. 선교적 교회에 이런 섬김이 없다면 그러한 교회는 교회가 가져야 할 선교적 본질을 상실한 교회이다.[23]

4. 말투리아: "나의 증인이 되리라"

승천하시기 직전 예수님은 제자들에게 말씀하셨다. "너희가 나의 증인이 되리라"(*kai seethe mou martyres*, 행 1:8). 증인을 통하여 복음이 예루살렘에서부터 시작하여 땅 끝까지(*eos eschatou tes ges*), 지리적으로 문화적으로 퍼져 나가게 될 것이라고 말씀하셨다. 이것이 선교이다. 이 선교사명을 감당하기 위해 지리적으로 문화적으로 교회를 확장하는 수많은 노력을 기울였다. 하지만 우리는 예수님의 말씀 가운데 핵심인 "나의 증인이 되리라"를 잊어버리지는 않았는가? 교회의 존재목적은 모든 문화와 상황 가운데서 주님의 증인

---

[23] 바렛은 다음 문헌에서 이 관계를 잘 설명한다. David B. Barrett, "Silver and Gold Have I None: Church of the Poor or Church of the Rich?" in *International Bulletin for Missionary Research* 7.4 (Oct. 1983): 146-51.

이 되는 것이다.

사도행전은 초대 교회의 모습을 잘 기록하고 있다. 그들이 나누었던 사랑의 사귐, 공동 생활, 예수님을 주님이라고 선포하던 복음 증거, 곤궁하고 핍절한 사람이 없도록 서로를 돌아보아 섬기는 사역 등이 모두 증인 된 교회의 본질을 분명하게 보여주었다.[24] 허버트 캐인(Herbert Kane)은 "세상 가운데 있는 교회의 본질은 선교와 교회 존재의 부분들로서 진리와 능력을 선포하고 보여주는 것"이라 하였다.[25] 성경은 'martys'를 여러 가지 의미로 사용한다.

1. 법적인 면에서 사실을 증언하는 것
2. 신앙고백으로 사실을 증거하는 것
3. 사건의 목격자로 사실을 선포하는 것
4. 그리스도의 본성과 중요성에 대한 복음 증거
5. 순교[26]

교회의 목적은 말투리아에 있다. 여러 의미들이 가진 말투리아의 의미 범주 안에 교회의 목적이 있다. 예수 그리스도를 이 세상에서 실재로 보여지고 만져지는 역사적 사실로 세상 사람들이 경험할 수 있게 해주는 것이다. 예수님을 모르는 사람들은 임재(presence), 선포(proclamation), 설득(persuasion)하는 교회의 말씀 사역을 통하여

---

24 Van Engen, *Growth of the True Church*, 178-90.
25 J Herbert Kane, *The Christian World Mission* (London: Lutterworth, 1963).
26 Kittel and Friedrich, *Theological Dictionary*: s.v., "μάρτυς…"

주님을 알게 된다.[27]

도표 5. 선교하는 교회의 목적

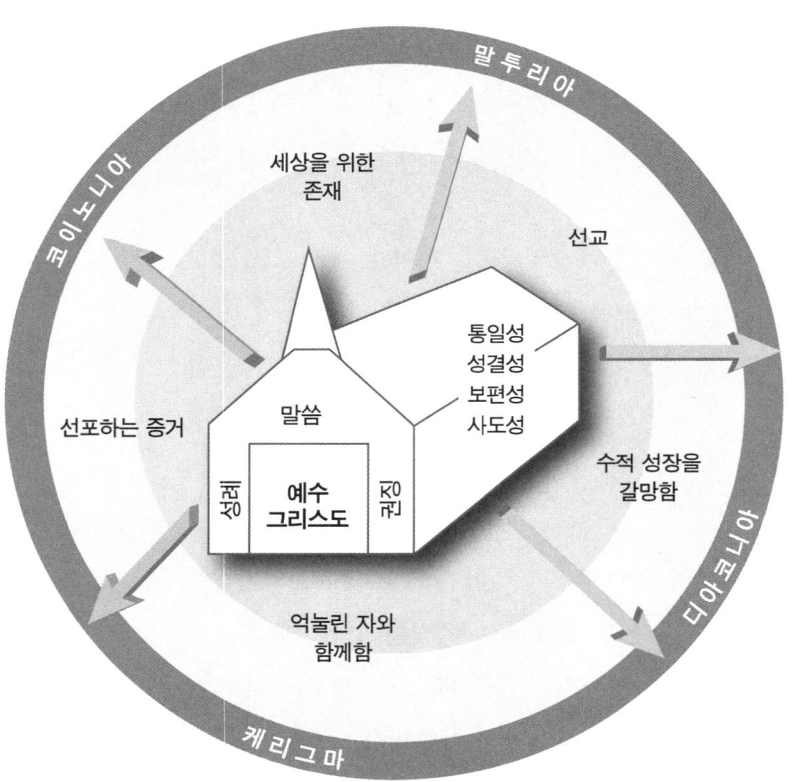

---

27 교회성장학 전문용어 가운데 3P 전도가 있다. 그 내용은 불신자들 가운데 생활하는 임재전도(presence evangelism), 복음을 전하는 선포전도(proclamation evangelism), 그리고 교회로 인도하는 설득전도(persuasion evangelism)이다- 역주.

선교하는 하나님의 교회는 예수님께서 살아 계시고 몸된 교회의 머리가 되신다는 사실을 증거한다. 그 사실을 사랑의 사귐, 예수님은 주님이라는 신앙고백, 섬기는 봉사 사역들을 통해서 증거한다. 하나님의 선교하는 백성들은 화목하게 된 공동체의 일원이 되고 나뉜 세상 안에서 화해할 수 있는 가능성을 증거한다. 그러므로 고린도후서 5:18-21에서 바울은 성도들에게 화목케 하며 섬기는 직책(*ten diakonian tas katallages*)을 통하여 대사들(ambassadors)이 되었다고 강조한다.

선교적 교회는 스스로 화해하는 직책을 잘 감당함으로 그리스도 안에서 '하나님의 의'가 된다. 그리스도의 화목케 하심을 세상에 전하는 일은 교회가 행하는 복음 증거의 가장 중요한 부분이다. 복음과 섬김을 믿는 믿음의 표현인 '사랑의 사귐'(*koinonia*)을 통해서 교회는 세상을 향해 이렇게 증거한다. "하나님과 화목하라."[28]

지금까지 우리는 교회의 본질에 대해 전반적인 면을 살펴보았다. 지역 교회 차원에서 선교적 교회는 어떻게 존재목적을 발견하는가? 교회가 예수님을 따르는 제자들이 사랑의 사귐을 이룰 때, 말과 행동으로 예수 그리스도를 주로 고백할 때, 하나님께서 우리와 함께하신다는 지상 최고의 사건을 증거할 때, 비로소 세상에서의 존재목적을 발견한다. 당신이 속한 교회, 교단, 선교단체는 과

---

28 장로(presbyteros)라는 말이 '대사일을 하다'(*presbeuo*)라는 동사에서 파생되어 나왔다는 사실은 흥미롭다. 바울은 고후 5:20에서 사용한 화목의 의미는 교회 안에서가 아니라 세상 밖으로 나가서 이루는 화목케 하는 역사를 말한다. 이것은 우리 목회 철학에 무엇을 가르쳐 주는가? 이 말씀이 장로들을 선발하는 목적에 대해 어떻게 적용이 될 수 있을까? W. A. Visser T' Hooft, *The Pressure of Our Common Calling* (New York: Doubleday, 1959), 39.

연 이 세상에 존재해야 할 선교적 목적을 가지고 있는가?

5. 연구도서 목록

1) *Koinonia*

Arn, Winfield C., and Charles Arn. *Who Cares About Love?* Pasadena, Calif.: Church Growth, 1986.

Barth, Karl. *Church Dogmatics*, 4.2.68.

Berkouwer, G. C. *The Church*, J. Davison, trans. Grand Rapids: Eerdmans, 1976. See 45–46.

Getz, Gene A. *The Measure of a Church*. Glendale, Calif.: Regal, 1975. See 22–67.

Kittel, Gerhard, and Gerhard Friedrich, eds. *Theological Dictionary of the New Testament*, G. W. Bromiley, trans., 10 vols. Grand Rapids: Eerdmans, 1964–76. s.v., "καινος…"; s.v., "κοινωνος…"

"*Lumen Gentium*," in Austin P. Flannery. *Documents of Vatican II*. Grand Rapids: Eerdmans, 1975.

Martin, Ralph P. *The Family and The Fellowship: New Testament Images of the Church*. Grand Rapids: Eerdmans, 1979. See chapter 3.

Schaeffer, Francis. *The Mark of the Christian*. Downers Grove, Ill.: InterVarsity, 1969.

Snyder, Howard A. *The Community of the King*. Downers Grove, Ill.: Inter-Varsity, 1977. See 45–95.

Tillapaugh, Frank. *The Church Unleashed: Getting God's People Out Where the Needs Are*. Ventura, Calif.: Regal, 1982.

Watson, David. *I Believe in the Church*, 1st American ed. Grand Rapids: Eerdmans, 1979. See chapter 19.

1) *Kerygma*

Green, E. Michael B. *Evangelism in the Early Church*. Grand Rapids: Eerdmans, 1970. See 49ff.

Hoekendijk, Johannes C. "The Call to Evangelism" in *International Review of Missions*, 39 (April 1950): 162–75.

Kittel and Friedrich, eds. *Theological Dictionary of the New Testament*. s.v., "κήρυγμα": 3.714–18.

Kraemer, Hendrik. *The Communication of the Christian Faith*. Philadelphia: Westminster, 1956.

McGavran, Donald A., and Winfield C. Arn. *Ten Steps for Church Growth*. San Francisco: Harper and Row, 1977. See chapters 5, 6.

Schlink, Edmund. *The Coming Christ and the Coming Church*. Philadelphia: Fortress, 1968.

3) *Diakonia*

Bosch, David. "The Scope of Mission," *International Review of Mission*, 73.289 (Jan. 1984): 17–32.

Kraybill, Donald B. *The Upside-Down Kingdom*. Scottdale, Pa.: Herald, 1978.

McKee, Elsie Anne. *Diakonia in the Classical Reformed Tradition and Today*. Grand Rapids: Eerdmans, 1989.

Sine, Tom. *The Mustard Seed Conspiracy: You Can Make a Difference in Tomorrow's Troubled World*. Waco, Tex.: Word, 1981.

Van Klinken, Jaap. *Diakonia: Mutual Helping with Justice and Compassion*. Grand Rapids: Eerdmans, 1989.

Wallis, Jim. *Agenda for Biblical People*. New York: Harper and Row, 1976.

Yoder, John. "The Experiential Etiology of Evangelical Dualism" in *Mis-

siology, 11.4 (Oct. 1983): 449–59.

_____. *The Politics of Jesus: vicit Agnus noster*. Grand Rapids: Eerdmans, 1972. See 115–92.

Your Kingdom Come: Mission Perspectives; Report on the World Conference on Mission and Evangelism, Melbourne, Australia, 12–25 May, 1980. Geneva: World Council of Churches, 1980.

See also Ronald Sider's works.

4) *Martyria*

Kraemer. *Communication of the Christian Faith*. See 116ff.

Kittel and Friedrich, eds. *Theological Dictionary of the New Testament*, s.v., "ἀλλάσσω"; s.v., "ppέsβυς…"

MacNair, Donald J. *The Growing Local Church*. Grand Rapids: Baker, 1975. See chapters 1, 10, 11.

Metz, Donald. *New Congregations: Security and Mission in Conflict*. Philadelphia: Westminster, 1967. See chapter 3.

Schillebeeckx, Edward C. "The Church and Mankind," in Edward J. Dirkswager, Jr., comp. *Readings in the Theology of the Church*. Englewood Cliffs, N.J.: Prentice-Hall, 1970.

Schlink, Edmund. *The Coming Christ and the Coming Church*. Philadelphia: Fortress, 1968. See 102ff.

제7장
하나님 나라와 지역 교회

하나님의 은혜는 크고 놀랍다. 은혜는 세상이라는 연못에 돌을 던진 것과 같다. 우리를 세상 연못에 던져 점점 계속 커지는 파장을 일으킨다. 우리의 선교 비전은 중심이 되신 예수 그리스도로부터 시작한다. 말씀의 테두리 안에서 말로 선포되며 성례로 나타난다. 유일하고 성결하며 보편적인 사도성을 가진 신앙 공동체는 작은 파도처럼 자연스럽게 세상을 향하여 퍼져 나간다. 우리는 이렇듯 선교적 신앙이 밖으로 퍼져 나가는 형태를 일컫는 '새로운 용어들'을 살펴보았다. 즉 코이노니아, 케리그마, 디아코니아, 말투리아를 선교적으로 새롭게 정의해 보았다.

우리는 아직까지 교회와 세상 사이에서 이루어지는 선교적 접촉에 대하여 정리하지 못했지만 지역 교회 생활에 있어서 하나님의 나라와 언약 공동체와의 상관관계를 살펴보아야만 한다. 거시적 관점이 필요하다. 코이노니아, 케리그마, 디아코니아, 말투리아는 왕 되신 예수님이 창조하시고, 보존하시고, 다스리시며, 구속하신 세상 안에서 하나님 나라의 거시적 관점에서 비롯되었다. 지역 교회 선교의 폭과 깊이를 이해하기 위해서 이 세상에서 하나님 나라와의 관계를 먼저 이해해야만 한다(도표 6 참조). 하나님의 선교하는 백성인 지역 교회는 하나님 나라의 지점(支店), 중요한 도구, 예견하는 표징이며 하나님 나라가 도래하는 일차적인 중심지이다.

도표 6. 언약 공동체로서의 교회

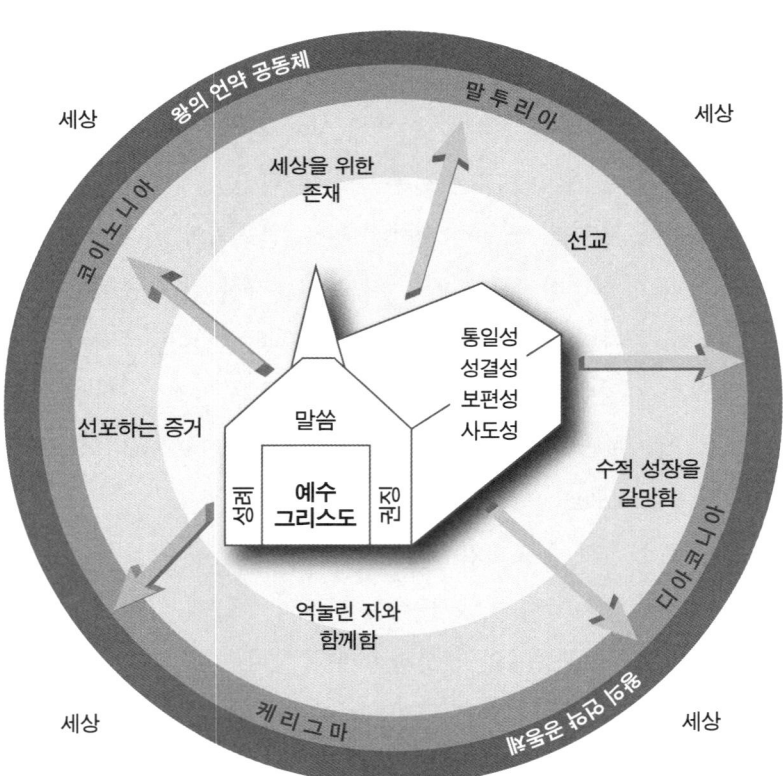

1. 성경에 나타난 언약 공동체

선교적 교회는 특정 지역에 나타난 '왕 되신 하나님의 언약 공동체'이다. 신명기 10:15에 나타난 바와 같이 이스라엘이 특별한 민족이라는 자의식이 싹트기 시작하고 하나님께서 아브라함과 언약을(창 15장) 맺은 이후로 하나님의 백성들은 언약 공동체로 간주되었다. 구약에서는 하나님께서 이스라엘에게 직접 역사하셨기에 우리는 이스라엘 백성들이 스스로를 특별한 민족으로 여기게 되는 과정을 볼 수 있다. 그들은 만물을 창조하신 하나님께서 그들을 특별한 하나님의 백성이 되라고 선택하시어 특별한 전통, 사명, 소망을 주셨다고 확신하고 있다.

이스라엘 백성들은 여호와 하나님과의 언약 관계라는 틀 안에서 존재 이유를 이해하였다. 이 관계는 언약의 양면인 축복과 저주 모두를 포함하고 있었다. 이스라엘 백성들은 그들을 특별한 사람들로 긍지를 갖게 해준 하나님과의 역사적인 관계만을 믿고 언약의 긍정적인 면과 함께 부정적인 면도 수용하였다. 그와 동시에 이스라엘 백성들은 자기들이 하나님을 마음대로 조정한다거나 자기들만 독점적으로 소유할 수는 없다는 사실을 서서히 알아 가게 되었다.

하나님은 만군의 주시다. 하나님께서는 이스라엘과 맺은 언약을 통하여 그들에게 다른 나라들과의 관계에서 아주 특별한 목적과 사명을 주셨다. 여호와 하나님은 언약에서 의도하신 바 온세상을 위한 우주적 목적에 참여하는 모든 민족을 축복하기 원하시어 이스라엘은 영원히 배타적으로 남아 있을 수 없었다. 여호와의 백성이 된다는 것은 온 세상을 주장하시는 여호와의 우주적인 왕권의 범주 안에서 모든 나라들을 위한 하나님의 도구가 되기로 헌신하는 것을 의미했다.[1] 다니엘 나일스(Daniel T. Niles)는 이 세상과의 관계를 네 가지 원칙으로 정리하였다.

1. 온 세상을 구원하시려는 하나님의 관심이 아브라함을 부르신 사건의 저변에 깔려 있다.
2. 이스라엘은 열국 중에서 선택받은 백성이 되었기 때문에 다른 나라들과는 구별되는 나라이다. 이스라엘은 열국 가운데 하나로 존재하고 있지만 선택된 백성이기에 열국에게 하나님의 말씀을 전하였다.
3. 열국 가운데 이스라엘을 택하신 하나님은 언제나 열국의 하나님이시다.
4. 이 삼중적(threefold) 강조점의 결과로 이스라엘의 삶과 선교는 그들 자신의 역사뿐만 아니라 온 세계 역사에 영향을 미친다.[2]

---

1 주되심에 대하여는 다음 문헌들이 도움을 준다. Johannes Blauw, *The Missionary Nature of the Church: A Survey of the Biblical Theology of Mission* (Grand Rapids: Eerdmans, 1974); Richard R. De Ridder, *Discipling the Nations: The Biblical Basis for Missions* (Grand Rapids: Baker, 1975); Suzanne De Dietrich, *The Witnessing Community: The Biblical Record of God's Purpose* (Philadelphia: Westminster, 1968).

2 Daniel T. Niles, *Upon the Earth: The Mission of God and the Missionary Enterprise of the Churches* (New York: McGraw-Hill, 1962), 250.

나일스는 이스라엘의 선교를 다음과 같이 지적했다.

> 이스라엘의 삶과 선교에 관한 개념은 한편으로 세상에서 이스라엘의 정체성의 보존을 강요하고, 다른 한편으로는 그들에게 맡겨진 선교의 대상 곧 세상을 섬길 것을 강요한다.[3]

이스라엘은 전 역사를 통하여 그들의 특수하면서도 보편적인 관점 사이에서 조화를 이루기 위해 노력하였다. 이스라엘은 특별한 백성이다. 하지만 그들에게 주어진 사명은 이 땅의 모든 백성들을 하나님 앞으로 인도하는 일이었다. 모든 나라들 중 하나로 그 중에서 선택을 받았다. 열국과 함께 있던 이스라엘에게 어떤 특별한 공로가 있었던 것이 아니다. 선택은 여호와 하나님의 특별한 부르심에 기인하였다. 그것은 구체적으로 여호와 하나님의 특별한 목적 때문이었다.

이스라엘은 스스로 생각하기를 다른 나라들과는 다르게 특별한 하나님의 뜻이 있고 모든 다른 인종, 문화, 족속, 가족, 민족과는 구별된 특별한 소명이 있다고 믿었다.[4]

예수님은 이 개념을 제자들을 부르실 때 적용하셨다. 예수님은 제자들에게 그들이 세상에 있지만 세상에 속한 것은 아니라고 하셨다. 그 이유는 그들의 충성심, 가치관, 목적, 소망이 세상에 속

---

3 Ibid., 251.
4 예를 들어 다음을 보라. Paul D. Hanson, *The People Called: The Growth of Community in the Bible* (New York: Harper and Row, 1986), and Blauw, *Missionary Nature*.

하지 않았기 때문이라고 말씀하셨다. 그들은 세상으로 보냄을 받았지만 양을 이리 가운데로 보냄과 같이 보내졌다. 그리고 예수님이 받으신 것과 같은 핍박과 미움을 받게 된다(마 10:16-25). 그들은 그런 세상에 보냄을 받았고 세상에 있지만 하나님이 제자의 길을 가도록 부르심을 받았기 때문에 세상과는 확실히 구별된다.

바울은 1차 전도 여행 중 비시디아 안디옥에서 처음으로 말씀을 전할 때 이 주제를 선택했다(행 13:16-41). 바울의 선교는 예수님이 구세주로 자신을 선포하는 선교(눅 4:17-27)에서 비롯되었다. 그리고 제자들에게로 양도되어 "이방인의 빛"(행 13:47)이 되는 선교가 되었다. 베드로는 베드로전서를 읽는 독자들에게 다음과 같이 말한다.

> 그러나 너희는 택하신 족속이요 왕 같은 제사장들이요 거룩한 나라요 그의 소유가 된 백성이니 이는 너희를 어두운 데서 불러 내어 그의 기이한 빛에 들어가게 하신 이의 아름다운 덕을 선포하게 하려 하심이라(벧전 2:9).

교회가 택함을 받은 결과는 '이방인들'이 "너희 선한 일을 보고 오시는 날에 하나님께 영광을 돌리게 하려 함이라"(벧전 2:12).

선교적 교회의 특별한 사명이 있다. 이방인들에게 빛과 만민의 제사장이 되는 것이다. 이런 선교적 교회와 선교하는 백성의 특별함은 그들을 사용하시는 하나님의 목적에서부터 말미암는다. 그들은 하나님께서 부르셨기에 왕의 언약 공동체이며 하나님 나라이다. 그리고 하나님의 특별한 백성이다. 누구든지 선교와 관련하여 지역 교회의 중요성을 가볍게 생각하는 사람이 있다면 다시 한 번 이 세상에서 왕의 언약 공동체인 지역 교회의 특별한 신분과 목적을 다시 한 번 주의 깊게 상기해야만 할 것이다.

2. 교회 역사에 나타난 언약 공동체

콘스탄틴(Constantine)이 국가와 사회와 교회를 모두 통합시킨 이후 중세기 교회론은 제도화된 교회에 갇혀버리고 말았다. 지역 교회의 선교적 관점은 자취를 찾을 수 없었다. 중세기 후반에 들어서야 달라졌다. 가르치는 교회(*ecclesia docens*)가 듣는 교회(*ecclesia audien*)보다 훨씬 더 높게 평가되었다. 선교적 수도회(orders)에서 약하지만 하나님 나라 복음의 핵심에 대한 주장을 가톨릭 교권 조직 안에서 시작했다.

정교회(Orthodox)는 서구처럼 교권에 얽매이진 않았지만 하나님의 백성이라는 개념은 거룩한 교회 의식 절차에 밀려나고 말았다. 정교회는 성례와 예전적인 예배로 교회를 정의하였고 교회 밖 사람들이나 세상에 대한 배려는 미미하였다.

종교개혁은 신학적 혁명이었다. 종교개혁에 의해 '하나님의 백성' 개념이 다시 발견되었다. 재세례파(Anabaptist)의 철저한 개혁에 의해 강한 활력을 갖게 되었다. 교회의 본질이 교권 제도에 있지 않고 마틴 루터가 교회론을 보는 관점과 같이 공동체 안에 있는 사람들에게 있음을 다시 확인하였다.[5] 이러한 생각은 루터 시대에는 가히 혁명적이었다. 루터가 보기에 당시 교회는 로마와의 관계가 달랐던 동방 정교회들을 제외하고는 오직 하나의 교회만을 생각했었다. 이 교회는 그 안에서만 구원을 얻게 되는 '방주'였다. 이 사실을 부정하는 어떠한 사람도 용납할 수 없었다. 그러나 이 교회는 도덕적으로 영적으로 파산해 버리고 말았다.[6] 이제까지 오직 하나의 참교회를 믿어 의심치 않았던 루터는 이 교회에서 떨어져 나가야 할 때 심각한 딜레마에 빠지게 되었다. 그는 처음으로 교회에 대해 의문을 제기했다. "루터 이전에 당신의 교회는 어디에 있었는가?"[7] 이 질문은 그 이후 개신교도들의 질문이 되었다.

일반적으로 그의 대답은 현대 복음주의자들이 계속 이어져 내려온 '하나님의 백성' 즉 '원래의' 교회라는 것이다. 이는 마치 태양이 구름에 가리워 보이지 않았던 것처럼 오랫동안 가리웠던 하나님의 백성들이 다시 보이기 시작했다는 것이다. 이 참교회(true church)는 복음으로 하나님께서 부르신 영적인 사귐이었다. 참교회는 한 무리(hauffe), 집회(versammlung), 성회(sammlung), 회중(gemeinde)

---

5 Hendrik Kraemer는 그의 저서 *A Theology of the Laity* (Philadelphia: Westminster, 1958)에서 이런 종교개혁가들의 교회론이 얼마나 중요한 현대적 의미를 갖는지에 대하여 강조하였다.
6 Luther의 저술 중 이 주제에 도움이 되는 것들은 다음과 같다. "Ninety-Five Theses" (1517) ; "Appeal to the German Nobility" (1520) ; and "On the Councils and the Church" (1539) 등이다.
7 Karl Barth는 1928년 로마 가톨릭과 신교 총회 전에 있었던 강의에서 이 점을 분명히 하였다. Barth's *Theology and Church* (New York: Harper and Row. 1962), 312.

으로 모인 모임이었다. 말씀을 중심으로 모인 성도의 사귐이 참 교회이다.[8] 우리는 하나의 세례, 하나의 복음 안에서, 하나의 믿음으로, 함께 그리스도인이 되었다. 영적인 신자가 되는 길은 복음, 믿음, 세례밖에 없다.[9]

그러므로 교회는 **국교회**(kirche) 개념이 아닌 신자들의 모임으로 이해해야 한다. 여기서 사람들이란 '거룩한 신자들과 목자의 음성을 들은 어린 양들'[10]로 구성된다. 교회를 하나님의 백성으로 보는 견해는 가끔씩 잘못 사용되기도 하였지만 늘 있어 왔다. 16세기와 17세기에 들어서는 거의 모든 교회들이 교회를 성도의 사귐과 하나님의 백성으로 인식하였다.

한편 로마 교회에서는 종교개혁의 반작용으로 반종교개혁(反宗敎改革, Counter-Reformation)이 일어났다. 반종교개혁은 이러한 관점을 거부하였다. 트렌트 회의(1545-1563)와 제1차 바티칸 회의(1870)는 교권 제도와 제도화된 교회를 참교회와 철저하게 동일시하였다. 로마 가톨릭 교회에서 성도들의 공동체로 교회를 보는 시각은 제2차 바티칸 회의(1965)에 이르러서야 드디어 빛을 보게 되었다. 로마 가톨릭 교회의 중요한 교회론자들 가운데 한 분인 그레고리 바움(Gregory Baum)은 이 엄청난 혁명을 제2차 바티칸 회의의 '가장 중요한 업적'으로 인정했다.

---

8 Martin Luther, *Luther's Works* (Philadelphia: Fortress, 1955): 41.179, and 39:65-69, 71.

9 "Appeal to the German Nobility," in Henry Bettenson, ed., *Documents of the Christian Church* (London: Oxford, 1963), 193.

10 "Smalcald Articles" (1537) in *Luther's Works*, 39:xi.

이렇게 교회의 본질을 돌아보는 일이 모든 가톨릭 교회 생활의 개혁과 갱신을 위한 기본적 요소이다. 믿음 안에서 교회로서의 우리가 누구인가를 기억함으로 우리는 그의 백성들을 향한 하나님의 뜻을 새롭게 분별할 수 있다. 교회에 대한 원칙들은 우리 시대 교회 개혁에 필요한 기초를 마련해 줄 것이다.[11]

로마 가톨릭 교회에서 이런 혁명적인 사고가 각처로 번지고 있던 그 때에 개신교들도 같은 생각을 했다. 혁명적 개념을 보다 확실히 해야 할 필요를 느끼고 있었다. 세계교회협의회와 연관된 교회들은 '선교적 교회의 조직'(structure)을 강조하기 시작했지만 하나님의 백성인 교회 구성원이 없는 조직은 아무런 의미가 없다는 사실을 깨닫게 되었다. 보수주의적인 복음주의자들은 선교에 직접 관련하는 선교단체들(parachurch agencies)로 사고의 방향을 전환하였다. 이런 선교단체들이 교회 성도들의 삶을 근본적으로 표현한다고 믿었다.

이런 개신교의 사상적 흐름은 이제까지 많은 사람들이 주장한 교회론을 그저 재확인한 것에 불과하다. 과격한 개혁자들은 독일의 경건주의자, 18세기와 19세기의 계몽주의자, 20세기 초의 오

---

11 Gregory Baum, "Introduction," in Austin P. Flannery, *Documents of Vatican II* (Grand Rapids: Eerdmans, 1975), 15, 25-26. Avery R. Dulles, *Models of the Church: A Critical Assessment of the Church in All Its Aspects* (Garden City, N.Y.: Doubleday, 1974), and Hans Küng, *The Church*, R. Ockenden, trans. (New York: Sheed and Ward, 1967).

순절파, 1960년대의 은사파처럼 이러한 선교적 교회론을 강조하였다. 이런 모든 단체들의 교회론은 하나님의 백성인 교회가 이 세상에서 하나님의 선교를 위한 도구로써 어떠한 역할을 해야 할 것인가를 중점적으로 성찰하였다. 1960년대에 교회를 하나님의 백성으로 보는 관점이 성행하면서 다른 한편으로는 하나님 나라에 대한 신학적 연구가 발전하였다. 신학자들은 하나님 나라가 '이미'와 '아직'이라는 양면을 갖고 존재한다는 사실에 합의하였다. 놀라운 일이었다.

제2차 바티칸 공의회에서 로마 가톨릭은 교회를 하나님 나라로 정의하던 것을 철회하였다.[12] 개신교 학자들은 하나님 나라에 대한 종말론적 질문들이 하나님 나라와 교회의 관계에 대한 자신들의 생각에 영향을 미치고 있음을 점차 인식하게 되었다. 그들은 하나님 나라를 더 이상 교회와 동일시하지 않았다. 1950년에 필립 샤프(Philip Schaff)가 이미 지적한 것처럼 잘못을 범하지 않고 우리는 많은 성경 구절에서 교회를 하나님 나라로 맞바꾸어 넣을 수는 없다.[13] 하나님 나라는 범위, 시간, 상태에 있어서 교회보다

---

[12] Hans Küng은 그의 저서 *Church*, 90-92에서 교회와 하나님 나라의 관계에 대한 역사적 고찰을 함으로 도움을 준다. Leonardo Boff는 이런 관점에 대하여 2차 바티칸 문서에 함축된 의미를 가려냈다. 다음을 참조하라. *Ecclesiogenesis: The Base Communities Reinvent the Church*, J. Dierksmeyer, trans. (Maryknoll, N.Y.: Orbis, 1986); and idem, *Church, Charism and Power: Liberation Theology and the Institutional Church*, J. Dierksmeyer, trans. (New York: Crossroad, 1985).

[13] Philip Schaff, *History of the Christian Church*, vol.1 (Grand Rapids: Eerdmans, 1950), 509. Schaff는 하나님 나라와 교회를 서로 바꾸어 넣을 때 생기는 의미상의 문제를 지적하기 위해 마 6:9, 막 10:14, 눅 17:21, 고전 6:10, 롬 15:17 등을 예로 들었다. 교회와 하나님 나라가 동일한 개념이 아니라고 많은 학자들이 주

더욱 깊고, 더 광범위하고, 더 순수하다. 하지만 하나님 나라의 미완성 상태인 '이미-아직'(already-not-yet)의 긴장은 교회에 있어서도 동일하게 적용될 수 있다. 허만 리더보스(Herman N. Ridderbos), 조지 래드(George Eldon Ladd), 오스카 쿨만(Oscar Cullmann), 존 브라이트(John Bright) 등이 주장한 대로 예수 그리스도가 다스리시는 하나님의 나라는 이미 도래하였지만 완성된 것은 아니다. 하나님 나라는 이미 임하였으며 또한 임하고 있다.[14] 리더보스는 이렇게 설명했다.

> 바실레이아(*basileia*, 하나님 나라)는 그리스도 안에서 성취되고 완성되는 놀라운 하나님의 구원 사역이다. 에클레시아(교회)는 하나님이 선택하시고 부르신 사람들로 바실레이아의 기쁨을 함께 나누고 있다. 그러므로 내용 면에서 하나님 나라가 교회보다 훨씬 더 포괄적이다. 하나님 나라는 모든 것을 포용하는 개념으로 우주적 차원에서 시간과 영원을 채우며 은혜와 심판을 함께 가져와 이루는 역사의 완성을 나타낸다. 에클레시아는 하나님의 선택과 언약에 의해 그리스도 안에

장하고 있다. 다음 문헌들을 참고하라. Herman N. Ridderbos, *The Coming of the Kingdom*, H. de Jongste, trans. (Philadelphia: Presbyterian and Reformed, 1962), 347; David J. Bosch, *Witness to the World: The Christian Mission in Theological Perspective* (Atlanta: John Knox, 1980), 219; Johannes Blauw, *The Missionary Nature of the Church: A Survey of the Biblical Theology of Mission* (New York: McGraw-Hill, 1962), 79, and Küng, *Church*, 94.

14 Ridderbos, *Coming of the Kingdom*, 342-45; George Eldon Ladd, *The Presence of the Future* (Grand Rapids: Eerdmans, 1974), and Jürgen Moltmann, *The Church in the Power of the Spirit* (New York: Harper and Row, 1977), 98-196.

서 하나님 편에 서서 이 놀라운 드라마에 참여하는 사람들을 말한다. 바실레이아가 이미 현존하는 실체이듯 에클레시아도 바실레이아의 능력과 은사가 주어지고 받게 되는 곳이다. 더 나아가 바실레이아의 도구로 모인 사람들은 예수님을 주로 모시고 그의 계명을 순종하고 온 세상에 복음을 전하는 선교 사역을 감당하도록 부르심을 받았다. 이 모든 면에서 교회는 스스로 바실레이아가 되지 않는다. 교회는 하나님 나라와 언제든 동일시되지 않으면서도 하나님 나라의 계시, 진행과정, 미래에 둘러싸여 있으며 함께 앞으로 전진한다.[15]

선교학이 태동했다. 1960년대와 1970년대에 들어서 하나님의 백성으로서의 교회 개념과 교회와 하나님 나라에 대한 관계를 새롭게 정립하는 일들이 선교학에서 함께 만나게 되었다. 개신교 선교학자들은 하나님의 선교(missio dei) 개념을 다음과 같이 이해하고 있다.

하나님께서 인류 구원을 위하여 행하시기로 작정하신 일로 하나님 나라의 온전한 구속이 완성되는 것은 하나님이 보내신 인물들을 통해서 이루어진다.[16]

---

15 Ridderbos, *Coming of the Kingdom*, 354-56. Ladd, *Presence of the Future*, 193-94.
16 George Vicedom, *The Mission of God* (St. Louis: Concordia, 1965), 45; quoted also by Eugene Rugingh, *Sons of Tiv* (Grand Rapids: Baker, 1969), 23에서 인용됨.

요하네스 버카일(Johannes Verkuyl)은 여기서 훨씬 더 나아가 다음과 같이 설명하고 있다.

> 선교학에서는 하나님 나라를 더더욱 중요하게 생각하여 하나님 나라가 모든 선교사역의 출발점인 무게 중심으로 받아들인다.[17]

하나님의 나라와 교회는 예수님 안에서 긴밀한 상호관계를 갖는다. 예수님은 하나님 나라의 왕이시며 동시에 교회의 머리가 되신다. 예수님을 믿는 성도는 '몸된 교회의 머리'가 되시는 예수 그리스도의 구속하심을 통하여 시공간 속에 있는 하나님 나라에 들어가게 된다. 이러한 변화는 "모든 충만으로 예수님 안에 거하시는"(골 1:13-19) 하나님 아버지에 의하여 이루어진다. 이렇게 해서 교회, 선교, 하나님 나라가 서로를 세우게 된다. 그들은 서로 다르지만 하나님의 세상 안에서 하나님의 백성들을 통한 하나님의 선교에 서로 긴밀히 관계한다. 그러므로 교회는 왕의 제자들이 모인 선교하는 공동체이다.[18]

---

17 Johannes Verkuyl, *Contemporary Missiology: An Introduction*, D. Cooper, trans. (Grand Rapids: Eerdmans, 1978), 203; *International Review of Missions*, 68.270 (Apr. 1979): 168-76.

18 이 주제는 특별히 아서 글라서(Arthur Glasser)가 심포지움이나 컨퍼런스 및 저술에서 계속하여 강조하는 내용이다. 이 주제는 그가 파사데나에 있는 풀러신학교 선교대학원에서 수백 명의 제자들에게 가르쳐 큰 영향을 미친 『성경에 나타난 하나님의 선교』(*Announcing the Kingdom*)의 핵심이다. Arthur Glasser, 『성경에 나타난 하나님의 선교』 임윤택 역(서울: 생명의 말씀사, 2006).

이런 선교학적 교회론의 발전은 우리가 선교적 교회를 이해하는 데 큰 도움이 된다. 선교적 교회는 그의 신분이나 소명이 교단 배경이나 제도적 구조로부터 시작되지 않는다는 사실을 계속 기억해야 한다. 교회는 왕의 언약 공동체로 온 세상을 축복하기 위한 하나님의 도구로 부르심을 받았기 때문에 존재한다.

3. 하나님 나라의 용어로 정의해 보는 교회

교회는 하나님 나라 용어로 정의할 수 있다. 교회와 하나님 나라를 동일하지도 않고 아주 별개인 것도 아닌 것으로 보는 신학자들의 견해는 하나님 나라의 본질과 관련하여 리더보스(Ridderbos)가 말한 '새로운 의견 일치'를 이루었다.[19] 하나님 나라를 일치된 의견으로 정의해 보자. 하나님 나라는 현존하며, 다스림은 이미 시작이 되었으며, 동시에 종말론적으로 도래할 나라이다. 하나님 나라는 공간적이나 제도적인 것이 아니고 예수 그리스도와 성령을 통하여 다스리시는 하나님의 강력한 통치이다. 복음은 이미 임한 하나님 나라의 좋은 소식이다. 하나님은 인간과 함께 하시고(Immanuel), 인류를 다스리신다. 예수님께서는 세례 요한의 제자들에게 자신이 메시아이심을 설명하시며 하나님 나라가 임하는 징조들에 대하여 정리하여 말씀하셨다(마 11:4-6을 사 61:1-3과 눅 4:18-19과 비교하여 보라).

---

19 Ridderbos, *Coming of the Kingdom*, 342.

이렇게 하나님 나라는 이미 가까이 왔지만 완전히 임한 것은 아니다. 이상적인 교회가 아니라 할지라도 교회는 언제나 승천과 재림 사이에서 하나님 나라가 일차적으로 임하는 곳이다. 하나님 나라는 도래하고 있고 지역 교회는 세상 사람들을 오시는 왕에게 인도하는 안내 표지판이다.

1) 교회는 왕이 다스리는 공동체

교회는 왕이 다스리는 공동체이다. 모든 문화적 맥락 가운데 선교적 교회는 왕이요 구세주이신 예수님의 권세를 인정하는 특별한 공동체로 스스로를 인식하여야만 한다. 이 공동체 안의 남녀들은 보다 포괄적으로 그리스도의 통치가 이루어지는 영역에 있는 남녀들과 다르다. 이 공동체는 주님을 알기에 구별이 된다. 그들은 예수님이 주님이라는 사실에 자신의 몸과 마음을 바쳐 헌신한다.[20]

2) 교회는 왕권 통치의 중심지

교회는 왕권 통치의 중심지이다. 쿨만(Cullmann)은 예수님을 중심으로 하는 두 개의 동심원으로 그리스도의 통치를 설명하였다. 첫 번째 작은 원은 교회를 다스리시는 그리스도의 통치 영역으로

---

20 Charles Van Engen, *The Growth of the True Church* (Amsterdam: Rodopi, 1981), 282-83.

R^1이라고 부를 수 있다. 두 번째 조금 큰 원인 R^2는 에베소서 1장과 골로새서 1장에서 언급한 보이는 세계의 모든 것을 다스리시는 그리스도의 통치 영역을 나타낸다. 그리고 세 번째 원인 R^3를 '공중의 권세 잡은 자들'을 포함한 보이지 않는 모든 영적 세계를 다스리시는 그리스도의 통치를 나타낸다고 설명할 수 있다. 쿨만에 따르면 $R^1+R^2=$ (그리스도의) 전적 통치가 된다. 우리는 여기서 세 번째 원을 첨가한 공식을 만들어 $R^1+R^2+R^3=$전적 통치라고 생각할 수 있다. 여기에 나오는 원들을 모두 'R'이라고 하였는데 그것은 왕의 힘있는 통치를 나타내는 것이다. 하지만 각자는 조금씩 다르게 다스리시는 그리스도의 통치를 나타낸다. 하나님 나라의 핵심을 설명한다면 하나님의 통치 영역이라고 말할 수 있다.[21] 루돌프 쉬나켄버그(Rudolf Schnackenburg)가 이 점을 잘 설명하였다.

> 하나님은 모든 충만으로 그리스도 안에 육체로 거하시고(골 1:9), 그리스도를 통하여 성도들 안에 거하시고, 동시에 그리스도는 우주를 다스리시며, 교회를 하나님 사역의 직접 영역으로 택하시고, 그 안으로 하나님의 신령한 축복이 흐르게 하신다. 그러므로 교회 안에서 세상을 다스리시는 그리스도의 통치가 아주 특별하게 나타난다. 교회는 확실한 은혜의 실체이다.[22]

---

21 래드는 이런 이미지에 대한 신학적 설명을 제공한다. George Eldon Ladd, *The Presence of the Future: The Eschatology of Biblical Realism* (Grand Rapids: Eerdmans, 1974), 122ff.

22 Rudolf Schnackenburg, *God's Rule and Kingdom*, J. Murray, trans. (New

선교적 교회는 어떤 경우에라도 몸된 교회의 머리 되신 그리스도가 특별히 다스리는 왕권 통치의 중심지이다. 오직 교회만이 그리스도의 몸이 될 수 있으며 그리스도는 다른 어떤 곳보다 특별한 방식으로 교회를 다스리신다.[23] 선교적 교회가 여기저기서 생겨나면 R^1의 경계선이 R^2까지 커지게 된다. 복음을 선포하고 그 결과로 사람들이 개종하게 되면 전에 R^2의 영역에 있던 사람이 R^1의 영역으로 들어오게 된다(롬 6:15-22, 골 1:9-14). 불순종 가운데서 살아가던 사람이 왕에게 순종하는 사람으로 바뀌거나 개종하는 일은 특별히 선교적 교회 내에서만 이루어진다. 이렇게 개종시키는 것이 왕의 언약 공동체인 지역 교회의 가장 중심 되는 일이다.

더 나아가 교회가 새로운 장소나, 새로운 문화, 새로운 영역에 들어갈 때 교회는 세상 임금의 권세가 R^2 영역에 오래 전부터 자리 잡고 있었음을 알게 된다. 교회가 복음을 선포할 때 주님의 몸된 교회의 모습이 드러난다. 그렇게 함으로 R^1은 계속하여 R^2 안으로까지 성장해 가며 심지어 "음부의 권세가 이기지 못한다"(그것이 진행해 나아감을 막지 못하리라, 마 16:13-20; 28:16-20). 그러므로 교회의 온전한 성장은 하나님 나라가 도래하는 표지(sign)가 된다.

York: Herder and Herder, 1963), 313.
23 Karl Barth, *Credo: A Presentation of the Chief Problems of Dogmatics with Reference to the Apostles' Creed*, J. S. McNab, trans. (New York: Scribners, 1936), 140-41. 24. Cf. Karl Barth, *Church Dogmatics*, 4.3.2.

3) 교회는 왕의 통치를 선행하는 길잡이

교회는 왕의 통치를 선행(先行)하는 길잡이(anticipatory sign)이다. 선교적 교회는 사회와 생활 속에서 하나님의 통치를 실천하는 사람들이 모인 공동체이기에 그들은 이 세상에서 특별하게 하나님 나라를 선행하는 '첫 열매'가 될 수 있다.[24] 교회는 온전한 하나님의 나라는 아니지만 선행하는 길잡이로서 성도들을 간절한 기다림과 소망으로 살아가게 한다. 선교적 교회는 "현재의 고난은 장차 우리에게 나타날 영광과 비교할 수 없도다 피조물이 고대하는 바는 하나님의 아들들의 나타나는 것"(롬 8:18-19)이다. 한스 큉(Hans Küng)은 이것을 적절하게 언급하였다.

> 순례의 길을 가는 교회는 주님에게 잊혀지거나 멀어진 것이 아니다. 교회는 완전한 어둠 속에서 방황하지 않는다. 교회는 도래할 하나님 나라가 아닐지라도 이미 시작된 하나님의 통치 아래 있다. 교회는 하나님의 다스림으로 이룰 최후의 승리를 기다리면서 예수 그리스도 안에서 이미 얻은 확실한 승리를 누릴 수 있다. 죽음의 그늘에서 헤매일 때도 교회는 부활하신 주 예수 안에서 미래에 있을 부활뿐만 아니라 확실한 부활을 소유하고 있다. 이런 점에서 교회는 하나님 나라에 대한 큰 뜻을 품은 사람들의 모임이다.

---

24 비교, Karl Barth, *Church Dogmatics*, 4. 3. 2.

교회는 이미 존재하고 있고 또한 도래할 하나님의 통치를 당장 소유하거나 불러들여 올 수는 없지만 하나님 나라의 목소리, 아나운서, 전달자의 역할을 맡는다. 하나님 자신만이 그의 통치를 시작할 수 있으며 교회는 하나님 나라를 섬기는 일에 온전히 헌신한다.[25]

선교적 교회는 하나님 나라의 도래를 더욱 철저하게 실천하고, 전하고, 설명할 때 이루어진다. 지역 교회는 도래하는 하나님 나라의 종말론적 전달자로써 하나님의 다스리심을 경험하며 도래하는 하나님 나라를 전할 때 '이미' 이루어진 하나님 나라가 점차적으로 예견된 '아직' 쪽으로 움직여 간다.

4) 교회의 선교는 왕의 통치에 대한 지식을 전파하는 것

교회의 선교는 왕의 통치에 대한 지식을 전파하는 것이다. 1963년 멕시코시티에서 세계교회협의회의 세계복음선교위원회(the Commission on World Mission and Evangelism)는 다음과 같은 선언을 하였다.

이 세상의 주인이신 하나님께서 예수 그리스도를 통하여 자신을 계시하였다. 모든 사람들은 이 사실을 알 권리가 있고 이

---

25 Hans Küng, *The Church, Maintained in Truth*, E. Quinn, trans. (New York: Seabury, 1980), 95-96.

사실을 아는 사람은 다른 사람에게 알려야 하는 책임이 있다.[26]

선교적 교회는 그리스도의 통치에 대한 예언자로서 왕의 통치를 세상에 알려야 하는 소명을 받았다. 교회가 선교의 최종 목표가 아니기 때문에 지역 교회 자체가 선교의 목표가 될 수 없다. 사실 지역 교회는 더 큰 일을 하기 위한 도구이다. 그들은 하나님 나라의 도구이다. 래드(Ladd)는 "만일 하나님 나라가 왕 되신 하나님의 통치라면, 그가 통치하시는 영적 영역 가운데 교회는 세상에서 사역하므로 하나님 나라의 기관(organ)이란 사실에 이유가 있을 수 없다"[27]고 말한다.

교회는 하나님 나라를 창조하거나, 불러오거나, 세울 수는 없지만 하나님 나라를 증거할 수 있다. 교회의 증거는 말과 행동으로,[28] 이적과 표적으로, 사람의 변화된 삶과 성령의 임재하심으로 나타난다. 하나님의 통치를 증거하는 것 자체가 지역 교회에 선포된 그리스도 통치 내용의 일부이다. 예수 그리스도가 선포되고 알려지는 곳에 하나님 나라가 임한다. 그러므로 지역 교회는 선포하고, 가르치고, 왕 되신 주님께 순종하고 충성하는 삶을 살아감으로써 도래하는 하나님 나라에 부합하는 교회를 세워 나간다. 또한 하나님 나라의 지점으로 왕을 따르는 제자들의 언약 공동체

---

26 Charles W. Ranson, "Mexico City, 1963," *International Review of Missions*, 53 (1964): 140에서 인용.
27 Ladd, *Presence of the Future*, 269. Cf. Van Engen, *Growth*, 287ff.
28 Harvie Conn, *Evangelism: Doing Justice and Preaching Grace* (Grand Rapids: Zondervan, 1982).

로 살아가면서 도래하는 하나님 나라에 참여하게 된다. 왕의 통치를 인정하고 따르는 사람들의 숫자가 늘어나면서 교회는 '이미 그러나 아직' 이루어지는 하나님 나라의 미리 예비한 도구가 되는 것이다.

교회는 하나님 나라를 가져다 줄 수 없다. 교회가 할 수 있는 일은 선포하고, 모이고, 그날에 모든 무릎을 예수 앞에 꿇게 하고 모든 입술이 "예수는 주님이시다"라고 고백하게 되는 기대 안에서 자라 가는 것이다(빌 2:10). 이와 같은 진리를 여러 면으로 전달하는 신약성경의 가르침은 하나님 나라에 대한 비유로 성장하는 것을 강조한 비유들, 달란트 비유, 열 처녀와 등잔 비유, 혼인 잔치 비유, 마태복음 24장과 25장에 있는 심판의 날에 대한 예수님의 가르침을 통해서 보다 분명해진다.

선교적 교회의 온전한 발전은 그리스도의 일차적 통치 영역을 밖으로 넓혀 나감으로 하나님 나라를 실체화하는 데 있다. 지역 교회는 특정한 시간과 공간 그리고 문화라는 육신의 옷을 입고 있다. 하나님 나라가 아니라 교회가 그리스도의 신부이며(엡 5:25-27), 하나님 나라가 아니라 교회가 새 예루살렘이다(계 21장). 하나님 나라가 아니라 교회가 어린 양의 피로 옷을 빨아 입은 사람들이 모인 족속이며(계 7:14), 이들을 그리스도께서 점 없고 흠 없게 하신다(엡 5:27). 그러므로 이 '오순절과 재림' 사이에서 우리가 교회에 관심의 초점을 맞추는 이유는 하나님 나라가 도래하는 데 우리가 함께 참여한다는 것을 알고 있기 때문이다(골 1:13-20 참조).

4. 교회 용어로 정의하는 하나님 나라

하나님 나라를 교회 용어로 정의할 수 있다. 우리가 만일 교회로만 하나님 나라에 대한 관점을 국한시킨다면 하나님의 통치와 모든 다른 영역에 대하여 잘못을 범하게 된다. 헤르만 바빙크(Herman Bavinck)가 지적한 대로 하나님 나라는 왕을 따르는 자들의 모임이라고 정의할 수 없다. 하나님 나라는 모든 축복과 영적인 것들의 총화이다.[29]

따라서 교회는 하나의 표징(sign)이나 증거만으로 하나님 나라의 모든 것을 밝힐 수 없다. 만물을 온전히 다스리시는 그리스도의 통치에 견줄 만한 메시지는 없다. 교회는 그 자체만으로 하나님 나라의 임하심을 담을 수 있는 '시대의 징조들'도 없다. 하나님 나라는 어떤 '새로운 말'로도 표현할 수 없다. 하나님 나라는 우리가 경험한 것 이상이다. 그러므로 교회는 언제나 더 많은 무언가를 바라고 있다. 개인의 영적 생활, 구원, 박해에 대한 갈등, 양적으로 질적으로 교회를 세우는 일, 공중 권세자들을 대항하는 영적 전투, 이런 모든 것들은 개별적으로나 연합적으로 세상에 역사하는 하나님 나라의 모습이다. 이런 활동들은 비록 불완전할지라도 세상에서 역사하고 있는 하나님 나라의 모습이다.

하나님 나라가 실제로 임할 때 창조, 인류, 사회 질서, 하늘, 땅, 그리고 모든 실재(reality)는 변한다. 선교적 교회는 어떤 인간

---

[29] Herman Bavinck, *Our Reasonable Faith: A Survey of Christian Doctrine*, H. Zylstra, trans. (Grand Rapids: Baker, 1986), 527.

적인 유토피아를 향해 나아가지 않는다. 개인 구원, 완전한 교제, 또는 정의, 진리, 기쁨, 사랑, 또는 영적 일체화를 위해 나아가지 않는다. 교회는 더 귀한 우주를 다스리고 통치하는 왕 되신 하나님께로 나아간다. 교회는 동시에 시작("태초에 말씀이 계시니라", 요 1:1)과 끝("성 안에서 내가 성전을 보지 못하였으니 이는 주 하나님 곧 전능하신 이와 및 어린 양이 그 성전이심이라", 계 21:22)을 지향한다. 교회는 성장해 가며, 교회의 머리이자 만왕의 왕 그리고 '알파요 오메가'이신 예수님을 향해 나아간다.

지금까지의 내용을 정리해 보자. 교회는 교회의 실상을 가르치는 것이 아니라 하나님 나라를 가르친다. 사실 교회는 교회 자체보다 더 근본적이고, 더 완벽하고, 더 잘 퍼져 나가는 하나님 나라를 위해 존재한다. 교회의 본질을 기술할 때 '새로운 용어들'과 세상에서의 목적들을 통하여 교회가 실재하는 하나님 나라의 임시적인 표지에 얼마나 가까운지 평가하는 기준을 알 수 있다. 이러한 기준들은 선교적 교회로 하여금 하나님 나라를 향하여 성장해 가도록 명령하고 요청한다.

하나님 나라는 교회보다 더 포용적이고, 더 넓고, 더 완전하고, 더 포괄적이다. 따라서 우리는 교회를 하나님 나라의 종으로 이해해야 한다. 바로 이런 종으로서의 봉사가 교회로 하여금 독특한 의미를 갖게 한다.[30] 종으로서 선교적 교회는 하나님 나라와 세상 사이의 깊은 틈을 연결하는 중재의 공동체이며 선교적 교회가 가

---

30 비교, Avery R. Dulles, *Models of the Church: A Critical Assessment of the Church in All Its Aspects* (New York: Doubleday, 1974), 128.

진 특별한 역할은 세상으로 하여금 '완전한 순종, 완전한 우선순위, 자기를 전적으로 부인하는 데에 이르게 하는 하나님 나라의 전적인 요구'를[31] 수용하라고 강권하는 것이다.

왕의 공동체는 이제 하나님 나라의 모든 면을 드러내고 세상 앞에서 모범을 보여 주어야 한다. 우리가 하나님 나라를 완전한 것으로 간주하면 교회를 약하게 볼 수도 있다. 하지만 우리는 이미 임재한 하나님 나라가 아직 완성된 것은 아니라는 사실을 늘 기억하여야 한다. 교회는 초림과 재림 사이의 신비로운 시간 속에서 세상에 있는 하나님 나라의 특수한 도구이다.

5. 교회, 하나님 나라, 세상과의 관계

선교적 교회가 하나님 나라를 드러내려고 할 때 하나님 나라는 시간적, 공간적, 영적 영향력 등 모든 면에 있어서 교회보다 훨씬 크기 때문에 교회는 늘 세상과 마주치게 된다. 교회가 선교적 본질을 발휘하여 밖으로 나아가는 운동을 할 때 교회는 세상 사람들 가운데로 보내졌음을 알게 된다. 1960년대 중반에 호켄다이크(J. C. Hoekendijk)와 세계교회협의회는[32] 하나님, 교회, 하나님

---

31 De Ridder, *Discipling*, 139.
32 교회의 선교적 구조에 대한 연구 결과로 호켄다이크의 관점은 크게 영향력을 발휘 하였다. 비교, Hoekendijk, *The Church for Others and the Church for the World: A Quest for the Missionary Structures of Congregations* (Geneva: World Council of Churches, 1968).

나라 등 어느 것에 관해서 논할 때마다 모든 대화의 시작으로 세상에 관하여 논할 것을 강조하였다. 그리고 거듭 세상을 강조하며 "세상이 안건을 정한다"(The world must set agenda)고 하였다. 호켄다이크와 다른 사람들이 보여 준 교회에 대한 극단적인 비관주의는 하나님 나라와 교회의 완전한 소멸을 의미했다. 하나님의 선교에 대한 성경적인 순서(하나님-교회-세상)를 새로운 순서(하나님-세상-교회)로 바꾼 것은 교회가 선교에 참여하는 역할을 빼앗아 가는 결과를 초래하였다. 그들에게는 하나님께서 세상에서 과연 어떤 일을 하고 계시는지가 가장 중요한 일이었다. '베이비 부머'(Baby Boomer) 세대인 우리들 중 많은 사람들은 린든 존슨(Lyndon Johnson)의 사회개혁 프로그램인 위대한 사회, 평화 봉사단, 정치적 행동주의를 선택했다.

하지만 수년이 지난 후 깨달았다. 우리는 교회, 영성(spirituality), 교제, 제자도 등으로부터 우리의 등을 돌린 채 목적도 불분명하고 영향력도 미미한 빈 깡통 같은 행동주의자가 되어 버린 자신을 발견하게 되었다. 교회를 무시하고 오직 세상만을 선택함으로 인해 우리는 하나님 나라에 진정으로 참여하는 방식을 상실해 버리고 말았다. 우리가 교회와 하나님 나라의 관계를 바로 이해할 때에야 비로소 우리는 교회와 세상의 선교적 관계를 하나님 나라의 시공간 안에서 이해할 수 있다.

교회, 하나님 나라, 세상과의 기본적인 관계는 미시간 주 그랜드 래피즈에서 열린 기독교 고등 교육 기관의 제2차 국제회의 석상에서 발표된 리더보스(Ridderbos)의 발표문에 잘 정리되어 있다.[33] 발표문에서 리더보스는 교회와 세상의 관계에 대하여 새롭게 열린 자세를 가져야 한다고 강조하였다.

첫째, 교회는 기독교인의 자유를 위해 부름받았다. 즉 사회에서 '인간의 자유와 정치적 권리의 요람'이 되는 각 개인의 올바른 위치에 대해 열린 마음을 가져야 한다는 것이다.

둘째, 하나님 나라를 섬기는 교회의 모든 생활과 봉사는 곧 세상을 섬기는 것을 의미한다. 로마서 12-16장의 윤리적인 부분을 바울이 '영적 예배'라는 개념으로 시작했듯이 로마서 12:1에 나타난 예배란 세상에서 우리의 은사들을 사용함으로 우리의 몸을 선교하는 일에 드리는 것이다. 지역 교회의 특수성은 세상과 교회를 구분하는 것이 아니고 단지 지역 교회가 이 세상에서 하나님의 종이 되는 자유를 주는 것이다.

이것은 선교적 교회가 교회로서만이 아니라 세상에 있는 하나님의 백성으로서 세상을 하나님 나라에 가깝게 변화시키는 교회의 영적 생활을 의미한다. 지역 교회는 그가 처한 상황에 따라 제도화된 기관으로서의 책임이 있다. 제도적 교회를 문화적인 혹은 정치적인 운동으로 변화시키는 것은 교회와 세상 사이의 구분선을 지워 버리는 것이다. 어떤 경우에라도 교회는 보다 나은 사회를 위한 사회적, 정치적 정의를 포함하는 하나님 나라의 온전한 복음을 전파하기 위하여 부르심을 받았다. 이러한 부르심은 결코

---

[33] 이 내용은 Instituut vir die Befordering van Calvinisme, Potchefstroom, South Africa에 의해 1979년 9월 책으로 출판되었다.

개인적인 영적 범주에 제한되거나 경제, 사회적인 자유의 범주에 제한되어서는 안 된다. 하나님 나라의 복음은 모든 삶의 부분을 하나로 보고 예수 그리스도의 주되심 아래 있도록 변화시킨다.

세상을 변화시키는 목적은 또한 임시적으로 이해해야 한다. 리더보스가 말한 대로 지금 세상에는 그리스도와 그의 나라가 강력하게 존재하며 우리는 성령의 능력과 임재하심을 믿고 있다. 하나님 나라는 단지 하늘의 영광 중에 있는 나라가 아니다. 성령은 아직도 기다리시며 교회와 함께 기도한다. "오소서, 주 예수여!"[34] 하나님 나라의 임시적인 임재는 지역 교회로 하여금 현재의 상태를 유지하려는 것과 이 세상을 유토피아로 여기는 것을 부정하고 계속 자신을 돌아볼 것을 강권한다. 모든 교회의 왕이 되신 주님께서 세상 가운데로 교회를 보내셨기에 교회는 이 세상에 그들이 있다는 사실을 인식한다. 선교적 교회를 통한 예수 그리스도의 임재하심이 임시적인 것이라 할지라도 설득하고 변화시키는 임재하심으로 성령은 그 능력을 발하신다. 이 세상에 있는 하나님 나라를 섬기기 위해 자신을 비우는 것이 개인적인 일, 공동체인 교회, 몸된 교회의 일이다. 하나님 나라와 교회에 대한 이야기는 우리를 세상으로 인도한다. 이 점은 선교적 교회에게 시사하는 바가 크다.

첫째, 교회-하나님 나라-세상의 상관관계는 우리로 벤과 앤더슨(Venn-Anderson)의 '삼자원칙'(三自原則, three-self formula)[35]이 갖는 한

---

34 Ibid., 15.
35 19세기 말경에 헨리 벤(Henry Venn)과 루프스 앤더슨(Rufus Anderson)에 의해서 주장된 '삼자원칙'은 선교단체가 제3세계에서 선교할 때에 원주민 교회들이 자

계를 볼 수 있게 한다. 헨리 벤과 루프스 앤더슨은 본인들의 사상이 교회론에 대한 모든 면을 포용하는 신학이라고 주장하지는 않았다. 그러나 지역 교회를 세우는 데 이 원칙을 목표로 삼아 따르게 함으로 해외 선교, 제3세계 교회, 북미 개척 교회에 큰 영향을 미쳤다.

삼자원칙은 이상(ideal)이 되었다. 하지만 교회-하나님 나라-세상의 모델과 비교할 때 삼자원칙이 실패한 것은 분명하다. 삼자의 관점은 편협하고, 피상적이며, 자기 중심적이다. 왕의 언약 백성이요, 하나님 나라의 일차적 표현이라 할 수 있는 지역 교회는 돈 이상이고, 행정 이상이며, 개종자들 이상이다. 하나님 나라의 일차적 상징인 지역 교회는 문화적 상황화 이상이고, 복음의 토착화 이상이다. 이러한 이슈들이 중요한 것은 사실이다. 하지만 이들은 세상에서 이루어지는 하나님의 통치에 관한 모든 것과 하나님의 선교적 공동체를 통한 교회의 특별한 모든 사역들에 비하면 미미한 일이다.

둘째, 우리가 12장에서 함께 보겠지만 교회-하나님 나라-세상의 관계는 우리가 새로운 선교적 행정 구조를 만들어 가는 데 도움을 준다. 특별히 조직이론적 접근(9장을 보라)에서 만일 우리가

급(self-supporting), 자전(self-propagating), 자치(self-governing)하는 교회가 되도록 힘써야 할 것을 강조했다. 삼자가 충족되면 선교단체의 사역은 끝나게 된다. 그러나 이 원칙은 영국이나 북미의 모교회나 교단 조직 내에서는 단 한 번도 적용된 적이 없다. 슬프게도 이 원칙은 아시아, 아프리카, 라틴 아메리카의 역사가 짧은 교회들을 자기 중심적이며 내향적인 교회가 되게 했다. 비서구권 교회들은 이제야 삼자 교회론의 잘못된 특성들을 떨쳐 버리고 선교적 교회가 되기 위해 노력하고 있다.

하나님 나라를 잘 반영하는 선교적 교회를 만들고자 한다면 교회 행정은 내향적이고 자기를 위한 안건들만을 따를 수는 없다. 선교적 교회는 하나님 나라의 임하심을 기다리면서 세상 안으로까지 들어가는 행정 조직을 가지고 있어야 한다.

셋째, 찰스 크래프트(Charles Kraft)가 교회와 주변 문화의 관계를 깨우쳐 준 것처럼 기독교는 문화 속에 있다.

> 새로운 세대와 문화가 자신의 문화적 형태 안에서 하나님의 의미를 전달한 적절한 교회를 만들어가는 것이 매우 중요하다. 책을 번역할 때 그 사회에 맞는 문장을 쓰는 것과 같이 다른 곳에서 수입하여 잘 맞지 않는 것보다 교회는 현대 문화 상황에 맞는 독창적인 제품을 만들어 피동적인 방관자들에게까지 영향을 주어야 한다. 우선순위는 원래 문화 속에서 의미하던 것과 동일한 의미를 수신자 문화(receptor culture)에 전달하는 것이다. 번역에서와 같이 교회의 문화를 바꾸는 데에도 동일한 원리를 적용할 수 있다.[36]

이러한 문화적 접근방법은 선교학적 관점으로 아주 중요하고 인류학적인 면을 보여 준다. 이러한 접근방법은 교회-하나님 나라-세상의 역동적 관계를 살펴보는데 적용이 된다. 교회는 어느

---

36 Charles H. Kraft, *Christianity in Culture*: A Study in Dynamic Biblical Theologizing in Cross-Cultural Perspective (Maryknoll, N. Y.: Orbis, 1979), 318-26. 역자는 이 책의 25주년 기념판을 한국어로 번역하였다. Charles H. Kraft, 『기독교와 문화』(임윤택, 김석환 역), (서울: CLC, 2006).-역주.

특정한 문화 가운데서 하나님 나라의 표징이 되는 여러 개인적인 방법들을 통해 그 의미를 분명히 한다. 세상은 타락했다. 그 속에 완전한 문화가 없다는 사실을 인정하면서 다른 한 면을 강조해야 한다. 그것은 "하나님이 세상을 이처럼 사랑하사 독생자를 주셨다"(요 3:16)는 사실이다.

그리스도가 목숨을 버리신 것은 교회가 아닌 세상을 구원하기 위함이었다. 그리스도가 살아 있는 희생 제물, 어린 양으로 보내진 곳은 하나님 나라가 아니라 세상이었다. 지구 상에 있는 수많은 교회들과 교회를 둘러싼 수천의 다양한 문화들의 미래상을 그리면서 교회는 어느 곳에 있든지 그 문화 상황에 적합한 교회가 되어야 한다. 왕의 언약 백성인 본연의 모습을 더 아름답게 드러낼 수 있도록 새로운 길을 모색해야 한다.

6. 연구도서 목록

Anderson, Gerald H., ed. *Witnessing to the Kingdom-Melbourne and Beyond*. New York: Orbis, 1982.

Arias, Mortimer. *Announcing the Reign of God: Evangelization and the Subversive Memory of Jesus*. Philadelphia: Fortress, 1984. See chapter 7.

Cullmann, Oscar. *Christ and Time: The Primitive Christian Conception of Time and History*, F. V. Filson, trans. Philadelphia: Westminster, 1964.

Freytag, Walter. "The Meaning and Purpose of the Christian Mission," in *International Review of Missions*, 39 (April 1950): 153–61.

Gibbs, Eddie. *I Believe in Church Growth*. Grand Rapids: Eerdmans,

1982. See chapter 2.

Hoge, Dean R., and David A. Roozen, eds. *Understanding Church Growth and Decline, 1950–78*. New York: Pilgrim, 1979.

Kelley, Dean M. *Why Conservative Churches are Growing: A Study in the Sociology of Religion*, rev. ed. New York: Harper and Row, 1977.

Klemme, Huber F. *Your Church and Your Community*. Philadelphia: Christian Education, 1957.

Kraft, Charles H. *Christianity in Culture: A Study in Dynamic Biblical Theologizing in Cross-Cultural Perspective*. Maryknoll, N.Y.: Orbis, 1979. See chapter 16.

Ladd, George Eldon. *The Presence of the Future: The Eschatology of Biblical Realism*. Grand Rapids: Eerdmans, 1974.

Latourette, Kenneth S., et al. *Church and Community*. Chicago: Willett, Clark, 1938. See 3ff.

Luzbetak, Louis J. *The Church and Cultures: New Perspectives in Missiological Anthropology*. Maryknoll, N.Y.: Orbis, 1989. See chapter 1.

McBrien, Richard P. *The Church in the Thought of Bishop John Robinson*. Philadelphia: Westminster, 1966. See chapters 2–6.

McGavran, Donald A. and Winfield C. Arn. *How to Grow a Church*. Glendale, Calif.: Regal, 1973. See chapter 3.

Newbigin, J. E. Lesslie. *Sign of the Kingdom*. Grand Rapids: Eerdmans, 1981. See 42ff.

_____. *The Open Secret: Sketches for a Missionary Theology*. Grand Rapids: Eerdmans, 1978. See chapters 4, 8, 9.

Nicholls, Bruce J. and Kenneth Kantzer. *In Word and Deed: Evangelism and Social Responsibility*. Grand Rapids: Eerdmans, 1986.

Pannenberg, Wolfhart., Avery Dulles, and Carl E. Braaten. *Spirit, Faith, and Church*. Philadelphia: Westminster, 1970. See chapter 6.

Price, Peter. *The Church as the Kingdom: A New Way of Being the Church*. London: Marshal, Morgan, and Scott, 1987.

Ridderbos, Herman N. *The Coming of the Kingdom*, H. de Jongste, trans.

Philadelphia: Presbyterian and Reformed, 1962.

Snyder, Howard A. *The Community of the King*. Downers Grove, Ill.: Inter-Varsity, 1977.

Taylor, John V. "The Church Witnesses to the Kingdom," in *Your Kingdom Come: Mission Perspectives; Report on the World Conference on Mission and Evangelism, Melbourne, Australia, 12–25 May, 1980*. Geneva: World Council of Churches, 1980.

Vos, Geerhardus. *The Teaching of Jesus Concerning the Kingdom of God and the Church*. New York: American Tract Society, 1903.

Wagner, C. Peter. *Church Growth and the Whole Gospel: A Biblical Mandate*. San Francisco: Harper and Row, 1981. See chapter 1.

God's Missionary People :
Rethinking the Purpose of the Local Church

제8장
선교적 교회의 역할

선교적 교회는 세상 속에 감당해야 할 역할이 있다. 선교적 교회의 역할은 무엇인가? 선교적 교회가 자신을 하나님 나라의 관점으로 보기 시작할 때 그들은 세상에서 어떤 역할을 해야 하는지 심각하게 생각하고 예수님의 선교, 계시 사역, 화해, 주되심 등에 관한 말씀을 깊이 있게 연구하게 된다. 이 모두는 대부분 그리스도의 선지자, 제사장, 왕 된 직분과 연관되어 있다. 세상에서 지역 교회의 역할은 예수 그리스도로부터 받고 인도되며 그분의 발자취를 따르는 교회의 사도성과 직결된다.

1. 양도된 사도직

누가복음 4:14-21은 예수님의 선교를 설명하는 중요한 성경 말씀이다. 누가복음 4장에 의하면 예수님은 사역을 시작하기 직전에 우리가 잘 아는 이사야 61:1-3을 인용하시면서 세상에서 예수님의 역할을 밝히셨다. 누가는 이 말씀을 기록하면서 선지자가 자신의 고향에서 대접받지 못하던(눅 4:24) 당시, 예수님께서 자신의 고향에서 메시아적 선교를 밝히셨다는 것을 특별한 상황 전개를 통해 기록하였다.

마태복음 10장과 11장은 세상에서 예수님의 역할에 대해 비슷한 관점을 보여 주지만 열두 제자들을 처음으로 선교 일선에 보내는 상황과 세례 요한이 예수님께 메시아인가를 질문하는 상황을 함께 포함시켰다. 예수님은 세상에서 자기의 역할을 확실하게 정리하여 주심으로 세례 요한의 질문에 답하셨다.

> 예수께서 대답하여 이르시되 너희가 가서 듣고 보는 것을 요한에게 알리되 맹인이 보며 못 걷는 사람이 걸으며 나병환자가 깨끗함을 받으며 못 듣는 자가 들으며 죽은 자가 살아나며 가난한 자에게 복음이 전파된다 하라 누구든지 나로 말미암아 실족하지 아니하는 자는 복이 있도다 하시니라(마 11:4-6, 눅 7:18-35과 비교해 보라).

이 장에서 우리는 예수 그리스도의 사역과 역할을 세상에서 교회가 걸어가야 할 본보기로 고찰한다. 예수님께서 제자들에게 말씀하셨다.

> 아버지께서 나를 보내신 것같이 나도 너희를 보내노라(요 20:21; 13:20 참조).

교회는 예수님께서 맡겨 주신 사명을 따라 세상에서 그리스도의 몸으로서 직분을 삶으로 감당한다. 예수님께서 교회에게 사도적 사명을 주셨다.

교회에 주신 성령의 은사를 살펴보면 그 은사들이 세상에서 교회가 감당해야 할 사역이라는 것을 알 수 있다. 이 사실에 우리는 상당히 놀란다. 교회를 통하여 세상에서 이런 성령의 은사들이 계발되고 쓰여질 때 교회는 예수님처럼 맡겨진 직분을 잘 감당하게 된다. 예수님께서 제자들과 작별하실 때 제자들에게 세상에서 하시던 당신의 사역을 계속하라고 분명히 위탁하셨다.

> 내가 진실로 진실로 너희에게 이르노니 나를 믿는 자는 내가 하는 일을 그도 할 것이요 또한 그보다 큰 일도 하리니 이는 내가 아버지께로 감이라 너희가 내 이름으로 무엇을 구하든지 내가 행하리니 이는 아버지로 하여금 아들로 말미암아 영광을 받으시게 하려 함이라 내 이름으로 무엇이든지 내게 구하면 내가 행하리라 너희가 나를 사랑하면 나의 계명을 지키리라(요 14:12-15, 1:50-51).

예수님은 교회에게 사도직을 양도하셨다. 사도직이 교회에 양도된 것이다. 교회에 양도된 사도직은 오순절 이후 사도의 역할을 감당했던 제자들에게서 찾아 볼 수 있다. 베드로는 첫 번째 설교에서 요엘 2:28-32의 예언을 언급하였다. 오순절 이전에 예수님께서 행하셨던 것과 같은 '기적과 이적들'이 성령 강림을 통하여 이곳에서 그들 가운데 일어나고 있다는 사실을 상기시켰다(행 22-33장). 예수님의 제자들은 이 진리를 새롭게 선포하고 예수님께서 행하셨던 것과 같은 기적을 행함으로 바른 진리를 보여 주었다. 못 걷는 사람이 일어나고, 죽은 자가 살아나고, 가난한 자에게 복음이 전파되었다.

바울은 사도행전 13:2-3과 13:46-47에서 이와 비슷하게 자신의 선교를 정의한다. 바울은 그때까지 예수님의 메시아적 선교만을 위하여 사용되었던 사도직 용어를 자신과 그의 동역자에게까지 확대 적용하는 것이 아무런 하자가 없음을 확신했다.

> 주께서 이같이 우리에게 명하시되 내가 너를 이방의 빛으로 삼아 너로 땅 끝까지 구원하게 하리라(행 13:47; 사 49:6; 눅 2:32; 행 26:23).

바울은 로마서 15:15-19에서 이러한 사명을 물려받은 것이 그를 이방의 사도로 만드신 하나님의 은혜임을 강조하였다. 바울은 자신을 예수님의 사역을 계속 이어가는 자로 보았다. 바울의 사역은 예수님께서 하셨던 사역 안에 기초하고 발견되며 그 사역의 테두리 안에서 정의된다. 베드로는 세상 안에서 선교적인 교회의 역할에 대한 관점을 베드로전서 2:4-12에서도 강조하였다.

2. 선지자, 제사장, 왕

교회는 그리스도의 사역을 계승한다. 교회는 자신을 이 세상에서 그리스도의 사역을 계승하는 자들로 인식해야 한다. 교회는 그리스도의 세 가지 직분¹에 관한 사역을 계속해 나가야 한다. 페리(Lloyd M. Perry)와 쇼우척(Norman Shawchuck)은 그리스도의 직분을 교회의 사역과 직접적으로 연결하였다.

1 그리스도의 '세 가지 직분'(*munus triplex*)에 대한 자세한 논의는 다음 자료들에서 찾아볼 수 있다. Karl Barth, *Church Dogmatics*, 4. 3. 1ff; Hendrikus Berkhof, *Christian Faith: An Introduction to the Study of the Faith*, S. Woudstra, trans. (Grand Rapids: Eerdmans, 1979), 294-95. 가이사랴의 유세 비우스(Eusebius)도 눅 4:18을 기초하여 이 개념을 정립하였다. 칼빈도 이 개념을 다음 문헌에서 설명한다(*Institutes of the Christian Religion* [Philadelphia: Westminster, 1960], 494-503). 그리고 하이델베르그 교리 문답에도 포함되어 있다(31, 32 문답). Emil Brunner는 다음과 같이 말한다.

> 그리스도의 직분에 대한 교리를, 구속사를 강조하는 성경의 원 의미를 재강조하여 개혁신학에서 정리한 것은 우연이 아니다. 예수님의 사역은 옛 언약의 성취이다. 예수님의 사역 또는 세 가지 '직분'을 개혁신학자들이 언급하는 것은 옛 언약 아래서 하나님께서 사용하신 세 종류의 지도자들, 선지자, 제사장, 왕이 있었다는 데서 비롯된다. 예수님 안에서 이 세 가지 직분은 그 한 분 안에서 온전한 연합을 이룸으로 인하여 성취되었다. 메시아이신 예수님만이 다윗 왕조의 왕위와 완전히 다른 왕권을 가지신, 예루살렘 제사장들과는 전혀 다른 제사장이시다. 더 나아가 구약의 예언자들과는 전혀 다르신 선지자로 예수님은 그 한 인격 안에 이 세가지 '직분들'을 아무런 갈등이나 무리함 없이 하나 되게 하신 분이다. 그의 말씀 안에서 왕이시며 화목케 하는 자이시다. 그의 섭리 가운데 진리를 계시하시는 어린 희생양이시다. 제사장으로 그는 하나님의 이름을 선포하시고 하나님의 영광과 주권을 주장하신다(*The Christian Doctrine of Creation and Redemption* [Philadelphia: Westminster, 1952], 272-74). John F. Jansen, *Calvin's Doctrine of the Work of Christ* (Greenwood, S.C.: Attic, 1956); Wolfhart Pannenberg, *Jesus, God and Man*, L. L. Wilkins and D. A. Priebe, trans. (Philadelphia: Westminster, 1977); G. C. Berkouwer, *Studies in Dogmatics*, 14 vols. (Grand Rapids: Eerdmans, 1952), vol. 9: *The Work of Christ*.

구약은 세 가지의 중요한 사역을 보여 준다. 즉 선지자, 제사장, 왕이 그것이다. 이들 각자의 사역은 각각 다르지만 모두 사람들을 대상으로 한 사역이다. 제사장은 사람들의 개인적인 일과 영적인 일들을 도왔다. 선지자는 공중, 사회, 종교적인 필요를 채워 주는 일을 하였다. 왕은 조직과 국가적인 필요를 채우는 일을 하였다. 하나님의 명을 받들어 왕의 사역은 인간의 조직적인 자원들을 그의 수하에 두고 지혜롭고 효과적으로 관리하는 일이었다.

신약에서 하나님께서 이 세 종류의 직분과 사역을 예수님에게 맡기셨다. 예수님은 선지자, 제사장, 왕이 되셨다. 예수님은 이 세 가지 직분과 사역을 하나로 받아들이지 않고 목회자들을 부르시고, 예수님을 대신하여 어느 지역 교회에서든지 사역을 계속하는 책임을 지워 주심으로써 '세 직분–한 사역'(three-in-one ministry)을 계속해 나가도록 준비하셨다. 예수님을 본받으라고 가르치는 목회자들도 제사장과 선지자 노릇만 할 것이 아니라 관리자와 지도자로서의 사역에 있어서 예수님의 본을 따라야 한다.

각 지역 교회는 그들이 처한 곳에서 그리스도의 몸으로 특별한 택하심을 받았다. 그리스도의 교회는 성도 한 사람 한 사람이 사역을 하도록 일이 맡겨진 활동하는 몸과 같다. 이런 여러 사역들을 해나가기 위해 교회는 모든 성도들이 활동적으로 사역에 참여할 수 있도록 여러 활동을 잘 조직해야만 한다. 모든 사역자들을 성령으로 채우시고 모든 사역에 성령의 기름을 부어 주시도록 지역 교회가 기도할 때에 20세기의

교회는 부흥하게 될 것이다.[2]

선교적 교회는 이 세 가지 직분을 통하여 사역한다. 교회는 이 세상에서 그리스도가 하신 역할과 분명히 연관된 방법들을 통하여 사역해야 한다(도표 7 참조).

칼 바르트는(Karl Barth)의 설명이 놀랍다. 그는 교회의 사역에 대해 명확하게 설명하면서 그리스도의 세 가지 직분들이 어떻게 세상에서의 교회 사역에 대해 우리에게 분명한 명령을 하고 있는지 보여 주었다.

> 간단히 말해서 교회는 예수 그리스도의 공동체라는 사실 때문에 적극적인 의미로 세상을 위하여 존재한다. 교회는 하나님을 섬기고 사람을 섬기는 가운데 예수님의 선지자직과 사역을 감당한다.

바르트는 더 나아가서 성도들의 공동체는 그리스도의 사역을 본받아야 한다고 강조한다.

> 교회는 계속 그리스도를 통해 자신들이 해야 할 일을 알아간다. 그렇게 하면 할수록 교회는 눈에 보이는 기본적인 연합에 의해 올바른 사역이나 거짓된 사역 등 모든 다른 것들로부터 구별되는 하나님과 사람을 섬기는 올바른 사역을 감

---

2 Lloyd M. Perry and Norman Shawchuck, *Revitalizing the Twentieth Century Church* (Chicago: Moody, 1982), 143.

당할 수 있다.³

도표 7. 교회의 역할과 세상

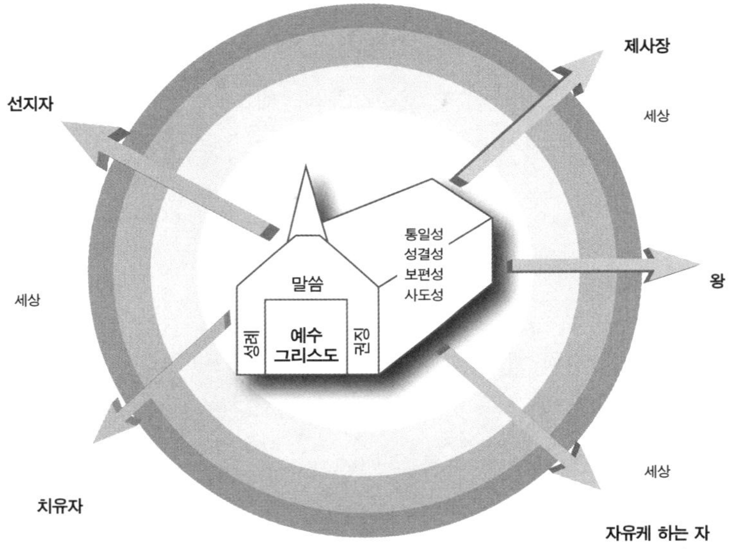

(선지자 / 제사장 / 왕 / 자유케 하는 자 / 치유자 — 세상을 향함; 중심에 예수 그리스도, 말씀, 통일성, 성결성, 보편성, 사도성)

바르트는 또한 이 증거를 '선언, 해설, 연설'(또는 '선언, 해설, 교회에 위탁된 하나님의 말씀인 복음의 적용')로 새롭게 정의하였다.⁴ 바르트가 제시한 교회 사역은 그리스도의 세 가지 직분들이 중심이다. 제사장적 구속 사역을 위해 자신을 종으로까지 낮추신 주님의 사

---

3 Karl Barth, *Church Dogmatics*, 4.3.2.
4 Ibid.

역, 왕되신 그 분이 인간들의 존귀히 여김을 받고 인간들이 하나님과 교제를 갖게 하는 사역, 선지자직으로 중재자시요 화목케 하시는 이시며 신인(神人, God-Man)이신 예수님의 사역 등을 제시하였다.[5]

콜린 윌리암스(Colin Williams)도 세상에서 교회가 감당해야 할 세 가지 직분에 대하여 주의를 기울일 것과 마가복음 10:45에서 예수님은 자신의 사역을 이사야가 예언했던 종의 모습으로 해석하셨다는 점을 상기시켰다. 만일 이것이 예수님 자신이 생각하신 사역이라면 교회의 사역은 세 직분을 통한 예수님 사역의 연장이다. 윌리암스는 다음과 같이 지적하였다.

> 이 세 가지 직분들이 개혁주의 전통에서 본 교회의 본질과 긴밀한 연관을 갖고 있음을 쉽게 발견할 수 있다. 개혁자가 본, 교회는 말씀이 바로 선포되는 곳(선지자), 성례가 바로 집전되는 곳(제사장), 경건한 권징이 유지되는 곳(왕)이다.[6]

교회는 예수님을 따르는 제자들의 공동체, 종의 공동체, 사역 공동체이므로 교회는 예수님께서 세상 가운데로 보내시는 왕 같고, 제사장 같고, 선지자 같은 신자들의 모임으로 이해해야 한다.[7]

제프리 웨인라이트(Geoffrey Wainwright)는 다음과 같이 지적한다.

---

5 Ibid.
6 Colin W. Williams, *The Church* (Philadelphia: Westminster, 1968), 101.
7 Edmund Schlink, *The Coming Christ and the Coming Church* (Philadelphia: Fortress, 1968), chapter 2.

성도들은 요한계시록 1:6과 5:10에 왕들로 언급되었고, 베드로전서 2:9에는 제사장 같은 공동체로, 사도행전 2장에는 선지자적 공동체로 알려져 있다. 교회는 그리스도 소유의 사람들이므로 이 모든 것이다. 예수님은 종말론적인 선지자, 더 나아가 성육하신 말씀이다. 예수님은 자신을 드려 인류를 영원히 구속하신 대제사장이시다. 그 자신이 하나님 나라가 되신다. 예수님은 '나무에 달려 통치'하셨으며 하나님 아버지께서 그를 높여 주님이라는 가장 뛰어난 이름을 주셨다(빌 2장). 세례는 그리스도의 선지자적, 제사장적, 왕의 위엄에 동참하는 입문 예식(sacrament of entry)이다."[8]

세상에서 이 세 가지 직분을 갖는 교회의 역할에 대한 선교학적 의미는 놀랍고도 오묘하다. 선지자적 역할의 작은 부분은 교회의 정의를 위하여, 샬롬(shalom)을 위하여, 인간관계와 사회 조직에서의 정의와 평화를 지향하며 사역할 소명을 갖는 것이다. 이와 같이 교회의 제사장적인 역할은 교회의 성례적 임재, 하나님과 또한 서로 간에 교회 안에서 화목하라고(고후 5장) 사람들을 일깨우는 일, 주께로 나아오는 모든 이들에게 그리스도 안에서 찾을 수 있는 구속을 소개하는 일이다.

교회가 가진 왕의 역할은 교회가 속한 이 세상 나라를 부강하게 하는 역할, 혼돈 속에 조화를 가져오는 역할, 사람들을 돌보는

---

8 Geoffrey Wainwright, *The Ecumenical Moment: Crisis and Opportunity for the Church* (Grand Rapids: Eerdmans, 1983), 103-4.

정부에 대한 책임, 예수 그리스도 안에서 은혜와 자유의 복음을 선포하기 위해 조직을 구성하는 역할 등을 겸허하게 수용해야 한다는 것이다. 교회사가인 라토렛(Kenneth Scott Latourette)은 그의 걸작품 『교회의 선교 역사』(History of the Church in Mission)에서 지역 교회와 주변 환경과는 서로 상호작용이 있다고 지적하였다.

지역 교회가 어떻게 자기 역할을 할 것인가는 교회가 속한 주변 환경과 아주 깊은 관계를 갖는다. 이러한 상황화(contextualization)는 말씀이 갖는 모양과 형태나 어떤 사역을 시작할 것인지를 선택하는 것보다 더 많은 것들을 고려하게 한다. 상황화는 모양, 스타일, 생활 태도와 지역 교회가 속한 특수 상황과의 관계 등을 고려하여 교회가 처한 상황에서 선지자적, 제사장적, 왕 같은 역할을 잘 감당하게 하는 과정이다. 교회가 자신의 문화 속에서 역동적인 상호관계를 가지며 세상을 위한 선지자, 제사장, 왕으로 온전하고 확실하게 상황화가 이루어져야만 한다.

리더십이 필요하다. 세상에서 교회가 갖는 세 가지 역할은 지도자급에 있는 사람들이 먼저 모범을 보일 때 잘 감당할 수 있게 된다. 린드그렌(Alvin Lindgren)과 쇼우척(Norman Shawchuck)은 이 세 가지 직분을 목회자의 역할에 적용시켜 교회를 세상에서 사역하도록 동원하였다. 그는 세 가지 역할을 다음과 같이 정리하였다.

　선지자 역할: 교회가 인간 사랑과 정의를 실현하게 함, 도전을 주기, 자신을 성찰하게 하기, 경고하기, 이 주제를 설교 가운데 분명하게 드러내기.
　제사장 역할: 교회가 가능한 최고의 영적 상태를 갖게 함, 위로

하기, 수용하기, 용서하기, 이 주제를 목회 활동에서 분명하게 드러내기(성례 집전, 상담, 여러 목회적 활동들을 통하여 드러남).

왕의 역할: 하나님이 교회에 주신 자원들을 지혜롭고 효과적으로 관리함, 교회의 활동을 조직하는 데서 분명하게 드러내기(관리, 계획, 훈련 활동들을 통하여 드러남).[9]

3. 치료자와 자유케 하는 자

그리스도는 치료자와 자유케 하는 자이시다. 그리스도의 세 가지 직분을 교회가 세상에서 감당해야 할 역할에 대한 본보기로 보는 것에 첨가하여 그리스도의 다른 사역들을 주의 깊게 살펴볼 필요가 있다. 누가복음 4:16-20에 나타난 그리스도의 사역을 살펴보자. 예수 그리스도의 사역은(눅 6장, 마 12장, 사 42장 참조) 우리로 이제까지 생각했던 사역들 이외에 '치료자'와 '자유케 하는 자'라는 두 개념을 더 포함하고 있다. 이 두 개념은 세 직분에 처음 포함되는 부분도 있지만 사역자의 관점에서 이 둘은 나름대로 확실한 개념이다. 이 두 가지 개념도 예수님의 제자들에게 위탁되어 그리스도의 몸으로써 세상에서 어떤 역할을 해야 하는지를 보여준다.

치료자의 역할이 중요했다. 특별히 예수님의 초기 사역을 중

---

9 Alvin J. Lindgren and Norman Shawchuck, *Management for Your Church: How to Realize Your Church Potential Through a Systems Approach* (Nashville: Abingdon, 1977), chapter 13.

심으로 예수님의 사역에 있어서 그것은 매우 중요한 요소였다. 그리스도가 이 세상에서 행하신 가장 중요한 역할 중의 하나였다.[10] 치유란 몸의 치유, 마음, 정신적 스트레스, 영적 질병 등을 치유하는 것을 말하며 교회는 구속함을 받은 공동체로서 사람들에게 "하나님과 화목하라"(고후 5:20)고 외치는 치료자의 역할을 성취한다.

'자유케 하는 자'라는 개념은 특별히 해방 신학에서 '해방자'로 강조하는 개념이다. 예수님의 주된 사역은 자유케 하는 자로서의 사역이다. 예수님은 죄의 삯에서, 죄의 결과에서, 악령의 눌림에서, 율법의 징벌에서, 깨어진 관계에서 자유케 하셨다. 그러므로 교회는 먼저 자유함을 받은 사람들로서 세상에 얽매인 사람들을 자유케 하는 사역을 감당한다. 교회는 영적, 감정적, 개인적, 정치적, 경제적, 사회적 자유 등을 점점 더 중요한 교회 사역과 역할의 일부로 이해하고 있다.

우리가 이런 새로운 용어들이 갖는 내용과 의미를 잘 해석해 보면 이 용어들은 교회의 선교적 본질에 대한 기본적인 것들을 지적해 주는 역할을 한다. 그것이 교회의 속성이든, '새로운 용어들'이든, 코이노니아(koinonia), 케리그마(kerygma), 디아코니아(diakonia), 말투리아(martyria)와 같은 교회의 사역이든, 또는 교회와 하나님 나라와의 관계이든, 이 모든 것들은 궁극적으로 교회가 세상에서 무엇인가를 하는 역동적인 행동으로 전환되어야 한다. 명사적 용어

---

10 J. E. Lesslie Newbigin, *The Good Shepherd* (Grand Rapids: Eerdmans, 1977), chapter 13.

들이 동사로 전환되어야 한다. 이것은 물론 선교적 교회의 주변 환경과 문화에 의해 영향을 받는 상황에 민감한 문제이다.

하지만 세상 가운데서 교회 사역에 대한 비평적 상황화(critical contextualization)의 복잡성이 이러한 사역의 중요성을 약화시킬 수 없다. 교회가 세상을 향해 사역하지 않으면 온전한 그리스도의 몸이나 온전한 하나님의 백성이 될 수 없다. 성직자도 평신도도 같은 마음으로 조직체이든 비조직체이든 함께 교회의 선교적 본질을 확실하게 드러내는 사역을 해야 한다. 특별히 세 가지 직분들로 표현된 사역들을 통하여, 또한 '치료자'와 '자유케 하는 자'라는 용어를 통하여 선교적 본질을 실천해야 한다.

교회가 하는 선지자, 제사장, 왕, 치료자, 자유케 하는 자의 활동은 아주 중요하다. 이 용어들은 지역 교회 성도들과 지도자들에게 교회가 목적을 어디에 두고 목표를 세워야 할 것인가에 대한 안목을 제공한다. 예수 그리스도의 몸된 교회로서 교회가 무엇을 하는가로 교회의 본질을 바꾸어 주는 역할을 한다. 이들은 선교적 교회를 세상 가운데로 인도하여 교회가 신앙고백에 담겨 있는 그대로를 사실과 행동으로 실천하도록 일깨우며 이러한 사역들을 감당하게 한다. 세상에서 하는 사역들을 통하여 교회는 그의 본질을 되찾는다. 주님께서 이 점을 말씀하셨다.

> 이 지극히 작은 자 하나에게 하지 아니한 것이 곧 내게 하지 아니한 것이니라(마 25:45).

세상을 향한 사역을 계속하는 가운데 교회는 대사, 증인, 주님의 대행자라는 직분적 특성을 발견한다.

교회가 그리스도와 같은 역할에 대해 갖는 비전(vision)은 우리로 세상이 교회를 필요로 하는 것과 같이 교회도 세상을 필요로 한다는 점을 일깨워 준다. 교회가 창조 세계와 인간 세상에서 선교적 역할을 실천하지 않는다면 교회는 선교적 교회의 온전한 모습을 가질 수 없다. 교회는 영적인 교제의 장이며 동시에 세상 속에 있는 성도들의 육신적인 교통이 이루어지는 곳이다. 이처럼 교회는 두려움과 떨림으로 그리스도가 빛으로 비추시는(빌 2:12-15) 어둡고 사악한 세대에서 교회가 가진 구원을 이루어 간다.

여기서 더 길게 다룰 수는 없지만 세상에서 선교적 교회의 역할에 대한 다른 관점이 있다. 하나님이 세상이라는 연못에 하나님의 백성을 던져 연못에 파장을 일으키는 파문효과(ripple-effect)도 하나의 관점이 될 수 있다. 이러한 관계를 강조하는 개념은 세상에서 선교적 교회의 삶을 직설적으로 또 절박하게 기술한다. 조금만 깊이 생각해 보면 우리는 쉽게 하나님의 공동체와 그 공동체가 보내심을 받은 세상과의 관계 유형(typology of relationship)을 만들어 볼 수 있다.

다음 도표 8에서 보는 바와 같이 우리는 다음과 같은 선교적 관계들을 강조할 수 있다. 성경에는 교회를 보여주는 이미지들이 있다. 언약자들, 설명하는 자들, 가족들, 순례자들, 외국인들, 증인들, 품어 주는 자들, 모으는 자들, 제공자들, 사랑하는 자들, 이것은 성경에 나오는 많은 표상들(images)이다. 이 내용은 하나님의 백성들이 주위 환경과 관계를 맺을 때 도움이 되는 방법을 제시해 주는 표상들 가운데 극히 작은 부분에 불과하다. 이러한 표상들은 우리로 교회와 세상의 중간에 서서 교회가 어떻게 하면 팔을 걷어붙이고 예수님이 위하여 돌아가신 사람들을 위한 사역을 할 수 있을지를 묻게 한다. 그들을 기억하며 선교학적인 영향 면에서 우리는 이 표상들을 더 깊이 생각해 보아야 한다.

도표 8. 교회와 세상과의 관계

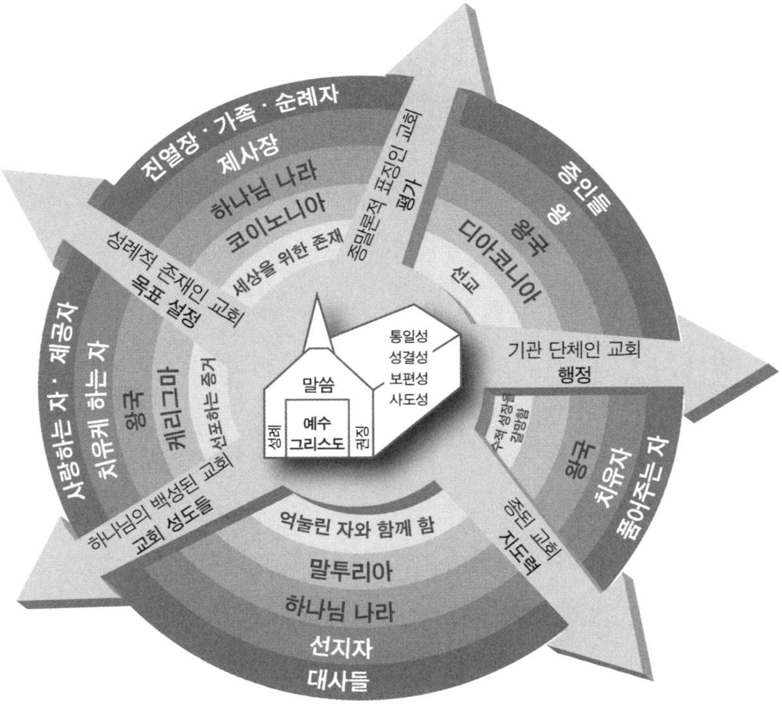

4. 교회 중심의 새로운 사역 형태

지난 몇 세기 동안 여러 가지 선교적 교회 모델이 생겨났다. 여기서 그 모두를 자세히 설명할 수는 없지만 세상에서 새롭게 사역하는 특징이 있는 교회들의 예를 든다면 다음과 같다. 시카고에 있는 서클 교회(Circle Church), 워싱턴에 있는 구세주 교회(the Church of the Saviour), 콜로라도 주 덴버에 있는 베어 벨리 침례 교회(Bear Valley Baptist Church), 일리노이 주 시카고에 있는 윌로우 크릭 회중 교회(Willow Creek Community Church), 오리건 주 포틀랜드의 새소망 회중 교회(New Hope Community Church), 로스엔젤레스의 크렌샤우 기독 교회(Crenshaw Christian Center), 라틴아메리카의 바닥 공동체들, 미시간 주 그랜드 래피즈의 서번트 커뮤니티 개혁 교회(Servant Community Reformed Church), 보스턴 그리스도 교회, 중국의 가정 교회들, 한국의 전주 안디옥 교회 등을 새로운 모델로 꼽을 수 있다.

아울러 1980년대에 들어 세계적으로 은사 중심의 초대형 독립 교회들이 일어나는 현상이 생기면서 수만 명, 수십만 명이 운집하게 되었다. 이것은 다시 한 번 교회의 본질과 목적, 교회의 역할과 형태에 대하여 더 깊이 생각하는 기회를 주고 있다. 우리가 살고 있는 시대는 새로운 시대가 열리기 시작하는 여명의 시기처럼 보인다. 많은 새로운 교회들이 상황에 맞게 세상에서 선교사역을 주된 역할로 인정하고 선교적 교회들로 조직되어 가고 있다.

이제 3부에서 우리는 1부와 2부에서 다루었던 선교적 교회를 이루기 위해 의도적으로 시도할 때에 야기되는 조직적이고 구조적인 문제들을 다루게 될 것이다.

5. 연구도서 목록

Banks, Robert, and Julia Banks. *The Church Comes Home: A New Base for Community and Mission*. Sutherland, Australia: Albatross, 1989.

Barth, Karl. *Church Dogmatics*, 4.3.1; 4.3.2.

Berkhof, Hendrikus. *Christian Faith: An Introduction to the Study of the Faith*, Sierd Woudstra, trans. Grand Rapids: Eerdmans, 1979. See 294–95.

Boff, Leonardo. *Ecclesiogenesis: The Base Communities Reinvent the Church*, R. Barr, trans. Maryknoll, N.Y.: Orbis, 1986.

———. *Church, Charism, and Power: Liberation Theology and the Institutional Church*, J. Dierksmeyer, trans. New York: Crossroad, 1986.

Bonhoeffer, Dietrich. *The Communion of Saints: A Dogmatic Inquiry into the Sociology of the Church*. E.T., New York: Harper and Row, 1964.

Brueggemann, Walter. *In Man We Trust: The Neglected Side of Biblical Faith*. Richmond: John Knox, 1972.

Brunner, Emil. *The Christian Doctrine of Creation and Redemption*. Philadelphia: Westminster, 1952. See 272ff.

Callahan, Kennon L. *Twelve Keys to an Effective Church*. New York: Harper and Row, 1983.

———. *Effective Church Leadership: Building on the Twelve Keys*. San Francisco: Harper and Row, 1990.

Collum, Danny. "A. J. Muste, The Prophet Pilgrim." *Sojourners*, 13.11 (Dec. 1984): 12–17.

Costas, Orlando E. *Christ Outside the Gate: Mission Beyond Christendom*.

Maryknoll: Orbis, 1978.

———. *Liberating News: A Theology of Contextual Evangelization*. Grand Rapids: Eerdmans, 1987.

Dulles, Avery. *A Church to Believe In: Discipleship and the Dynamics of Freedom*. New York: Crossroad, 1982. See chapter 2.

Durnbough, Donald F. *The Believers' Church: The History and Character of Radical Protestantism*. Scottdale, Pa.: Herald, 1985.

Gibbs, Eddie. *I Believe in Church Growth*. Grand Rapids, Eerdmans, 1982. See chapter 2.

Gilliland, Dean. *Pauline Theology and Mission Practice*. Grand Rapids: Baker, 1983. See chapter 4.

Grabowski, Stanislaus J. *The Church: An Introduction to the Theology of St. Augustine*. St. Louis: Herder, 1957. See chapter 3.

Hadaway, C. Kirk, Stuart A. Wright, and Francis M. Dubose. *Home Cell Groups and House Churches*. Nashville: Broadman, 1987.

Haight, Roger S. *An Alternative Vision: An Interpretation of Liberation Theology*. Mahwah, N.J.: Paulist, 1985.

Hesselgrave, David J. *Planting Churches Cross-Culturally*. Grand Rapids: Baker, 1980.

Hodges, Melvin. *The Indigenous Church and the Missionary: A Sequel to The Indigenous Church*. Pasadena, Calif.: William Carey Library, 1978.

Lindgren, Alvin J., and Norman Shawchuck. *Management for Your Church: How to Realize Your Church Potential Through a Systems Approach*. Nashville: Abingdon, 1977. See chapters 1, 2.

"Missionary Structures of the Congregation," in *The Church for Others and the Church for the World: A Quest for the Missionary Structures of Congregations*. Geneva: World Council of Churches, 1968.

Neighbour, Ralph W., Jr. *Where Do We Go From Here? A Guidebook for the Cell Group Church*. Houston: Touch, 1990.

Newbigin, J. E. Lesslie. *The Good Shepherd*. Grand Rapids: Eerdmans,

1977. See chapter 13.

Perry, Lloyd M., and Norman Shawchuck. *Revitalizing the Twentieth Century Church*. Chicago: Moody, 1982.

Sample, Tex. *Blue Collar Ministry*. Valley Forge, Pa.: Judson, 1985.

Schmemann, Alexander. *Church, World, Mission*. Crestwood, N.Y.: St. Vladimir's Seminary Press, 1979. See chapter 11.

Shelp, Earl and Ronald H. Sunderland. *The Pastor as Prophet*. New York: Pilgrim, 1985.

Smith, Donald P. *Congregations Alive*. Philadelphia: Westminster, 1981.

Snyder, Howard A. *Liberating the Church: The Ecology of Church and Kingdom*. Downers Grove, Ill.: Inter-Varsity, 1982.

Torres, Sergio and John Eagleson. *The Challenge of Basic Christian Communities*, J. Drury, trans. Maryknoll, N.Y.: Orbis, 1981.

Welsh, John R. "Comunidades Eclesiais de Base: A New Way to Be Church" in *America*, 154.5 (8 Feb. 1986), 85–88.

Williams, Colin W. The Church. Philadelphia: Westminster, 1968. See chapters 6, 7.

Part Three

3부

지역 교회:
선교적 교회가 되어가는 지역 교회

제9장 선교적 교회의 선교적 목표
제10장 선교적 교회의 성도
제11장 선교적 교회의 지도자
제12장 선교적 교회의 행정

God's
Missionary
People
Rethinking the Purpose of
the Local Church

God's Missionary People :
Rethinking the Purpose of the Local Church

제9장
선교적 교회의 선교적 목표

선교적 교회에는 선교적 목표가 필요하다. 선교적 교회를 세우는 데 있어서 모든 사람이 각각 전략적인 역할을 담당할 수 있다. 이제까지 우리는 교회 본질의 범위가 하나님 나라와의 관계 속에서 확대되어 세상을 향하여 선교하게 하는 데까지 넓혀지는 과정을 살펴보았다. 이제 우리는 선교적 교회가 처한 여러 상황 가운데 선교에 대한 비전을 갖게 되는 과정을 살펴보기로 한다. 교회는 성도들에게 선교 정신을 심어 주고, 자라게 하고, 다듬어서 나아가게 하시는 강한 성령의 역사로 말미암아 선교적 교회가 된다. 이렇게 선교적 교회로 되어가는 것이 교회의 선교적 속성이다.

선교적 교회를 세워야 한다. '세운다'라는 동사는 지도자들과 추종자들이 함께 의식적이고 활동적으로 선교적 교회를 세우도록 부르심을 받았다는 사명을 강조한다. 선교적 교회를 세운다고 해서 순수해지고 죄의 문제가 없어진다는 뜻이 아니다. 교회가 커질수록 온전한 교회로서 부르심을 다 감당하기 어렵다는 것도 인정한다. '교회를 세운다'고 말할 때 교회가 하나님의 신비로운 창조물로 형성되도록 역사하시는 성령의 능력과 임재하심을 무시해서는 안 된다. 우리는 모든 성도들이 성령의 능하게 하심으로 교회를 세우는 데 참여하는 것을 믿는다.

1. 본질과 목표를 연결하는 다리놓기

선교적 교회의 목표설정은 교회의 본질을 연결하는 다리놓기와 같다. 하나님의 백성들이 비전을 가지고 믿음으로 숙고하여 성취하려는 목표를 설정할 때 그들은 신앙고백을 교회의 목표로 바꾸어 설정한다. 이러한 목표 설정은 '아래로부터'(from below)와 '위로부터'(from above) 보는 교회관 사이에 다리를 놓아 우리로 선교적 교회로서의 비전, 희망, 그리고 목적을 표현하게 한다. 목표를 설정하는 것은 신앙고백과 실천 사이에, 소명을 받은 사람들이 모여 유지되고, 또한 하나님이 보내시는 교회의 특수성과 인간들이 같은 믿음과 소망으로 모인 보편성 사이에서 중간 다리놓기의 역할을 한다.

선교적 교회가 되어가는 교회의 목표는 산상수훈에 있는 성육신적 관점을 취한다(마 5-7장). 주님은 특별한 역할, 소명, 희생, 제자의 삶을 설명하셨다. 계속해서 제자로서의 삶은 주위 문화와 정치적 사회적 상황 가운데서 살아가야 하는 것이라고 가르치셨다. 이것을 설명하기 위해서 "빛과 소금"(마 5:13-16)이라는 개념을 이용하셨다. 이 둘이 효과적으로 쓰이기 위해서는 널리 퍼져 나가야 한다. 빛은 숨겨져 있지 않고 언덕 위에서 어두움을 비출 수 있게 해야 한다. 예수님 당시 소금은 소독제와 방부제로 쓰였다. 그래서 예수님은 제자들의 공동체인 교회를 이 땅의 소금이라고 말씀하셨다. 그러나 소금은 소금통 안에만 보관할 것이 아니라 뿌려져야 하고, 음식에 들어가 맛을 내며, 음식을 부패하지 않게 보존해야 한다. 소금은 음식 안에서 완전히 녹아 없어졌을지라도 그 맛은 없어지지 않는다. 즉 소금은 세상에 뿌려져야만 그 진가를 발휘하며 소금이 뿌려질 때 음식은 독특한 맛을 낸다.

이러한 빛과 소금 그림은 교회가 이 세상에서 어떤 선교사역을 해야 할 것인가에 대한 책임과 실제적으로 무엇을 할 것인가에 대한 통찰을 제공한다. 이러한 관점에서 성도는 매우 특별한 사람들로서의 특별한 책임을 갖는다. 성도들도 소금처럼 사방으로 흩어져야 한다. 그러므로 성도들이 흩어져 선교하는 하나님의 백성이 아니라면 그들은 이 땅의 소금이 아니다. 선교적 교회는 성도들이 가진 특별한 소금의 직분과 그 소금을 뿌리는 일을 삶의 현장에서 동시에 성취할 수 있는 분명한 목표를 설정해야 한다. 특별히 교회가 이 땅에서 소금의 직분을 감당하려 한다면 이 세상에서 방부제 역할, 소독제 역할을 실천해야 할 것이다.

예수님 자신이 특별히 선택하신 제자들에게 주님은 "예루살렘과 사마리아와 땅 끝까지 이르러 증인"(행 1:8)이 되기 위해 가라고 명하셨다. 그러므로 교회 생활을 전반적으로 살펴보아야 한다. 교회가 사람들을 소금통 속에 가두어 놓고 교회 안의 일만 생각하고, 늘 교인끼리만 모이고, 그리하여 교회가 존재하는 목적을 망각하고 있지는 않은가? 과연 교회의 특수성을 유지하기 위해 성도들을 훈련하고 보내는 일을 잘 감당하고 있는가? 만일 예수님의 제자들의 모임이 세상 사람들의 모임과 같다면 소금은 짠 맛을 잃은 것이고 길에 버리워 밟힐 뿐이다. 성도의 교통함은 특별히 세상을 향한 선교적 사명을 감당하기 위함에 있다.

그러므로 교회는 세상과 구별되지만 세상을 향한 선교적 사명을 감당하기 위하여 목적과 계획을 세우고 실천해야 한다. 이러한 교회의 지도자는 교회가 세상에서 사명을 잘 감당하고 있는지 늘 살펴보면서 선교적 교회가 되도록 리더십을 발휘한다. 목표를 세울 때는 교회가 받은 은사와 해야 할 일을 믿음과 소망 가운데 어떻게 성취할 수 있을 것인가를 함께 고민해야 한다.[1] 선교적 교회는 빛과 소금의 역할을 감당하기 위해 주위를 돌아보고 그들이 처한 상황을 도와 진리와 정의, 믿음, 소망, 사랑을 전하고 선교적인 관점으로 목표를 설정하고 실천한다.

현대 교회론의 변증법적 관점이 있다. 이 관점은 '위로부터'와 '아래로부터'의 관점을 좁히는 데 도움을 주고 지역 교회가 선교적 교회로 세워지도록 돕는다. 본회퍼(Dietrich Bonhoeffer)는 '성도의 교제'(*communion sanctorium*)를 교회론에서 강조했다. 칼 바르트(Karl Barth)는 교회가 교회의 본질을 스스로 자라나게 하지만 교회를 세우는 성도들의 노력을 통해서 교회는 성장한다는 사상을 계발하였다. 바르트는 이러한 교회의 변증법적인 실체를 다음과 같이 설명하였다.

> 우리가 '세운다'(upbuilding)는 개념을 해석하기 위해 성도의 교통함(communion)을 사용하려면, 라틴어 **콤뮤니오**(*communio*)와 헬라어의 코이노니아(κοινωνια)를 확실히 이해해야 한다.

---

[1] Robert Worley, *A Gathering of Strangers: Understanding the Life of Your Church* (Philadelphia: Westminster, 1976), 68.

교통함이란 연합을 근거로 하여 그 연합된 목적을 위해 많은 사람들이 함께 일하는 활동을 말한다. 이러한 일은 성령의 역사하심과 능력 안에서 이루어지며 성령을 따라 함께 모인 무리들의 참여에 의하여 이루어진다. …성도의 교통함이 갖는 비밀은 이러한 연합과 참여를 가능하게 한다는 데 있다. 인간의 말과 믿음, 사랑, 계획, 결정, 행함은 하나님의 뜻과 질서에 따라서 이루어진다. 이것은 공동체 성장의 비밀로 인해 영향을 받지 않는다. 그 자체로는 비밀을 설명할 수도 없고 의심할 수도 없다. 씨앗이 자라 초목이 되듯이 묘목이 나무로, 태아가 어린아이로 또 어른으로 자라듯, 자란다는 것은 하나님과 인간이 키우고 세우려는 활동을 전제 조건으로 하고 있다. 우리는 감히 이렇게 말할 수 있다. 성도의 교통은 스스로 세우려는 노력을 할 때 스스로 갖는 주권적 능력과 방법으로 자라난다.[2]

성도들이 그리스도의 부르심, 가르침, 소명, 명령, 목적에 순종할 때 그들은 교회가 물려받은 선교에 동참하게 된다. 이러한 성도들의 공동체인 교회가 교회로서의 구실을 잘하고 있는가를 확인하려면 교회의 본질을 잘 드러내는 목표를 설정하는 것이 무엇보다 중요하다. 하나님께서 교회에게 허락하신 선교적 본질이 실제 교회가 이루어야 할 교회의 실제적인 목표가 되게 해야 한

---

2 Karl Barth, *Church Dogmatics*, 4.2.

다.³ 도표 8은 동심원(concentric circle)을 변형시켜 선교가 이루어지는 과정을 보여 주고 있다. 도표에서 보는 바대로 교회의 본질을 드러내는 용어들은 교회가 세상을 향한 선교에 참여하게 한다. 성도들의 공동체인 교회가 세상에서 선교적 교회가 되도록 목표를 설정하고 성도들이 활동하며 리더십을 발휘하고 선교적 행정을 한다. 도날드 스미스(Donald Smith)는 『생동하는 교회』(*Congregations Alive*)에서 사역을 함께 나누는 교회가 되기 위해 계획, 리더십, 행정이 중요하다는 것을 강조하였다.⁴ 이처럼 교회의 본질을 목적과 목표, 계획, 해야 할 일로 번역하여 바꾸는 과정은 교회를 강하게 하고 교회가 처한 지역에서 꼭 필요한 교회가 되게 한다. 이러한 과정은 교회에 대한 개념과 선교를 가깝게 밀착시키는 역할을 하며 이 과정을 통하여 선교적 교회가 되어가는 것이다. 여기서 교회는 하나의 유기체이며 조직체로 선교적 본질에서 우러나오고 성령께서 인도하시는 선교활동을 하게 된다.⁵ 교회의 본

---

3 G. C. Berkouwer, *Studies in Dogmatics: The Church* (Grand Rapids: Eerdmans, 1976)과 Hans Küng, *The Church* (London: Search, 1971)는 이런 관점을 주장한 학자들이다. 그 이후로 이러한 관점을 발전시킨 학자들로는 Avery R. Dulles, Gregory Baum, Howard A. Snyder, Gene A. Getz, John R. W. Stott, Hendrikus Berkhof 등을 들 수 있다.

4 Philadelphia: Westminster, 1981, 154. 교회의 계획과 목표 설정의 과정에 도움이 되는 자료로 Jackson W. Carroll, Carl Dudley, William McKinney, eds., *Handbook for Congregational Studies* (Nashville: Abingdon, 1986)를 참조하라.

5 Abraham Kuyper는 교회는 동시에 유기체이며 조직 기관이고 이 두 특성이 잘 조화를 이룰 때 온전한 교회의 모습이 드러난다고 주장하였다. Abraham Kuyper, *Tractaat van de Reformatie der Kerken* (Amsterdam: Hoveker, 1884); G. C. Berkouwer, *The Church* (Grand Rapids: Eerdmans, 1976); Henry Zwaantra, "Abraham Kuyper's Conception of the Church," in *Calvin Theological Journal*,

질과 세상을 향한 교회의 사역은 밀접하게 연결되어야 한다. 조직이론의 배경을 가진 교회 관리 문제 전문가들은 이 점을 강조하고 있다.

2. 사회조직에 대하여 반응하기

1970년대 후반에 들어서 몇몇 전문가들이 지역 교회 관리에 대해 조직이론적인 접근을 시도하였다. 조직이론적 관점에서 교회는 하나의 조직이고 그 조직은 몇 개의 하부 조직으로 이루어졌다고 본다. 이 모든 부분들이 하나로 모이고, 교회 내에서 각각의 하부 조직들은 서로 연관을 갖고 있으며, 교회는 처한 문화 상황에서 거대한 사회 조직과 관련되어 있다.

교회는 비록 작은 교회라고 할지라도 상당히 복잡하게 연결된 조직을 갖는다. 지도자들, 사역하는 그룹들, 조직 구조, 의사 전달 창구, 지연, 학연, 혈연 관계 등은 교회 내의 큰 조직 아래에 있는 여러 하부 조직들이라고 할 수 있다. 매일의 생활 가운데 여러 하부 조직이 서로에게 미치는 영향은 생산적일 수도 있고 비생산적일 수도 있다. 가정과 같이 교회도 정상적일 수도 있고 비정상적일 수도 있다. 교회 분석에 조직이론을 넓게 적용시킨 인물로는

---

9 (April-Nov. 1974): 159-64; George Peters, *A Theology of Church Growth* (Grand Rapids: Zondervan, 1981), 134ff.; Roland Allen, *The Spontaneous Expansion of the Church and the Causes Which Hinder It* (Grand Rapids: Eerdmans, 1962), chapter 7.

쉘러(Lyle E. Schaller)[6]와 칼라한(Kennon L. Callahan)[7]을 들 수 있다.

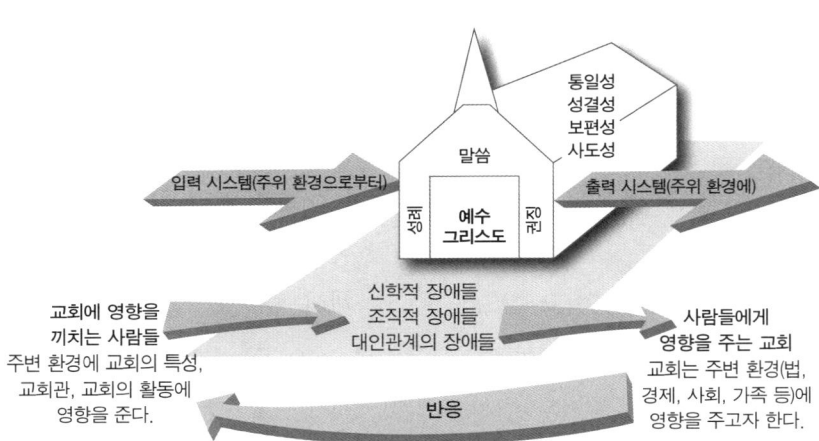

도표 9. 세상과 교회의 상호 조직 관계

위 도표는 Alvin J. Lindgren과 Norman Shawchuck의 『교회의 경영: 시스템 접근법으로 교회 내 잠재력을 인식하기』에 기재된 이론을 수정 도입한 것임.

---

6 특별히 Schaller의 *Looking in the Mirror: Self- Appraisal in the Local Church* (Nashville: Abingdon, 1984)는 교회 조직이 신도 수에 따라 영향을 받게 되는 점들을 기술하였다. Schaller는 교회가 크기에 따라 각각 다르게 운영되는데 고양이나 개, 정원, 집, 목장, 국가 등과 유사한 여러 형태로 크기에 맞게 운영된다는 것을 보여 주었다.

7 그의 저서로 조금 일찍 출간된 *Twelve Keys to an Effective Church* (New York: Harper and Row, 1983)와 최근에 출간된 *Effective Church Leadership: Building on the Twelve Keys* (San Francisco: Harper and Row, 1990)를 참조하라.

알빈 린드그렌(Alvin Lindgren)과 노만 쇼우척(Norman Shawchuck)도 이 운동에 앞장섰다. 그들이 하나의 조직으로 지역 교회를 분석하는 것을 도표 9를 보면 알 수 있다. 지역 교회를 주위 환경으로부터 구별하는 두 종류의 경계선(boundaries)이 있다. 건물들, 이웃들과 같은 물리적인 경계선이 있고 다른 경계선은 교회 내 성도들이 자신과 주위 환경을 어떻게 보느냐 하는 것과 교회 밖에서 교회를 어떻게 보느냐 하는 것이다. 이러한 경계선들은 교회 내에서 하부 조직이 활동하는 반경을 결정한다. 교회의 하부 조직이 전반적으로 어떻게 움직이고 있느냐에 따라서 교회가 어떤 영향을 끼치고 있는지 알 수 있다. 이런 면에서 하부 조직이 목표를 잘 세우는 것은 그들에게 분명한 방향 감각을 주어 교회와 주변 사회에 좋은 영향력을 미치는 데 도움이 된다.[8]

몇 가지 행정기관 이론들(organizational theories)도 도움이 되지만 린드그렌과 쇼우척의 조직이론적 접근(system approach) 방법은 독특한 장점이 있다.

1. 조직이론적 접근법은 문제를 발견할 수 있는 진단 기구를 제공하고 교회 활동에 영향을 주는 활력을 갖게 한다.
2. 조직이론적 관점은 계획에 도움이 되거나 어려움이 될 교회와 주위 환경적 요소들을 대부분 미리 알아내게 하여 효율적인 계획을 수립하는 과정에 도움을 준다.

---

8 Charles E. Fuller Institute의 Carl George는 대형 교회 목회자들을 돕기 위하여 메가급 교회들(천 단위 성도를 갖고 있는 교회들), 메타급 교회들(만 단위 성도를 갖는 교회들)의 조직 분석을 하는 방법을 개발하고 있다.

3. 조직이론적 사고는 교회 어느 특정 조직에서만 일하다 보면 간과하기 쉬운 전교회를 보는 안목, 즉 전체적인 관점을 갖게 한다.
4. 조직이론적 접근법은 지도자나 그룹이 다른 방향으로 나갔을 때 어떤 일이 일어날 것인가를 예측할 수 있게 한다.
5. 조직이론적 관점은 교회로 하여금 교회가 주위에 있는 다른 조직들과 관계하고 있음을 알 수 있게 한다. 이런 관점은 교회가 자기만 생각하고 내향적이 되지 않도록 돕는다.
6. 조직이론은 교회의 목표와 특성, 주위 환경에 적절하고 탄력 있는 리더십을 촉진시킨다.[9]

린드그렌과 쇼우척이 공동 집필한 『내 백성을 가게 하라: 능력 있는 평신도 사역』(Let My People Go: Empowering the Laity for Ministry)[10]은 조직이론을 배경으로 하고 있다. 그들은 서두를 이렇게 시작했다.

> 성직자와 평신도 모두의 주된 관심사는 교회가 복음을 복잡한 현대사회 전반과 개개인에게 능력 있게 전하기 위해 평신도를 어떻게 훈련하고 참여시킬 것인지의 방법을 발견하는 것이다. 현대적 필요와 요구 사항은 평신도와 성직자가 함께 동역할 때에만 사회 구조와 개인의 생활을 변화시킬 수 있다

---

9 Alvin J. Lindgren and Norman Shawchuck, *Management for Your Church: How to Realize Your Church Potential Through a Systems Approach* (Nashville: Abingdon, 1977), 25.
10 Nashville: Abingdon, 1980, 10.

는 것이다. 오늘날 교회가 영향력 있게 협동하여 선교하려고 한다면 교회의 전반적인 사역에 평신도가 참여하도록 해야만 한다.[11]

도표 9에서와 같이 조직이론적 접근은 교회와 교회 주변 상황을 역동적인 관계로 보는 강점을 가지고 있다. 이와 비슷한 관점을 갖는 개념으로 크래프트(Kraft)의 '역동적 등가성을 갖는 교회됨'(dynamic-equivalence churchness)을 들 수 있다. 크래프트의 강조점은 교회는 교회가 속한 문화 상황과 역동적인 관계에 있고 그런 관계를 가져야만 한다는 것이다. 문화 조직은 문화권 내에 있는 교회 조직에 영향을 미치며 또한 영향을 받고 있다.[12]

왜 미국 교회 교인이 줄어가고 있는가를 분석한 칼 더들리(Carl Dudley)는 교회가 1960년대와 1970년대에 있었던 문화적 변화와 내적 요인들을 인식하지 못한 데 있다고 지적하였다. 캘리(Dean M. Kelly)의 『보수적 교회의 성장 요인』[13]과 호즈(Dean R. Hoge)와 루젠(Roozen)의 『교회 성장과 쇠퇴 요인 이해』[14]에 대해 언급하면서 더

---

11 Arthur Adams, *Effective Leadership for Today's Church* (Philadelphia: Westminster, 1978), 76-82.
12 Charles H. Kraft, *Christianity in Culture: A Study in Dynamic Biblical Theologizing in Cross-Cultural Perspective* (Maryknoll, N.Y.: Orbis, 1979), 315ff.
13 Dean M. Kelley, *Why Conservative Churches Are Growing: A Study in the Sociology of Religion*. 2d ed. (New York: Harper and Row, 1977).
14 Dean R. Hoge and David A. Roozen, *Understanding Church Growth and Decline* (New York: Pilgrim, 1979). Benton Johnson, "Is There Hope for Liberal Protestantism?" in Dorothy Bass, Benton Johnson, and Wade Clark Roof, eds., *Mainstream Protestantism in the Twentieth Century: Its Problems and Prospects*

들리는 교회와 주변 환경의 상호관계에 대한 몇 가지 조언을 하였다.[15] 주위 환경을 무시하고 교회만을 따로 생각하거나 교회를 무시하고 환경만을 생각하는 것이 아닌 넓은 관점을 갖는 것이 중요하다. 그리고 교회와 세상, 이 둘의 상호관계는 역동적이다. 이 관계를 열매를 맺는 상호관계로 보아야 한다는 것이다. 이러한 관점을 가진 학자들로는 데이빗 모버그(David Moberg), 피터 버거(Peter Berger), 찰스 글락(Charles Glock), 로버트 벨라(Robert Bellah) 등이 있다.[16]

쉘러는 새로운 교회가 세워지는 데 영향을 주는 창조적 상호관계를 지적하였다. 그는 이 상호관계에서 교회가 누구를 섬기기 위해 존재하는가를 이해하는 것은 매우 중요하다고 강조하며 그 나름대로의 질문을 던진다. "교회의 고객은 누구인가?"[17]

(Louisville: Committee on Theological Education, Presbyterian Church, USA, 1986), 13-26.

15 Carl S. Dudley, *Where Have All Our People Gone? New Choices for Old Churches* (New York: Pilgrim, 1979).

16 David Roozen, William McKinney and Jackson W. Carroll, *Varieties of Religious Presence: Mission in Public Life* (New York: Pilgrim, 1984); David Moberg, *The Church as a Social Institution: The Sociology of American Religion* (Grand Rapids: Baker, 1984); Robert Bellah, et al., *Habits of the Heart* (New York: Harper and Row, 1985); Wade Clark Roof and William McKinney, *American Mainline Religion: Its Changing Shape and Future* (New Brunswick: Rutgers, 1987); Peter Berger, *The Sacred Canopy* (Garden City, N.Y.: Doubleday, 1967); Peter Berger, Brigette Berger, and Hansfried Kellner, *The Homeless Mind: Modernization and Consciousness* (New York: Random House, 1973).

17 Lyle E. Schaller, *Growing Plans* (Nashville: Abingdon, 1983), Chapter 4. 교회와 주변 환경과의 상호관계에 대한 조직이론적인 접근으로 *It's a Different World* (Nashville: Abingdon, 1987)도 도움이 된다.

조직이론의 관점에서 보면 역동적인 교회론을 정립하는 데 있어서 선교는 없어서는 안될 요소가 된다. 하나님의 백성들은 주변 상황과 상호관계를 맺으며 선교에 관심을 집중시켜 나간다. 이것이 루젠(Roozen), 윌리엄 맥키니(William McKinney), 잭슨 캐롤(Jackson W. Carroll) 등이 미국 코네티컷 주 하트포드에 있는 열두 교회를 연구하여 임상적으로 발견한 것이다. 동일한 주변 환경에서 교회들이 선교하면서 크게 네 가지로 '선교방향'을 설정했다. 네 가지 방향은 행동파, 시민, 성당(聖堂), 복음 전도자 등이다.[18] 목표설정이 우선이다. 교회의 본질이나 목회자와 교인이 무엇을 하고자 하기보다 선교적 우선순위를 정하고 목적과 목표를 먼저 설정해야 한다. 목표 설정이 선교적이고 주도적일 때 선교적 교회는 특수 조직으로서 주변 사회 조직에 영향을 주고 받는다는 것을 깊이 인식하게 될 것이다.

도표 9는 어떻게 선교적 상호관계가 일어나는가를 보여 준다. 이것은 교회에서 일주일 동안에 일어나는 일을 생각해 봄으로 설명할 수 있다. 주일에는 하나님의 백성들이 예배하기 위해 모인다. 교회 조직들을 최대한 가동한다. 교육과 예배, 음악, 설교, 성례, 의식 등을 통하여 선교적이고 신학적인 관점을 가지며 자의식(self-identity)을 갖는다. 지도자들에 의해 조직적인 이슈들이 제기되고 하나님의 백성으로 하나님께 자신들을 드리는 데 있어서 개개인의 관계들이 중요하게 다루어진다.

월요일 아침이 되면 성도들은 다 어디에 있는가? 교회는 사회

---

[18] Roozen, McKinney, and Carroll, *Varieties of Religious Presence*, 247-65.

각 곳으로 흩어져 있다. 성도들은 사회 각계 각층으로 스며들어 있다. 그곳으로 보냄을 받은 하나님의 백성들은 선교하며 사회에 영향을 끼친다. 성도들이 세상과 다름없다면 거의 영향을 미치지 못하게 되고 세상과 반대된다면 세상은 그들의 영향을 배척하게 된다. 교회는 세상에 있는 조직들에 영향을 미치도록 보냄을 받았지만 동시에 교회는 세상의 조직들에 의하여 영향을 받게 된다. 하나님의 백성과 세상과의 관계는 쌍방이 동시에 영향을 받는 상호관계이다.

다시 주일이 되어 성도들이 모여들 때 이러한 영향도 함께 모여 들게 된다. 이때 모여든 성도들을 통하여 의식적이든 무의식이든 간에 사회 상황으로부터 받은 영향이 교회 생활 속으로 '들어오게'(input) 된다. 만일 교회가 주변 환경에 좋은 영향력을 강하게 미쳤다면 그 결과로 교인의 숫자가 늘어나게 될 것이다. 성도들이 모여들면서 주위에서 중요하게 논의 되는 이슈들과 문제들도 교회 안으로 들어오게 된다. 이러한 이슈들에 대해서 교회 예배 시간에 언급이 될 수도 있고 그렇지 못한 경우도 있다. 이런 중요한 이슈들을 교회가 언급하지 않게 되면 성도들은 예배가 자기의 생활에 어떤 도움도 되지 않았다는 느낌을 갖고 돌아가게 된다.

확실히 교회의 변혁하는 특성은 이론적인 것만은 아니다. 성도들이 짠 맛을 잃지 않고 교회의 여러 조직망을 통하여 세상을 변화시키는 일에 선교적인 공헌을 하는 것이 하나님의 백성을 세상에 두고 세상을 위해 자기의 목숨을 버리신 주님의 뜻이다. 교회는 "세상에 속하지"는 않았지만 "세상 가운데서"(요 17:11-16), 세상과 계속 상호관계를 가지며 그들이 주님을 믿을 수 있도록 해야 한다(요 17:21). 선교 목표를 설정하는 것은 교회와 주변 환경이 선교적인 관계를 정립하고 나아가는 좋은 방법이다.

3. 우선순위 정하기

우선순위를 정해야 한다. 교회의 선교에 관하여 우선순위를 세움에 있어 많은 선교학자들이 자신의 의견을 주장하였다. 예를 들어 맥가브란(Donald McGabran)은 교회 성장과 '전도'에 최상의 우선순위를 부여하였다. 보에티우스(Gis-bertus Voetius)는 불신자의 개종, 교회 개척, 하나님의 은혜를 증거함 등 선교의 세 가지 목표를 강조하였다.[19] 버카일(Johammes Verkuyl)은 교회 선교사역의 궁극적인 이유와 어느 특정한 선교사역의 결과로 장기적인 우선순위가 설정되어야만 한다고 설명한다. 버카일은 세상을 향해 선교적 교회에 다음과 같은 우선순위들을 제시한다.

1. 개개인의 영혼 구원을 위한 경건한 목표
2. 교회 개척(plantation ecclesiae)
3. 삼자(三自) 원칙
4. 교회의 수적인 성장

---

[19] J. H. Bavinck, *An Introduction to the Science of Missions* (Philadelphia: Presbyterian and Reformed, 1960), 155.

5. 기독교 선교단체
6. 사회 복음(the social gospel)
7. 사회 하부구조 개선(improving macrostructures)
8. 하나님 나라의 건설[20]

선교적 본질을 중시해야 한다. 교회 사역과 생활에 있어서의 우선순위는 선교적 교회의 본질에 적절해야만 한다. 교회의 문화적 특성과 주변 환경에 적절하고 교회의 주변 환경 사이에 있는 상호작용의 변화에 적절해야만 한다. 길릴랜드(Gilliland)는 이것을 '교회의 상황 참여성'(contextuality)이라 하였다.[21]

시대 상황의 변화에 따라 교회 생활과 사역은 계속 변해간다. 교회의 우선순위는 주변 문화와 환경이 갖고 있는 특성에 맞게 세워져야 한다. 하지만 이러한 우선순위들은 교회 공동체와 주변 문화의 변화에 따라 계속하여 재평가하고 새롭게 재정립해야 한다. 어느 특정 지역을 전도하기 위한 목표는 한두 해 동안은 중요한 우선순위가 되었지만 3년 후, 4년 후에는 그 우선순위가 달라질 수 있다.

이러한 재조정의 과정은 선교사역을 개인적이나 상대적인 것으로 변질시키는 것이 아니다. 우리는 우선순위를 세움에 있어서

---

20 Johannes Verkuyl, *Contemporary Missiology* (Grand Rapids: Eerdmans, 1978), 176-97. David Watson, *I Believe in the Church* (London: Hodder and Stoughton, 1978), 301, and Harvey Conn, *Evangelism: Doing Justice and Preaching Grace* (Grand Rapids: Zondervan, 1982).

21 Dean Gilliland, *Pauline Theology and Mission Practice* (Grand Rapids: Baker, 1983), 209.

육신을 입으신 말씀 곧 예수님의 유일하며 거룩하고 통일성이 있는 본질적으로 선교하게 되는 교회의 우선순위만 세울 수 있을 뿐이다. 우리는 교회가 무엇인지 교회가 어디에 있는지를 분명하게 인식할 때에야 이 둘의 관계가 어떠해야 함을 알게 되고, 세상을 향하여 선교적 교회의 모습을 어떻게 이룰 수 있을 것인지 알게 된다. 앤더슨(James Anderson)과 존스(Ezra E. Jones)는 목회자의 리더십에서 필요한 것은 "교회 성도들이 신앙, 생활, 헌신과 주변 사회와의 관계 등을 심도 있게 생각할 수 있도록 훈련된 성도들이 서로 돌아보고 성도들로 하여금 이러한 것에 대한 헌신들을 실천할 수 있는 방안을 세우도록 돕는 일"이라고 하였다.[22]

4. 목표 설정하기

선교적 교회는 그의 본질을 우선순위와 적극적인 선교 목표들로 전환하여 세상을 향해 선교사역을 행할 때 이루어진다. 교회의 목표를 세우는 방법에 대해서는 방대한 참고 서적들이 있다. 여기서 우리가 특별한 관심을 갖는 것은 선교적 교회가 스스로 그의 본질을 인식하고 본연의 모습을 갖게 되는 일에 있어서 교회의 목표를 설정함이 어떻게 도움이 되는가 하는 점이다. 데이톤(Edward R. Dayton)과 엥스트롬(Theodore Engstrom)은 목표에 대하여

---

22 James D. Anderson and Ezra E. Jones, *The Management of Ministry* (New York: Harper and Row, 1978), 17-18.

'진행 과정을 측정할 수 있는 미래적 사건'이라고 정의하였다. 그는 세상에서 선교적 교회는 '목적이 갖는 놀라운 힘'을 상기해야 한다고 주장했다.[23]

목표에는 의도하는 바가 분명히 드러나야 한다. 린드그렌은 그의 『목적 있는 교회 행정의 기초』(Foundations of Purposeful Church Administration)에서 교회를 위한 다섯 가지의 행정 목표를 제시한다.

1. 기독 신앙에 대한 이해와 헌신을 도모할 것.
2. 교회의 공동 목표인 선교를 위해 모든 교회 활동들이 상호 협동할 수 있도록 기획할 것.
3. 교회 생활 모두를 사람들을 섬기는 기회로 인식할 것.
4. 주변 문화를 이해하고 주변 문화에 효과적인 의사 전달 방법을 사용할 것.
5. 공동체를 섬기는 일에 전 성도들이 참여하게 기획할 것.[24]

몸은 하나이나 지체는 여럿인 것과 같다. 교회의 목표도 성도들 개개인과 전체 목표를 포함시켜야 한다. 월리(Robert Worley)는 교회의 개인적인 목표로 '이방인들을 모으는 일'과 교회 공동체의 공동 목표로 성도의 교통함을 구별하면서도 또한 이 둘을 함께 이루어 나가야 한다고 주장하였다.[25]

23　Edward R. Dayton and Theodore Engstrom, *Strategy for Leadership* (Old Tappan, N.J.: Fleming H. Revell, 1979), 53-54.
24　Nashville: Abingdon, 1980, 84-85.
25　Worley, *Gathering of Strangers*, 22-26.

선교적 교회의 목표는 지도자들끼리만 세워서는 안 된다. 지금까지 강조한 교회의 본질은 몸의 모든 지체들과 그들이 가진 은사들 모두가 세상을 향해 선교하는 일에 도구가 되어야 한다. 선교사역은 모든 하나님의 백성에게 속한 것이지 선택된 몇 사람에게만 국한된 것이 아니다. 그러므로 교회의 목표를 설정할 때 하나님의 백성 한 사람 한 사람이 함께 참여하고, 후원하고 사명을 감당할 수 있도록 목표를 설정해야 한다.

5. 계획 세우기

사역 계획을 잘 세워야 한다. 교회 계획은 교회의 선교적 본질을 감안하여 실제 사역으로 연결될 수 있어야 한다. 스미스(Smith)는 1983년 미국 장로교회와 연합하기 전, 미국 연합 장로교단 여러 교회들을 연구한 결과를 기초로 모든 하나님의 백성들이 사역에 참여할 것을 호소하였다.

사역이란 그리스도의 일을 이 땅에서 실행하는 것이다. 나사렛 예수 안에서 세상을 창조하신 하나님은 인간의 몸을 입으셨다. 예수님은 하나님이 약속하신 구세주이셨지만 고난받는 종이 되셨다. 그는 병든 자를 고치시고, 눈먼 자의 눈을 뜨게 하시며, 억눌린 자를 자유케 하셨다. 그의 삶과 죽음과 부활을 통하여 하나님은 세상을 자신과 화목케 하셨다. 그러므로 예수 그리스도는 우리 사역의 본보기가 되시고 사역을 감당케 하는 힘의 근원이 되신다. 사역은 세상 가운데서 교회 성도들 가운데서 이루어지는 교회의 일이다. 이 사역은 전적으로 안수받은 목회자들만이 감당해야 할 일이 아니라 성도 개개인 모두가 합심하여 감당할 일이다. 실제로 하나님의 백성 모두의 일인 것이다.[26]

헤롤드 풀러(W. Harold Fuller)는 선교와 교회의 역학 관계 중 우선순위, 목표, 활동 계획 등에 관해 탁월한 안목을 제공한다. 풀러는 교회의 선교에 있어서 교회 중심적인 관점과 이에 비교되는 선교 중심적인 관점을 선명하게 구분하려 하였다. 그는 "실제로 교회 중심이든 선교 중심이든 극단적으로 나뉘어서는 안 된다"[27]고 지적하고, 이 두 가지 관점이 갖는 장점과 약점을 보여 주었다. 선교적 교회의 새로운 패러다임은 양극단 중 한쪽으로 치우칠 가능성이 높다. 이런 양극화 현상을 피하기 위해 교회는 교회–하나님 나라–세상의 상호관계 속에서 우선순위를 세우고, 그것을 목표로 바꾸고, 모든 하나님의 백성들이 참여할 수 있는 계획으로까지 전환해야 한다. 이렇게 할 때 교회는 주님께 하듯 세상을 향해 선교의 손길을 펴게 된다.

교회가 그 본질을 우선순위를 세우는 일과 목표 설정으로 전환할 때 교회는 한걸음 더 나아가 성도들이 그 모든 지식과 믿음으로 세상을 향해 실천할 수 있도록 기획해야 한다. 사역 계획은 확실하고 가능한 일로 기간을 정하고 기도하며 세워야 한다. 하나님

26　Donald P. Smith, *Congregations Alive* (Philadelphia: Westminster, 1981), 15-16. Donald Metz, *New Congregations* (Philadelphia: Westminster, 1967), 41-50.

27　W. Harold Fuller, *Mission-Church Dynamics: How to Change Bicultural Tensions into Dynamic Missionary Outreach* (South Pasadena, Calif.: William Carey Library, 1980).

의 백성들이 오늘 이곳 이 시대 안에서 참된 '이 땅의 소금'이 될 수 있도록 실제적인 계획을 세워야 한다. 이렇게 철저하고 확실한 계획이 없이는 결코 이 땅에서 선교적 교회가 이루어지거나 세워질 수 없다. 다음 장들에서는 선교 계획을 성취하는 데 교회가 필요로 하는 교회 성도들, 리더십, 행정 구조 등을 좀 더 구체적으로 살펴볼 것이다.

6. 연구도서 목록

1) 우선순위 정하기

Anderson, James D., and Ezra E. Jones. *The Management of Ministry*. New York: Harper and Row, 1978. See chapter 3.

Costas, Orlando. *Christ Outside the Gate: Mission Beyond Christendom*. Maryknoll, N.Y.: Orbis, 1982.

Dulles, Avery. *The Resilient Church: The Necessity and Limits of Adaptation*. New York: Doubleday, 1977.

Getz, Gene A. *Sharpening the Focus of the Church*. Chicago: Moody, 1974.

Gilliland, Dean. *Pauline Theology and Mission Practice*. Grand Rapids: Baker, 1983. See 209ff.

McGavran, Donald A. *Understanding Church Growth*, rev. eds. Grand Rapids: Eerdmans, 1980, 1990. See chapter 2.

McGavran, Donald W., and Winfield Arn. *Back to Basics in Church Growth*. Wheaton, Ill.: Tyndale, 1981. See chapter 6.

―――. *Ten Steps for Church Growth*. New York: Harper and Row, 1977. See chapter 4.

Padilla, C. René. *Mission Between the Times: Essays by C. René Padilla*. Grand Rapids: Eerdmans, 1985.

Savage, Peter. "The Church and Evangelism" in C. René Padilla, ed., *The New Face of Evangelicalism: An International Symposium on the Lausanne Covenant*. Downers Grove, Ill.: Inter-Varsity, 1976.

Schaller, Lyle E. *The Pastor and the People: Building a New Partnership for Effective Ministry*. Nashville: Abingdon, 1973. See chapter 3.

―――. *Activating the Passive Church*. Nashville: Abingdon, 1981.

Shenk, Wilbert, ed. *The Challenge of Church Growth*. Scottdale, Pa.: Herald, 1973. See chapter 3.

Stott, John. and Robert T. Coote, eds. *Down to Earth: Studies in Christianity and Culture*. Grand Rapids: Eerdmans, 1980.

Verkuyl, Johannes. *Contemporary Missiology: An Introduction*, D. Cooper, trans. Grand Rapids: Eerdmans, 1978. See 176ff.

Wagner, C. Peter. *Church Growth and the Whole Gospel: A Biblical Mandate*. San Francisco: Harper and Row, 1981. See chapter 6.

―――. *Your Church Can Grow*, rev. ed. Glendale, Calif.: Regal, 1984. See chapter 11.

Watson, David. *I Believe in the Church*, 1st American ed. Grand Rapids: Eerdmans, 1979. See chapter 17.

2) 목표 설정하기

Bavinck, J. H. *An Introduction to the Science of Missions*, D. Freeman, trans. Philadelphia: Presbyterian and Reformed, 1960. See chapter 9.

Beyerhaus, Peter. "The Three Selves Formula," *International Review of Missions* 53 (1964): 393–407.

Hodges, Melvin L. *The Indigenous Church and the Missionary: A Sequel to "The Indigenous Church."* South Pasadena, Calif.: William Carey Library, 1977. See chapter 10.

Hoge, Dean R., et al. *Converts, Dropouts, Returnees: A Study of Religious Change among Catholics.* New York: Pilgrim, 1981. See pages 166–83.

Hogue, C. B. *I Want My Church to Grow.* Nashville: Broadman, 1977. See chapter 4.

Hull, Bill. *Jesus Christ, Disciple-Maker: Rediscovering Jesus' Strategy for Building His Church.* Colorado Springs, Colo.: NavPress, 1989.

Kane, J. Herbert. *Understanding Christian Missions.* Grand Rapids: Baker, 1974. See chapter 8.

MacNair, Donald J. *The Growing Local Church.* Grand Rapids: Baker, 1975. See chapter 10.

McGavran, Donald A. *Understanding Church Growth*, rev. ed. Grand Rapids: Eerdmans, 1980. See chapter 21.

McGavran, Donald A., and Winfield Arn. *How to Grow a Church.* Glendale, Calif.: Regal, 1973.

Mayers, Marvin K. *Christianity Confronts Culture: A Strategy for Cross-Cultural Evangelism.* Grand Rapids: Zondervan, 1974. See pages 249ff.

Metz, Donald L. *New Congregations: Security and Mission in Conflict.* Philadelphia: Westminster, 1967. See chapter 3.

Nelson, C. Ellis. *Congregations: Their Power to Form and Transform.* Atlanta: John Knox, 1988.

Ott, E. Stanley. *The Vibrant Church: A People-Building Plan for Congregational Health.* Ventura: Regal, 1989.

Schuller, Robert. *Your Church Has Real Possibilities.* Glendale, Calif.: Regal, 1974. See chapter 8.

Towns, Elmer L., John Vaughan, and David Seifert, *The Complete Book of Church Growth.* Wheaton, Ill.: Tyndale, 1981. See part 4.

Leadership, 8.4 (Fall 1987) 12–115.

3) 계획 세우기

Arias, Mortimer. *Announcing the Reign of God: Evangelization and the Subversive Memory of Jesus.* Philadelphia: Fortress, 1984.

Barrett, Lois. *Building the House Church.* Scottdale, Pa.: Herald, 1986.

Belew, M. Wendell. *Churches and How They Grow.* Nashville: Broadman, 1971.

Du Bose, Francis M. *How Churches Grow in an Urban World.* Nashville: Broadman, 1978.

Fuller, W. Harold. *Mission-Church Dynamics: How to Change Bicultural Tensions into Dynamic Missionary Outreach.* South Pasadena, Calif.: William Carey Library, 1980. See chapters 1–4, 6.

Hodges, Melvin L. *A Theology of the Church and Its Mission: A Pentecostal Perspective.* Springfield, Mo.: Gospel, 1977. See chapter 5.

Hunter, George G., III. *To Spread the Power: Church Growth in the Wesleyan Spirit.* Nashville: Abingdon, 1987.

Pendorf, James G., and Helmer C. Lundquist. *Church Organization: A Manual for Effective Local Church Administration.* Wilton, Conn.: Morehouse-Barlow, 1977. See chapter 2.

Rose, Larry L., and C. Kirk Hadaway, eds. *An Urban World: Churches Face the Future.* Nashville: Broadman, 1984.

Schaller, Lyle E. *Planning for Protestantism in Urban America.* New York: Abingdon, 1965. See chapter 5.

Shenk, Wilbert, ed. *Exploring Church Growth.* Grand Rapids: Eerdmans, 1983. See 171–302.

제10장
선교적 교회의 성도

선교적 교회에 선교적 성도가 필요하다. 1960년대 중반에 웨슬리 베이커(Wesley Baker)는 현대 교회 내에서 성도 개개인 역할을 철저하게 분석한 바 있다. 베이커는 그의 『갈라진 계층과 친교』(*the Split-Level Fellowship*)[1]라는 책에서, 교회 지도자들이 오래 전부터 알고 있었던 현상인 헌신된 소수와 교회에 참여하지 않는 다수의 놀라운 차이에 대하여 새 이름을 붙였다. 그는 이 현상을 '베타 요인'(factor Beta)이라고 불렀다.

이 요인은 간단하고 분명한 사실이다. 조직된 교회 내에 두 종류의 사람이 있다는 것, 또는 적어도 두 가지 이상의 동기 유형들(motive patterns)이 있다는 것이다. 이 두 그룹을 지도자와 추종자로 분류하는 것은 가능한 일이긴 하지만 정확하다고는 할 수 없다.

교구를 살펴보라. 대부분 소수의 헌신되고 열심인 사람들이(순수한 마음일지라도) 지도자의 위치를 다 차지한다. 그 주

---

[1] Wesley Baker, *the Split-Level Fellowship* (Philadelphia: Westminster, 1965).

위에는 전혀 교회 일에 관여치 않거나 그저 따라다니거나 하는 사람들이 둘러싸고 있다. 그런데 교회 내부를 장악한 소수의 지극히 종교적인 사람들은 선교적 교회로서의 교회라는 생각을 갖지 못하므로, 이런 상황에서 교회다운 교회가 되려면 교회의 주도권을 잡은 내부 인사들과의 극한 전쟁을 치르지 않고는 어렵게 되어 있다. 모든 교구는 참다운 교회의 모습을 가져야 한다는 점에서 공동체를 이루는 무언의 다수가 선교활동에 철저히 참여하도록 해야 한다. 이것은 교회 교육의 문제나 복음 전도의 문제가 아니라 교회의 정의에 대한 문제이다.[2]

베이커는 교회의 교인이 되기 위한 자격 요건에 대해 간략하게 역사적인 분석을 한 후에 '베타 요인'을 없애는 두 가지 방법을 제시하였다.

첫째, 실제로 교인이 되는 데 보다 엄중한 자격 요건을 요구하는 방법이다.

둘째, 성직자와 평신도를 구별하지 않는 교회 예식, 교육, 전도, 기독교 윤리를 개발하는 방법이다.

우리는 베이커의 문제 해결책에 동의하지는 않는다고 할지라도 그가 강조했던 점들을 자세히 살펴볼 필요가 있다. 왜냐하면 그의 제안이 있은 지 25년이 지났는데도 우리는 전혀 핵심적인 이슈를 다루지 못하고 있기 때문이다. 사실 교회는 10퍼센트 정

---

2 Ibid., 34-42, 60ff.

도의 활동적이고 헌신적인 중심 인물들과 나머지 90퍼센트의 비활동적이며 무관심한 주변 인물들로 구성되어 있다. 교회에 따라서 구성 비율이 조금씩 다를 수는 있겠지만 대부분의 교회들이 그렇다고 할 수 있다. 이런 현상은 전세계적인 현상이라고 말할 수 있다. '베타 요인'으로 가장 피해가 많은 지역은 유럽과 북미주이다. 선교적 교회를 세우려고 하는 초기 단계에서 선교에 비활동적인 교인과 활동적인 교인의 비율은 어느 정도일까? 베이커의 연구 결과대로라면 9 대 1 정도이다.

이러한 교회에서 참된 하나님의 백성을 어떻게 구별할 것인가? 비활동적인 90퍼센트를 하나님의 백성으로 간주할 수 있을까? 아니면 10퍼센트만 하나님의 백성이라고 그 자격을 제한할 것인가? 현실적으로 대부분의 비활동적인 사람들이 그리스도의 몸된 교회의 일치성, 성결성, 유일성, 사도성을 드러내고 있다고 할 수 있겠는가? 과연 90퍼센트에 해당하는 사람들을 친교(koinonia), 말씀선포(kerygma), 봉사(diakonia), 증거(martyria)하는 일에 참여시킬 수 있을까? 교회의 10퍼센트 정도만이 세상을 향해 왕 같은 제사장으로, 선지자로, 자유케 하고 치유하는 역할을 하는 것에 만족해야 할 것인가? 하나님의 선교를 다루는 일에 있어서 이제까지 우리는 '목회자', '신부나 수녀', '수사', '선교사'만 염두에 둠으로써, 전교인을 생각하기보다 소수의 선택된 사람만 생각했음을 인정해야 하지 않을까?

개신교의 종교개혁은 '만인 제사장'이라는 의식을 일깨웠다. 이것은 기도, 중보, 칭의, 성화, 봉사 등에 모든 성도들이 소명을 받았다는 사실이다. 한마디로 베타 요인은 과연 개신교의 종교개혁

이 어떤 의미를 가지고 있는가에 대한 현재적 질문이다. 핸드릭 크레머(Hendrik Kraemer)가 쓴 『평신도 신학』(Theology of the Laity)[3]의 주장대로, 세상을 향한 그리스도의 선교에 소수의 사람만이 참여해야 한다는 것은 성경적이라 할 수 없다. 교회가 하나님 나라의 지점이 되기 위해서는 10퍼센트에 의해서 90퍼센트가 훈련되고, 용기를 얻고, 도움과 지도를 받아 교회 성도들의 삶이 변화되어야만 한다. 교회의 지도자들이 모든 성도들을 훈련시켜 전세계를 향해 전교회가 온전한 복음 사역에 동참할 수 있도록 그들이 가진 놀라운 잠재력을 일깨울 때 선교적 교회는 든든히 세워진다.[4]

1. 성경적 관점에서 보는 '평신도'

성경은 평신도를 어떤 관점으로 보는가? 평신도에 대해서는 방대한 저서들이 있으므로 여기서는 선교적 교회와 관련된 부분만을 고찰해 보고자 한다. 여기에 데이빗 왓슨(David Wstson)이 쓴 『나는 교회를 믿는다』(I Believe in the church)는 아주 유익한 책이다. 왓슨은 50페이지 이상을 할애하여 교회의 사역, 지도자, 성도들에 대해 다루면서 분명하고 단호하게 교회의 두 계층(two-class) 조직은 신약성경에 맞지 않는 개념임을 지적했다.

성경적으로 모든 성도들은 성직자요 제사장이다. 이 사실은

---

3 Hendrik Kraemer, *Theology of the Laity* (Philadelphia: Westminster, 1958).
4 로잔 운동에 참여한 지도자들은 1989년 마닐라에서 이 주제를 중심으로 모였다.

교회에서 참된 사역과 리더십에 대한 개념을 재발견하게 하는 중요한 시발점이 된다.[5]

평신도(laity)라는 용어는 성경적인 의미로 '하나님의 백성'(laos)이라는 뜻이다. 성도는 각양 은사와 역할에는 구별이 있을 수 있으나 성결함이나 헌신, 선교활동에 참여하는 일과 주님 안에서 누리는 특권과 권세에 있어서는 어떤 구별도 있을 수 없다. 오늘날 '평신도'라는 용어는 보편적으로 '전문가'에 반대되는 말로 사용된다. 전문가는 어떤 분야에 전문적인 사람, 그 분야에 헌신된 사람이다. 하지만 교회 내에서는 그러한 전문직과 비전문직 구별이 없다. 이런 구별은 성경적인 근거가 없을 뿐만 아니라 '전문적인' 성직자들을 통해야만 '하나님께 가까이 갈 수 있다'는 관점은 비성경적이다. 그런 관점은 대다수의 사람들의 삶을 거룩함과 성령의 역사를 따르는 일에서 멀어지게 한다. 평신도와 성직자를 명확하게 구별하는 일은 3세기부터 계속되었고 종교개혁 이후에도 개신교 교단에 남아 교회의 침체와 세속화 및 죄성의 주된 원인이 되었다.

신약성경에는 '모든 하나님의 백성'이 함께 교회를 이루도록 부르심을 받았다. 모든 성도들은 함께 그리스도의 온전한 분량에 이르도록 자라야 한다(엡 4:15). 이러한 온전함은 10퍼센트나 그보다 더 적은 숫자만 소명을 인식하고 참여해서는 이루어질 수 없

---

5 David Watson, *I Believe in the Church*, 1st American ed. (Grand Rapids: Eerdmans, 1979), 248-50.

다. 나머지 90퍼센트도 사역에 함께 참여해야 온전함이 이루어진다. 평신도는 그리스도 안에서 새로운 피조물이 된 모든 사람을 말한다. 나누는 벽이 무너졌다(고후 5:17). 옛 것(성별, 전문적, 인종적, 문화적, 경제적 구별을 포함)은 지나갔다. 그 마음에 예수님을 주로 믿고 입으로 고백하는 사람은 사실적으로 하나님의 백성이다. 제2차 바티칸 공회는 이러한 교회관을 확인하였으며 그 이후 모든 교회들에게 큰 영향을 미치고 있다.[6]

2. '하나님의 백성' 개념에 함축된 의미

교회는 하나님의 백성이다. 하나님의 백성으로 교회를 이해하는 관점은 선교적 교회에 함축된 의미를 부여한다. 여기서 몇 가지 실례를 들어본다.

1) 개종(conversion)

하나님의 백성에게 개종이 중요하다. 한 사람이 '하나님의 백성'의 일부가 될 때 구원 초청을 받고 강대상 앞으로 나아가는 일, 옛 우상을 태우는 일, 또는 예배에 출석하는 일 이상의 일이 일어나게 된다. 우리는 개종에 대한 이해를 넓혀야 한다. 개종은

---

6 Austin P. Flannery, ed., *Documents of Vatican II* (Grand Rapids: Eerdmans, 1975); and idem, ed., *Vatican II: More Postconciliar Documents* (Grand Rapids: Eerdmans, 1982).

'백성이 아니었던' 사람이 선교하는 하나님의 백성이 되고, 섬기고, 참여하고, 활동하는 그리스도의 몸(벧전 2:10)의 일부가 되는 것이다. 이것은 이기적이고 자기 중심적이며, 어두움의 주관자를 섬기던 생활을 돌이켜 하나님의 사랑과 예수님을 섬기는, 제자된 삶으로 들어오게 됨을 의미한다. 개종은 믿기로 결정하고 그리스도를 따르는 자로, 그리스도의 이름을 전하는 제자들과 함께 제자도의 과정으로 들어가게 된다. 성경에서 말하는 온전한 개종에 포함된 세 과정은 다음과 같다.

    a) 예수 그리스도 안에서 하나님께로 향한 개종
    b) 예수님의 몸된 교회에로의 개종
    c) 예수님이 위하여 돌아가신 세상을 향한 선교사역에로의 개종이다.[7]

2) 신학 교육과 문맹도

교회를 모든 하나님의 백성들로 여길 때 우리는 신학 교육과 문맹퇴치 작업을 진지하게 생각하게 된다. 이 사실은 많은 나라에서 새로운 개종자들이 성경을 읽을 수 있도록, 그리고 그들이 읽는 성경을 이해할 수 있도록 '읽기 교육'을 즉시 실시해야 한다는 것을 의미한다. 또 이것은 신학 교육을 극소수에만 제한하지 않고 모든 사람에게 어떤 방법을 통해서든 해야 한다는 것을 의미한다.

---

7 James E. L. Newbigin, *The Open Secret* (Grand Rapids: Eerdmans, 1978).

즉 신학 교육은 모든 하나님의 백성들에게 속한 것으로 모두에게 기회가 주어져야 하며 모두가 참여할 수 있도록 해야만 한다.[8]

교회의 교육 프로그램은 하나님의 백성들을 잘 훈련하여 세상을 향해 선교하는 역동적인 선교적 제자도의 관점에서 이해해야만 한다. 신학 교육은 많은 평신도를 전문적인 목회자로 양성하는 것에 목표를 두어서는 안 된다. 신학 교육은 소수에게만 제한된 신비스러운 학문이라기보다 하나님의 모든 백성들을 동원하여 매일의 삶에서 제자도가 의미하는 바를 철저히 실천할 수 있도록, 성경적인 신앙의 핵심 내용을 교육하는 것이라야 한다. 이런 신학 교육은 세상을 향하여 선교하러 나가는 제자도의 의미를 일깨워 오늘 이곳에서 실천할 수 있는 '밖으로 향하는' 제자의 삶을 가르친다. 이런 관점에서 우리는 가르치는 원리들을 개발하고 그들이 속한 지역 교회의 모든 하나님의 백성을 위해 가르치는 사역을 잘 감당할 수 있도록 시간과 기회를 제공해야만 한다.

3) '산타를 돕는 난쟁이' 현상

하나님의 백성을 난쟁이로 만들어서는 안 된다. 함께 사역을 나누는 운동에서 빚어지는 가장 흔히 볼 수 있는 실수는 10퍼

---

[8] 신학 교육을 세계 모든 교회를 위하여 여러 형태로 개발한 많은 문헌들이 있다. Ralph D. Winter, *Theological Education by Extension* (South Pasadena, Calif.: William Carey Library, 1969); F. Ross Kinsler, *Ministry by the People: Theological Education by Extension* (Geneva: World Council of Churches, 1983), and Ray Anderson, *The Praxis of Pentecost: Revisioning the Church's Life and Mission* (Pasadena, Calif.: Fuller Theological Seminary, 1991).

센트에 해당하는 사람들을 훈련시켜 교회 내에서 환자 심방, 성경 공부 인도, 주일 학교 교사, 전화를 거는 일 등으로 사역하도록 훈련하는 것이다. 교회에서 하나님의 백성을 훈련한다고 하면서 몇몇 열성적인 교인들을 이류 전문가들(second-class professionals)로 만들어 바쁜 '목회자들'의 일감을 조금 덜어주는 정도에 그치고 있다. 이런 '평신도 사역자들'은 산타 할아버지(목회자)가 준비하는 일을 돕는 작은 꼬마 난쟁이들의 역할에 불과하다.

타문화권에서 교회 개척을 하는 상황에서도 똑같은 일을 반복한다. 개척 선교사는 언어를 배우고, 성경을 번역하고, 작은 규모의 개종자 모임을 만든다. 선교사들은 스스로 그 인종 전체를 전도할 정력과 시간이 없으므로 자기가 하고자 하는 일을 위해 몇몇 사람을 훈련시키는 데도 충분한 정력과 시간을 투자하지 못한다. 선교사들은 다른 곳으로 이동을 하여 똑같은 일을 반복하고 시간이 지나면서 현지인들을 관리하는 '높은 자리'에 올라앉아 훈련과 감독을 하게 된다. 마지막으로 현지교회는 선교사들의 품에서 떠나 독립하게 되고 현지 목회자가 행정 업무의 장으로 부임하게 된다. 이런 현상은 '삼자원칙'(Three-self Formula)의 일부로 장려되었으나 확실하게 말하면 하나님의 백성에 대한 비성경적인 관점에서 야기된 현상이다.

하나님의 백성 중에서 일어나야 하는 일이 있다. 초창기 선교사들이 초기 개종자들을 그들이 속한 문화와 동족들에게 선교사역들(선지자적, 제사장, 왕 같은 치유와 자유케 함, *koinonia*, *diakonia*, *kerygma*, *martyria*)을 감당할 수 있도록 훈련하는 일이다. 선교사들 자신이 섬김을 받으려 함이 아니라 섬기는 모범을 보임으로 현지인들을 교육하여야 한다. 이처럼 초기 개종자들도 다른 사람을 섬기는 훈련을 받아야 한다. 선교사들이 선교 현지에 더 오래 머물면 머물수록 '모든 사람을 위해 대속물로 자기 목숨을 버리는' 그 역할이 더욱 커져야 한다. 이렇듯 그리스도를 닮아 가는 성육신적인 사역을 할 때에 하나님의 백성들이 가진 은사와 능력들이 드러나게 될 것이고, 에베소서 4:11-13 말씀이 이루어지게 된다.

> 그가 어떤 사람은 사도로, 어떤 사람은 선지자로, 어떤 사람은 복음 전하는 자로, 어떤 사람은 목사와 교사로 삼으셨으니 이는 성도를 온전하게 하여 봉사의 일을 하게 하며 그리스도의 몸을 세우려 하심이라 우리가 다 하나님의 아들을 믿는 것과 아는 일에 하나가 되어 온전한 사람을 이루어 그리스도의 장성한 분량이 충만한 데까지 이르리니(엡 4:11-13).

하나님의 백성들이 선교하는 본연의 모습을 발견하도록 가르치고, 훈련하고, 격려하고, 동원하는 교회가 선교적 교회이다. 이런 교회는 그들이 처한 곳에서 선교함으로써 함께 영적, 선교적, 숫자적으로 성장하게 된다. 지역 문화에 적합한 사역이 이루어지고, 그 문화에 맞는 리더십의 형태가 선교사역을 중심으로 갖추어지게 된다. 이 땅에서 왕 되신 주님을 섬김으로 오늘 이곳에서의 교회는 선교적이고 종말론적인 실체가 된다. 이런 교회론에 기초하여 교회는 지도자 개개인을 훈련하는 것처럼 모든 하나님의 백성을 폭넓게 개발하는 일에 관심을 가져야만 한다.

3. 그리스도의 몸인 선교적 교회

신학 전통이 다른 신학자들도 교회의 생활 및 사역과 영적인 은사와의 관계는 확실하다고 대부분 동의한다. 이러한 관점은 선교적 교회에 시사하는 바가 크다.

1) 교회는 독재가 아니다

교회 지도자는 독재자가 아니라 섬기는 자이다. 그리스도의 몸인 교회는 여러 종류의 인적 구성원을 갖고 있다. 은사에 따라서 개개인이 특별한 역할을 감당하게 된다. 이런 각양 은사들에 대해서는 로마서 12장, 고린도전서 12장, 에베소서 4장 등을 보면 부분적으로나마 알 수 있다. 그리고 각 지역 교회는 처한 곳에서 성령이 그리스도의 몸으로 선교사역을 감당케 하기 위해 허락하시는 은사들을 살펴볼 수 있어야 한다.

은사는 다양하다. 교회에 허락하시는 다양한 은사들은 목회자 한 사람이 그리스도의 몸으로 감당해야 할 '선교사역'을 다 감당할 수 없음을 단적으로 보여 준다. 더 나아가서 하나님은 한 사람을 높이 세워 다른 사람에게 일을 시키도록 부르시지 않는다.

지도자는 은사를 주거나 결정하는 사람이 아니라 하나님께서 그의 백성들에게 허락하신 은사를 잘 활용할 수 있도록 세우고, 돕고, 조직하고, 섬기는 사람이다. 근래에 세속적인 관리 기술이 교회 안에 들어와 문제가 되고 있다. 이런 세속적인 이론들은 교회를 그리스도의 몸으로 인정하는 이론이 아니다. 세속적인 이론으로 교회를 관리하고 운영하거나 교회의 목표 설정을 하는 것은 재고해야 한다.

2) 교회는 종족집단도 민주주의도 아니다

교회는 은사와 성령의 역사를 중시한다. 하나님의 백성이라는 관점은 우리가 주장하는 교회와 교단 정치의 민주적 방법들에 대해서도 재고할 것을 종용한다. 민주적인 방법으로 의사를 결정하고 교단을 조직하는 것은 모두가 동등하다는 평등권을 중심으로 권력 남용을 방지하는 데 매우 효율적인 방법이다. 하지만 교회 조직은 은사를 나누어 주시는 성령님의 역사를 통해서 통치된다. 이런 교회는 거친 서구적 개인주의를 용납할 수 없을 정도로 완전히 다른 조직을 갖는다. 개개인을 몸에 참여하여 사역하게 함으로써 자신이 누구인지 그 존재 의미와 역할이 무엇인지를 발견하게 한다. 몸이 없는 팔, 팔이 없는 손, 다리가 없는 발은 쓸모 없듯이 교회는 개개인의 집합체 이상이다. 오직 성도의 교통함으로 몸과 친밀한 관계를 가짐으로 성도 개개인은 예수 그리스도의 제자 된 자신의 영적 본질을 깨닫게 된다.[9]

교회 내에는 개인이나 몸, 모두가 필요하다. 어느 쪽도 더 우

---

9 Robert Wuthnow는 이 점을 "*Evangelicals, Liberals, and the Perils of Individualism*," *Perspectives*, 6. 5 (May, 1991), 10-13에서 지적하였다. 그는 개개인이 사회 변혁에 관련하게 되는 가능성이 '자유주의자'이든 '보수주의자'이든 관계 없이 그들이 적극적으로 지역 교회 활동에 참여하는 것과 상관관계가 있음을 보여 주었다.

월하지 않다. 막스주의나 종족주의에서의 개개인은 공동체를 위하여 존재하는 것으로 여겨진다. 이런 생각은 우리의 교회관에서 사라져야 한다. 교회에서 한 지체가 빠진 몸을 온전한 몸이라 할 수 없다. 교회는 모든 사람이 영적인 생활에 온전하게 동참할 때에야 비로소 이상적이라 할 수 있다. 바울은 지체의 한 부분이 아프면 모든 부분이 아프다고 말했다. 개개인은 단순히 몸을 구성하기 위하여 존재하는 것이 아니다. 교회 내에서 각양 은사를 받은 자로서 독특한 역할을 감당해야만 한다. 이런 지체의 일부를 잃는다는 것은 그리스도의 몸된 교회의 생명력을 잃는 것을 의미한다.

3) 교회는 클럽이 아니다

하나님의 백성으로서의 교회에 대해 세 번째로 확실히 해야 할 부분은 교회의 자발적인 연합 특성과 관계가 있다. 세계 도처에서 자원 봉사자들의 모임과 조직은 개개인들이 공동 관심사를 가지고 서로 협동하는 것에 흥미를 두고 발전되어 왔다. 물론 교회도 이런 자원 봉사자들 사회 조직과 동일한 면도 있으나 한편 그렇지 않은 면도 있다.

교회는 그리스도를 머리요, 주님으로 모시는 몸이다. 주님은 개개인이 그를 순종하여 섬기도록 부르신다. 그의 영은 성도들 각자가 몸의 지체가 되도록 죄를 깨닫고 믿음을 가지며 변하게 하신다. 성도들은 서로 연합하게 되는데 그들이 '비슷한 마음을 가진 개개인들'이라서가 아니다. 교회의 머리가 되시고, 그 안에서

"만물을 함께 붙드시고"(골 1:17), 서로 연합케 하시는 주님 때문에 하나가 된다. 서로 좋아서 선택한 것이 아니라 주님 안에서 하나가 된다(엡 2:14-16).

사회 단체에서는 회원들이 서로 좋아하는 사람을 선택하고 싫어하는 사람은 피하게 된다. 예수 그리스도는 그의 성령을 통하여 교회를 세우시되 개개인을 부르시고, 연합하게 하시고, 세상을 향하여 선교하도록 명하시고 보내신다. 우리는 서로를 부르신 그리스도 안에서 하나님의 법을 이루기 위해 서로 사랑함으로 세상이 우리가 그의 제자임을 알 수 있게 해야 한다.

4. 성경적 관점에서의 성직자

안수에 대한 성경적 관점이 필요하다. 선교적 교회가 자신을 하나님의 백성으로 받아들인다면 안수(ordination)의 개념이 바뀌어야 한다. 예수 그리스도의 제자들로서 그리스도의 몸의 지체 된 자들은 교회와 세상에서 확실한 선교적 사명을 갖는다는 사실을 깨달아야만 한다. 안수는 선교와 사역에 동기를 주어 동원시키고 훈련하는 모든 사람들을 구별하는 것이다. 한편으로 안수는 성도들이 하나님의 선교적 교회로서 부르심을 확인하고 돕는 일을 위해 구별함을 말한다. 안수에 대한 이런 관점은 우리에게 몇 가지 도전을 준다.

1. 안수받은 사람이 다른 성도들보다 더 높은 위치, 더 중요한

역할, 더 거룩한, 더 큰 권세를 갖게 되는 것은 아니다
2. 안수받은 사람은 의도적으로 신중하게 성도들을 세우고 일하게 할 수 있도록 다른 사람들에 의해서 더 많은 권위와 존경과 특권을 받았다. 이 역할은 세상에서 하나님의 선교를 효과적으로 감당하기 위해 하나님의 백성들이 지도자에게 허락한 은사이다.
3. 안수받은 사람이 하는 사역의 성패는 교회가 얼마만큼 선교하는 교회가 되었는가에 따라서 평가된다.
4. 안수받은 사람은 모두의 종이 된다. 이것은 예수님께서 제자들에게 주신 명령에서 말미암는다. 물론 안수받은 사람은 교회에서 특별한 사명을 가지고 있지만, "너희 중에 큰 자는 젊은 자와 같고, 다스리는 자는 섬기는 자가 되어야 한다"(눅 22:26)는 예수님의 가르침을 이해해야 한다. 예수님께서는 제자들에게 하나님 나라를 허락하셨지만 발을 씻는 종으로 하나님 나라에 참여하여야 한다.
5. 안수받은 사람은 성도들의 영적 은사가 선교하는 데 쓰이도록 격려함에 있어서 교회를 통하여 특별히 선지자적이고, 왕 같은, 제사장적인 치유의 사역을 하도록 위탁받았다.
6. 안수받은 종은 하나님의 백성들인 교회가 세상을 향하여 역동적인 선교사역에 참여할 수 있도록 계속 노력하여야 한다.
7. 안수받은 사람은 몸된 교회에서의 역할과 예수 그리스도의 제자로서 받은 특별한 소명 때문에 인정을 받는다.

여기에서 안수받은 자의 전문직, 직장, 경제적인 보수 문제에 대해서는 전혀 언급이 없는 것에 주목하여야 한다. 안수받은 사람에게 있어서 이 모든 것들이 중요하지만 교회의 본질을 다룸에 있어서는 중요한 일들이 아니다. 이런 것들은 교회의 유일성, 성결성, 일치성, 사도성의 본질적 문제와는 전혀 차원이 다르다. 또한 순수한 말씀의 선포, 성례전의 바른 집례 등 중요한 교회의 활동과도 전혀 차원을 달리한다. 하지만 안수는 매우 중요하다. 안수받은 사람들은 개인적인 경건함, 신앙, 소망, 사랑, 희생적인 제자의 삶을 통해서 하나님의 선교하는 백성들이 세상을 향한 사역을 감당하도록 돕는 데 자신을 헌신하는 귀한 지도자들이다.

이러한 관점에서 안수받은 사람은 다른 사람들과 전혀 다른 사역을 위하여 부르심을 받은 것이 아니다. 오히려 모든 성도들이 사역을 보다 잘 감당할 수 있도록 돕기 위하여 부름을 받았다고 볼 수 있다. 동시에 추종자를 능가하는 권위가 없으면 그들을 도울 수 없다는 사실을 이해하여야 한다. 이 권위는 그들이 감당해야 하는 일을 헌신된 제자로서, 순종하는 종으로서 성취해 낼 수 있도록 하기 위해 주어졌다. 다음 세 종류의 그림을 통하여(도표 10) 지도자와 추종자의 관계를 설명할 수 있다. 지도자와 추종자의 관계 정립은 교회가 새롭게 형성되는 데 결정적인 영향을 미친다. 다음 세 그림은 선교적 교회가 형성되어 가는 데 긍정적인 요소들과 부정적인 요소들을 갖고 있는 여러 조직의 영향력을 보여 준다. 이들 세 조직을 안수에 대한 일곱 가지 관찰과 비교하여 보면, 각각의 조직이 사람들 사이에서 지도자의 역할에 대하여 다르게 정의하고 있음을 알 수 있다.

| 제10장 | 선교적 교회의 성도 267

도표 10. 사역을 위한 교회 조직의 모델들

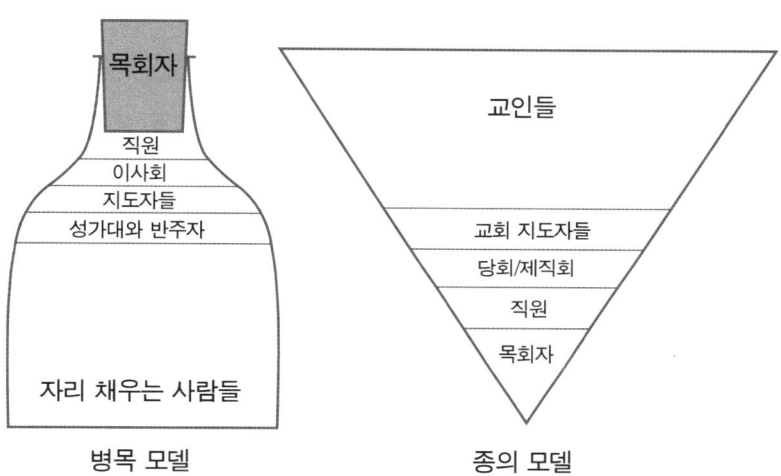

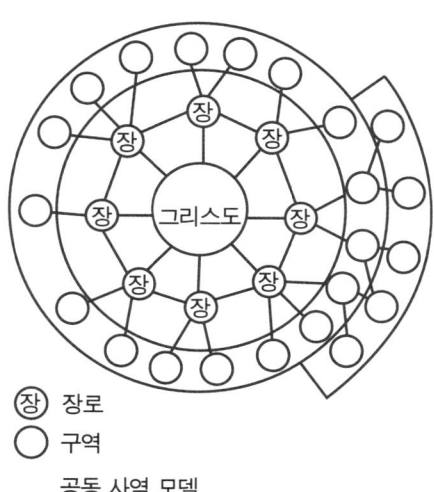

공동 사역 모델

도표 11. '가정 교회'와 '위성 조직' 모델

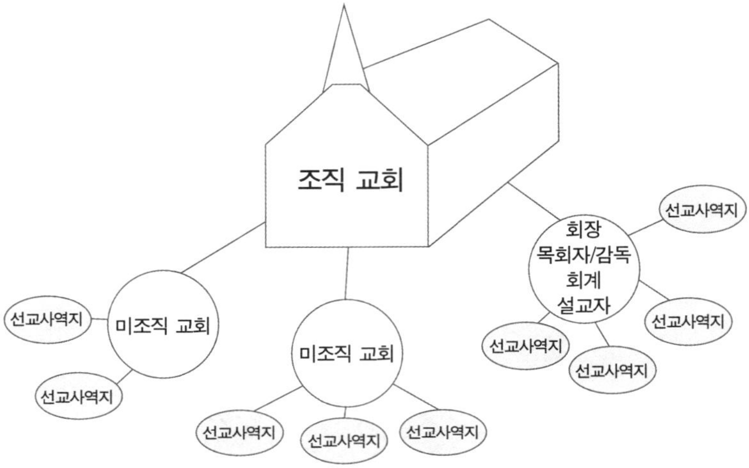
조직 교회
미조직 교회
미조직 교회
회장
목회자/감독
회계
설교자
선교사역지
선교사역지
선교사역지
선교사역지
선교사역지
선교사역지
선교사역지
선교사역지
선교사역지

위성 조직 모델

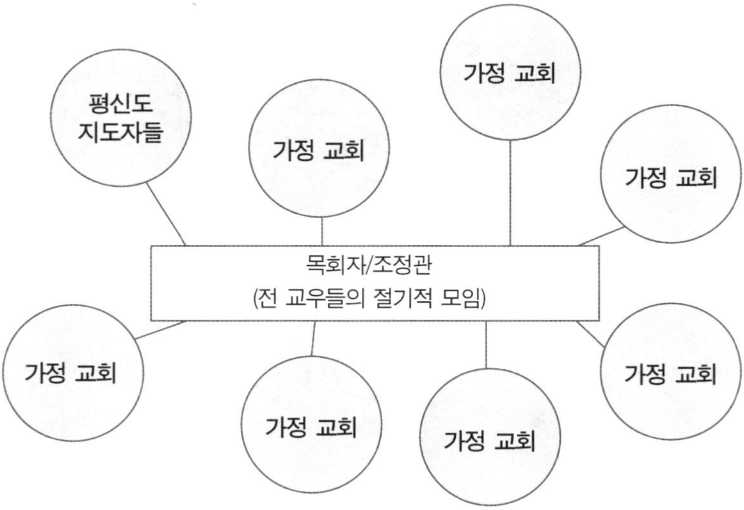
평신도
지도자들
가정 교회
가정 교회
가정 교회
목회자/조정관
(전 교우들의 절기적 모임)
가정 교회
가정 교회
가정 교회
가정 교회

가정 교회 모델

David Watson, *I Believe in the Church*, 1st American ed. (Grand Rapids: Eerdmans, 1979), 246, 293에서 수정 보완함.

안수가 순수한 역할의 의미를 갖든지, 개인의 소명에 대한 개인적인 의미를 갖든지 선교학적으로 교회론을 정립할 때는 같은 의미를 갖는다. 안수받은 사람이 소명을 받지 않았고 하나님께 가까이 있지 않다면 지도자로서의 구실을 할 수가 없다. 어떤 경우이든 안수받은 사람의 가장 중요한 역할은 그리스도의 몸을 세워 선교적 교회가 되게 하는 데 있다.

도표 11은 다른 두 가지의 가능성을 보여 준다. '위성 조직'(satellite structure)은 멕시코 치아파스 주에서 활동하는 멕시코장로교회를 근거로 한 것이다. 안수받은 목사 한 사람이 있는 경우도 있고 없는 경우도 있는 조직 교회 산하에 작은 '미조직 교회들'이 연결되어 있고, 각 모임에는 회중에서 매년 선출하는 집행 위원회(회장, 회계, 설교자)가 있다. 미조직 교회들 산하에는 회중들이 나가서 전도함으로 섬기는 여러 개의 작은 선교사역지나 설교하는 장소들이 연결되어 있다. 미조직 교회의 성도들이 나가서 선교하는 결과 교회가 성장하는 것은 실로 놀라울 정도이다. 성도들을 세우고 제자 삼는 일에 있어서 가르침을 받는 사람은 누구나 가르치고 신앙 안에서 인간관계를 형성해 간다. 안수받은 목회자와 상부 구조로 연결된 이 관계 속에서 모든 성도들은 감독을 받고 책임감을 갖는다. 이 조직은 많은 사람들에게 주목의 대상이 되는 '가정 교회 조직'과 비슷한 점이 많다. 예를 들어 한국 서울에 있는 여의도순복음교회의 조용기 목사는 50만 명이 넘는 교인들을 이런 모델을 이용하여 조직 관리하고 있다.[10]

---

10 Paul Yonggi Cho, *Successful Home Cell Groups* (Plainfield, N. J.: Logos, 1981)

여기서 제시하는 모델들과 에큐메니컬 이슈들에서부터 나온 관점들을 비교해 볼 수 있다. 미국에서 열렸던 성공회와 가톨릭의 대화에서 이루어진 교회 연합에 관한 협의(COCU) 내용 가운데 '세례, 성례, 그리고 사역'에 관한 좋은 자료를 발견할 수 있다. 이러한 여러 논의들은 한 가지 공통적인 특성을 갖고 있다. 그들은 교회 내부만 보고 있다. 그들이 관심을 갖는 분야는 서로 전문적인 사역을 인정하고 서로 다른 성례를 허용하는 정도에서 그친다. 교회가 세상을 향하여 갖는 선교적 관계와 하나님의 선교하는 백성으로서 어떻게 선교할 것인가에 대해서는 무시하고 만다. 교회는 공해상에 있는 외딴 섬들이 되고 만다.

우리가 제시하고자 하는 관점은 이러한 에큐메니컬들의 관점을 어떻게 선교적으로 방향을 바꾸게 할 것인가 하는, 세상을 향해 선교적 목적을 갖는 역동적인 교회론이다. 어느 한 교단이 다른 교단 소속의 '성직자'들을 안수받은 성직자로 인정해 줄 것인가 아닌가의 문제가 아니다. 선교적 교회는 어떻게 '성직자'가 하나님의 백성들이 선교하는 데 도움을 주고, 변화를 주고, 도전을 주어 그들을 선교에 참여케 하고 있는가를 질문하게 한다. 안수를 인정하는 것도 선교적 언어로 묻게 된다. 예를 들어 복음 전도와 교회 성장의 언어로 개개인의 안수는 하나님을 믿는 무리들이 성

; idem, *More Than Numbers* (Waco, Tex.: Word, 1984), Lois Barrett, *Building the House Church* (Scottdale, Pa.: Herald, 1986)를 참조하라. C. Kirk Hadaway, Stuart A. Wright and Francis M. Dobose는 *Home Cell Group and House Churches* (Nashville: Broadman, 1987)에서 이 주제에 대하여 가장 잘 다루었다. 특별히 3장과 8장에 나오는 토론을 참조하라.

장하고 있는가에 근거하여 증명될 것이다. 이러한 관점은 특히 유럽과 북미의 오래 된 교단과 교회들에게는 상당히 혁명적인 개념이 될 것이다.

5. 연구도서 목록

Adams, Arthur M. *Effective Leadership for Today's Church*. Philadelphia: Westminster, 1978. See 62–82.

Allen, Roland. *The Spontaneous Expansion of the Church and the Causes Which Hinder It*. Grand Rapids: Eerdmans, 1962. See chapters 7–9.

Anderson, Andy. *Where Action Is*. Nashville: Broadman, 1976.

Anderson, James D., and Ezra E. Jones. *Ministry of the Laity*. New York: Harper and Row, 1985.

Banks, Robert J. *Paul's Idea of Community: The Early House Churches in Their Historical Setting*. Grand Rapids: Eerdmans, 1980.

Bassham, Rodger C. *Mission Theology, 1948-1975: Years of Creative Tension-Ecumenical, Evangelical and Roman Catholic*. South Pasadena, Calif.: William Carey Library, 1980. See pages 69ff.

Boff, Leonardo. *Ecclesiogenesis: The Base Communities Reinvent the Church*, J. Dierksmeyer, trans. Maryknoll, N.Y.: Orbis, 1986.

——. *Church, Charism and Power: Liberation Theology and the Institutional Church*, J. Dierksmeyer, trans. New York: Crossroad, 1985.

Braun, Neill. *Laity Mobilized*. Grand Rapids: Eerdmans, 1971. See chapter 6.

Chaney, Charles. *Design for Church Growth*. Nashville: Broadman, 1977. See pages 53ff.

Conners, Kenneth W. *Stranger in the Pew*. Valley Forge, Pa.: Judson, 1970.

Dietterich, Paul M. "New Ways of Thinking About Supervision." *The Center Letter*, 13.4 (April 1983).

Dudley, Carl. *Building Effective Ministry*. New York: Harper and Row, 1983.

Dunn, James. "Ministry and the Ministry: The Charismatic Renewal's Challenge to Traditional Ecclesiology," in: Cecil M. Robeck, ed. *Charismatic Experience in History*. Peabody, Mass.: Hendrickson, 1985.

Hanson, Paul D. *The People Called: The Growth of Community in the Bible*. New York: Harper and Row, 1986.

Hogue, C. B. *I Want My Church to Grow*. Nashville: Broadman, 1977. See chapters 2–6.

Kraemer, Hendrick. *A Theology of the Laity*. Philadelphia: Westminster, 1958.

Kraft, Charles H., and Tom N. Wisley, eds. *Readings in Dynamic Indigeneity*. Pasadena: William Carey Library, 1979.

Küng, Hans. *Structures of the Church*, S. Attanasio, trans. New York: Nelson, 1964. See chapters 4, 5.

McGavran, Donald A., and G. G. Hunter. *Church Growth Strategies That Work*. Nashville: Abingdon, 1980.

MacNair, Donald J. *The Growing Local Church*. Grand Rapids: Baker, 1975.

Mickey, Paul A., and Robert L. Wilson. *What New Creation?* Nashville: Abingdon, 1977. See chapter 2.

Moltmann, Jürgen, and Hans Küng. *Who Has the Say in the Church?* New York: Harper and Row, 1981. See chapter 2.

Peck, George, and John Hoffman, eds. *The Laity in Ministry*. Valley Forge, Pa.: Judson, 1984.

Quin, Bernard, et al. *Churches and Church Membership in the United States, 1980*. Atlanta, Glenmary Research Center, 1982.

Richards, Lawrence O., and Clyde Hoeldtke. *A Theology of Church Leadership*. Grand Rapids: Zondervan, 1980. See chapter 3.

Richards, Lawrence O., and Gilbert Martin. *Lay Ministry: Empowering the People of God.* Grand Rapids: Zondervan, 1981.

Richardson, William, ed. *The Church as Sign.* Maryknoll, N. Y.: Orbis, 1968.

Schaller, Lyle E. *Getting Things Done*, Nashville: Abingdon, 1987.

———. *The Decision-Makers.* Nashville: Abingdon, 1974. See chapters 1–2.

Schuller, Robert. *Your Church Has Real Possibilities.* Glendale, Calif.: Regal, 1974. See chapter 7.

Segundo, Juan Luis. *The Community Called Church,* J. Drury, trans. Maryknoll, N.Y.: Orbis, 1973.

Shannon, Foster H. *The Growth Crisis in the American Church.* Pasadena: William Carey Library, 1977. See chapter 10.

Shenk, Wilbert. *The Challenge of Church Growth.* Scottdale, Pa.: Herald, 1973. See chapters 2–3.

Sobrino, Jon. *The True Church and the Poor.* Maryknoll, N.Y.: 1984.

Southard, Samuel. *Training Church Members for Pastoral Care.* Valley Forge, Pa.: Judson, 1982.

Van den Heuvel, Albert H. *The Humiliation of the Church.* Philadelphia: Westminster, 1966. See chapter 3.

Wagner, C. Peter. *Your Church Can Grow.* Glendale, Calif.: Regal, 1984. See chapter 5.

———. *Your Spiritual Gifts Can Help Your Church Grow.* Glendale, Calif.: Regal, 1974.

Wakatama, Pius. *Independence for the Third World Church.* Downers Grove, Ill: Inter-Varsity, 1976. See chapters 1-4.

Watson, David. *I Believe in the Church*, 1st American ed. Grand Rapids: Eerdmans, 1979.

Weeden, Larry K., ed. *The Magnetic Fellowship: Reaching and Keeping People.* Waco, Tex.: Word, 1988.

Werning, Waldo. *Vision and Strategy for Church Growth.* Chicago: Moody, 1977. See chapters 2–3.

God's Missionary People:
Rethinking the Purpose of the Local Church

제11장
선교적 교회의 지도자

선교적 교회의 지도자는 선교하는 지도자이다. 교회의 구성원 모두가 세상에 나가 선교해야 하는 하나님의 백성이라는 사실은 지도자를 세우는 일과 지도자에 대한 인식에 결정적인 영향을 미친다. 베드로는 교회를 "택하신 족속, 왕 같은 제사장, 거룩한 나라, 하나님의 소유된 백성"(벧전 2:9)이라고 기술하였다. 이 내용을 정부, 가족, 핍박 가운데 살아가는 성도의 삶, 그리스도를 믿는 개인적인 신앙에 적용시켰다(벧전 2-4장). 그런 후에 베드로는 교회의 지도자들에게 권한다.

> 너희 중 장로들에게 권하노니(presbyterous oun en hymin parakalō) 나는 함께 장로 된 자요 그리스도의 고난의 증인이요 나타날 영광에 참여할 자로라 너희 중에 있는 하나님의 양 무리를 치되 부득이함으로 하지 말고 오직 하나님의 뜻을 좇아 자원함으로 하며 더러운 이를 위하여 하지 말고 오직 즐거운 뜻으로 하며 맡기운 자들에게 주장하는 자세를 하지 말고 오직 양 무리의 본이 되라(벧전 5:1-3).

베드로와 생각을 같이한 리차드스(Lawrence O. Richards)와 홀트케(Clyde Hoeldtke)는 교회를 '사신 예수님의 살아 있는 몸'으로 이해하고 교회 지도자의 영적 자질에 대해 강조하였다.

> 지도자는 기관(institution)의 일부가 아니고 몸(body)의 일부이다. 몸의 일부가 된 지도자의 역할은 세속 기관 관리자의 역할과는 전적으로 달라야 한다.[1]

우리가 선교적 교회의 지도자로서 교회를 이끌어 나갈 때 어떻게 해야 하는가를 잘 알고 있어야 한다. 세상에서 선교사역을 감당해 나아가는 선교적 교회는 각 지체들이 가진 은사와 잠재력을 충분히 발휘할 수 있도록 모든 부분에 세심한 배려를 해줄 수 있는 능력이 있고, 긍정적이며, 조직화된 지도자를 필요로 한다.

1. 리더십의 정의

지도자는 인도한다. 엥스트롬(Theodore W. Engstrom)은 리더십(leadership)에 대해 다음과 같이 정의한다.

> 리더십이란 과연 무엇인가? 그것에 대해 모든 사람들이 다 알고 있다고 생각한다. 정말일까? 사실은 한 사람도 확실하

---

[1] Lawrence O. Richards and Clyde Hoeldtke, *A Theology of Church Leadership* (Grand Rapids: Zondervan, 1980), 6.

게 말할 수 없다. 우리는 관리자(manager)가 무엇을 하는 사람인지는 정의할 수 있다. 하지만 우리 모두가 포괄적으로 동의할 수 있는 리더십에 대한 정의는 지도자에 관한 능력이다. 그리고 나서 우리는 지도자에 대해 정의를 한다. 한마디로 지도자는 인도하는 사람이다.[2]

엥스트롬은 좀 더 자세히 지도자의 자질을 언급한다. 지도자는 세 가지의 자질을 가지고 있어야 한다고 말한다.
첫째, 지도자는 일을 되게 한다.
둘째, 지도자는 수동적인 사람이 아니다.
셋째, 지도자는 실행하는 사람이다.[3]

리더십은 자질이다. 관리(management)는 과학이나 예술이다. 리더십은 비전을 갖게 하고 관리는 현실적 관점을 갖게 한다. 리더십이 정신 개념이라면 관리는 활동 개념이다. 리더십은 믿음을 행사하나 관리는 눈에 보이는 사실만을 바라본다. 리더십은 능력 향상을 지향하고 관리는 효율만을 따진다. 리더십은 잠재력 있는 자원들에게 선한 목적을 가진 영향력이나 관리는 이미 조직되어 있는 자원들을 최대한 효과적으로 활동하는 것이다. 리더십은 방향을 설정하나 관리는 조종(control)을 한다. 리더십은 기회를 찾게 하나 관리는 일

---

2 Theodore W. Engstrom, *The Making of a Christian Leader* (Grand Rapids: Zondervan, 1976), 19.
3 Ibid., 20-23.

을 마무리 한다.[4]

조직 역학의 입장에서 허어씨(Hersey), 블랜차드(Blanchard), 네트마이어(Natemeyer)는 리더십을 "목표를 성취하기 위해 노력함으로써 개인이나 단체의 활동에 영향을 미치는 과정이다"라고 정의하였다.[5]

교회에서의 리더십은 어떻게 정의할 수 있을까? 정확하게 정의하기가 매우 어렵다. 교회 리더십의 많은 부분들은 지도자의 능력과 기술, 역할, 지도자 자신과 추종자들이 생각하는 지도자로서의 능력과 권한, 추종자 개개인의 인식 등 모두가 지도자의 인격에 의존하고 있다.

이제까지의 모든 정의들은 선교적 교회의 리더십에는 미흡한 정의들이다. 우리가 관심을 가지고 있는 리더십은 하나님의 백성들이 세상을 향해 선교할 수 있도록 지도자가 어떻게 선교를 촉진시키고 영향력을 줄 수 있느냐 하는 점이다. 선교적 교회에서의 리더십은 이렇게 정의할 수 있다.

---

4 Ibid., 22-23. Robert Schuller, *Your Church Has Real Possibilities* (Glendale, Calif.: Regal, 1974), 48-49; Richards and Hoeldtke, *Theology*, 90-92; and James D. Anderson and Ezra E. Jones, *The Management of Ministry* (New York: Harper and Row, 1978), 78-89.

5 Paul Hersey, Kenneth H. Blanchard, and Walter E. Natemeyer, "Situational Leadership, Perception, and the Impact of Power" (Escondido, Calif.: Center for Leadership Studies, 1979), 142-47; cf. Paul Hersey and Kenneth H. Blanchard, *Management of Organizational Behavior: Utilizing Human Resources* (Englewood Cliffs, N.J.: Prentice Hall, 1988), 202; J. Robert Clinton, *The Making of a Leader* (Colorado Springs: NavPress, 1988), 127.

> 리더십은 하나의 연합적 사건(corporate event)이다. 하나님의 백성들이 하나님의 소명과 뜻에 따라 비전을 가지고 세상을 향하여 나가 선교하는 삶을 살아가며, 세상과 그들이 선교하는 삶의 현장에서 행하시는 하나님의 사역에 성령으로 감동되어 동참하도록 그들을 독려하는 지도자들이 영향력을 행사하여 가는 연합된 사건이다.

이 정의는 다르다. 리더십을 지도자와 추종자들의 관계만으로 다루거나 리더십을 내치적인 관점에서만 보는 관점과는 상당한 차이가 있다. 그러한 개념들은 교회의 목적과 역할이라는 대명제 하에서의 리더십에 대해서는 강조하지 않는다. 선교적 교회는 조직구조나 인간 역학 관계 속에서 리더십을 정의하지 않고 리더십을 선교적 사건으로 정의해야 한다. 이런 관점에서 지도자가 세상을 향하여 모든 하나님의 백성들이 선교하도록 독려하는 일에 우선순위를 부여한다. 지도자와 추종자의 관계는 차선이 된다. 리더십은 선교적 사건으로서의 성령의 강한 역사, 성도들의 섬기는 사역, 주님의 뜻을 이루고자 하는 지도자들이 연합된 결정체이다. 이러한 리더십은 세상을 향한 선교에 강한 영향력을 발휘한다.

리더십은 믿음의 공동체가 몇 사람의 영향력 있는 지도자를 세우고 그 지도자들이 공동체 안의 모든 성도들이 받은 영적 은사들을 잘 발휘할 수 있도록 할 때 일어나는 '연합적 사건'이다. 이런 지도자는 하나님의 백성들이 세상을 향해 선교하러 나아가게 하는 데 있어서는 창의적이고, 자의적이며, 비전이 있고, 적극적이며, 긍정적이고, 미래를 내다볼 줄 아는 안목 있는 인물이다.

이러한 관점에서 선교적 지도자는 도와주는 자 이상이다. 그는 상담자 이상이며, 설교자 이상이고, 관리자 이상이며, 조직하는 자 이상이고, 감독하는 자 이상이다. 하나님의 백성들을 선교에 동원하기 위해 성도들에게 무엇을 하라고 말만 한다든지 프로그램을 만드는 것만으로는 부족하다. 성도들이 교회의 선교적 목표에 적극적으로 참여하고 열심을 낼 수 있도록 지도자는 손수 모범을 보여 줄 수 있어야 한다.

지도자들의 인격과 영성은 선교적 교회의 심장이 되어 뛴다. 그들의 지혜로운 관리 능력은 선교활동의 구조를 형성한다. 모든 성도들은 손과 발이 되어 교회의 선교적 목표를 달성하기 위해 영적 은사들을 발휘하게 된다.

2. 선교지도자 발굴

누가 과연 하나님의 백성들을 선교하게 하는 데 성령께서 쓰시는 선교지도자인가? 교회 역사에서 이 질문에 대한 답을 발견할 수 있다. 과거 20세기 동안 교회는 여러 가지 면에서 지도자가 추종자와 다르다는 것을 보여 주었다. 사도행전 1장과 2장을 살펴보면 예수님의 사역 기간 동안 동행하고 부활의 증인이 되었던 몇 명을 사도로 따로 세워 지도자로 삼았다(행 1:21-22). 교회는 콘스탄틴 시대에 이르러서 구조적으로 성직자, 성도, 초신자 등으로 세밀하게 구분하게 되었다. 그리고 그들 사이의 거리는 더욱 멀어졌다. 가르치는 교회(*ecclesia docens*)가 듣는 교회(*ecclesia audiens*)와는 질적으로 다르다는 신학사상이 생겨났기 때문이었다.[6] 중세 말에 이르러서는 더 심해졌다. 감독들, 사제들, 승려들은 성도들과는 아주 다른 교회의 핵심적인 지도자로 간주되었다. 이런 차별은 제임스 던(James Dunn)이 지적한 바와 같이 오늘까지 계속되고 있다.[7]

그러나 교회를 구분하지 않는 다른 선교정신도 역사를 통해서 면면히 이어져 왔다. 오순절 성령 강림 이후부터 일부 신자들은 교회로 하여금 모든 성도들을 돕기 위해서 부름받았다는 사실을 상기시켜 왔다. 이러한 선교정신은 오순절에서 종교개혁을 지나 초기 오순절 운동, 성령 운동에 이르기까지 언제나 성도들을 선교하는 일에 동원하였다. 그 결과로 이 선교적 사역을 돕는 일에 여러 은사가 있는 지도자들이 필요하게 되었다. 이러한 선교적 리더십은 전적인 무질서주의나, 완전한 민주주의, 또는 동일 집단의 획일주의 안에서의 리더십만을 의미하지는 않는다. 어느 교회를 보더라도 우리는 선교를 위해 하나님의 백성들에게 여러 모양으로 영향을 줄 수 있는 다양한 지도자들이 있다는 사실을 볼 수 있어야 한다. 교회에는 도표 12에서 제시한 것처럼 교회의 방향에 영향을 미치는 다양한 지도자들이 있다.

---

[6] 로마 가톨릭 교회는 마태복음 28장을 해석하면서 가르칠 수 있는 권위(교도권)는 '가르치는 교회'에 주어졌다고 주장했다. 바른 성경해석을 결정할 권리가 가르치는 교회에 있기 때문에 '듣는 교회'는 '가르치는 교회'가 제시한 진리에 순종해야만 한다는 교리이다. 개혁자들은 종교개혁 운동을 통하여 '만인제사장설'로 이런 교회의 구분을 반대하였다– 역주.

[7] James Dunn, "Ministry and the Ministry: The Charismatic Renewal's Challenge to Traditional Ecclesiology" in Cecil M. Robeck, Jr, ed., *Charismatic Experience in History* (Peabody, Mass.: Hendrickson, 1985), 81-101.

도표 12. 교회 지도자들의 형태

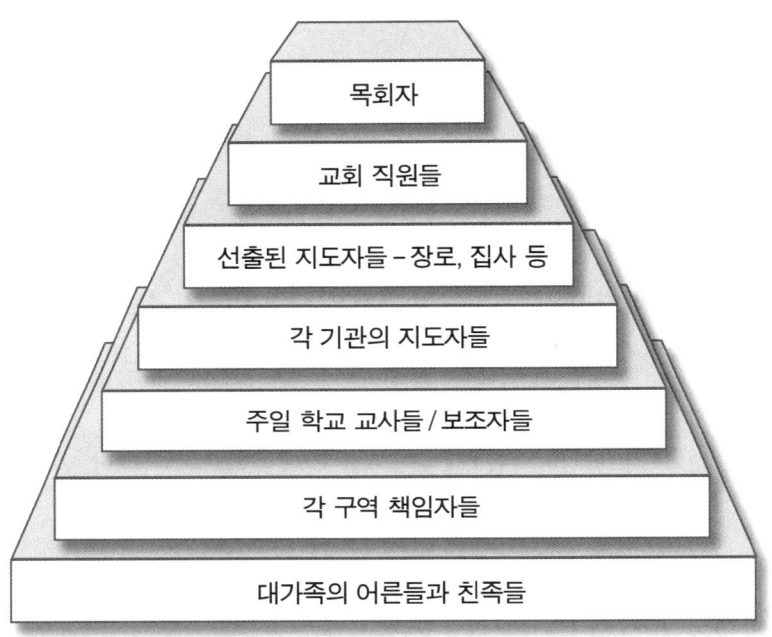

사실 교회 내에서 대가족에 속한 어른들은 강한 영향력을 행사하는 중요한 지도자들이다. 특별히 나이와 성숙도를 지혜와 권위로 인정하는 제3세계에서 집안의 어른은 확실한 지도자이다. 교회 내에서 구역 지도자, 교사와 청년회 지도자들의 영향력은 대단하다. 교회 각 기관의 지도자들은 여러 사람들을 동원할 수 있는 리더십이 있다. 선출된 지도자들은 권위로 다스리기보다는 종으로 섬기는 지도자의 역할을 한다.[8]

---

8 Peter Wagner는 구역(cell), 회중(congregation), 축제(celebration)라는 3C 개념을

지도자는 유형에 따라 각각 다르게 영향력을 행사한다. 하지만 지도자 유형이 다르다고 해서 교회가 한 방향으로 움직이는 데 방해가 되는 것은 아니다. 비전이 있고 능력이 있는 담임 목사는 여러 종류의 지도자를 세울 것이다 여러 종류의 지도자들은 그들을 따르는 자들이 선교하는 일에 하나님의 소명과 임재하심을 느낄 수 있도록 지도한다. 목회자가 이런 다양한 지도자들의 영향력을 통하여 교회 전체에 선교적인 비전이 퍼져 나갈 수 있도록 자기 역할을 다 할 때 교회는 선교적 교회로 움직이게 된다.

열심 있는 선교지도자들이 발굴되면 그들이 어떻게 리더십을 발휘하고 있는지 잘 분석해 볼 필요가 있다. 그리고 성경의 가르침을 따라 교회의 지도자는 종으로 섬기는 리더십을 발휘해야 한다는 사실을 인식하여야 한다.

3. 종으로서의 지도자에 대한 인식

누가복음에 나타난 예수님의 책망은 지도자가 어떻게 해야 하는가에 대한 분명한 가르침이다.

> 이 세상의 왕들은 강제로 백성을 다스린다. 그리고 백성들에게 권력을 휘두르는 사람들은 백성의 은인으로 행세한다. 그러나 너희는 그래서는 안 된다. 오히려 너희 중에서 제일 높

이용하여 성장하는 교회 조직을 설명한다.

은 사람은 제일 낮은 사람처럼 처신해야 하고 지도자는 종처럼 처신해야 한다(NASB, 눅 22:25-26; 마 20:25-28 참조).

도표 13. 지도자의 세 가지 개념들

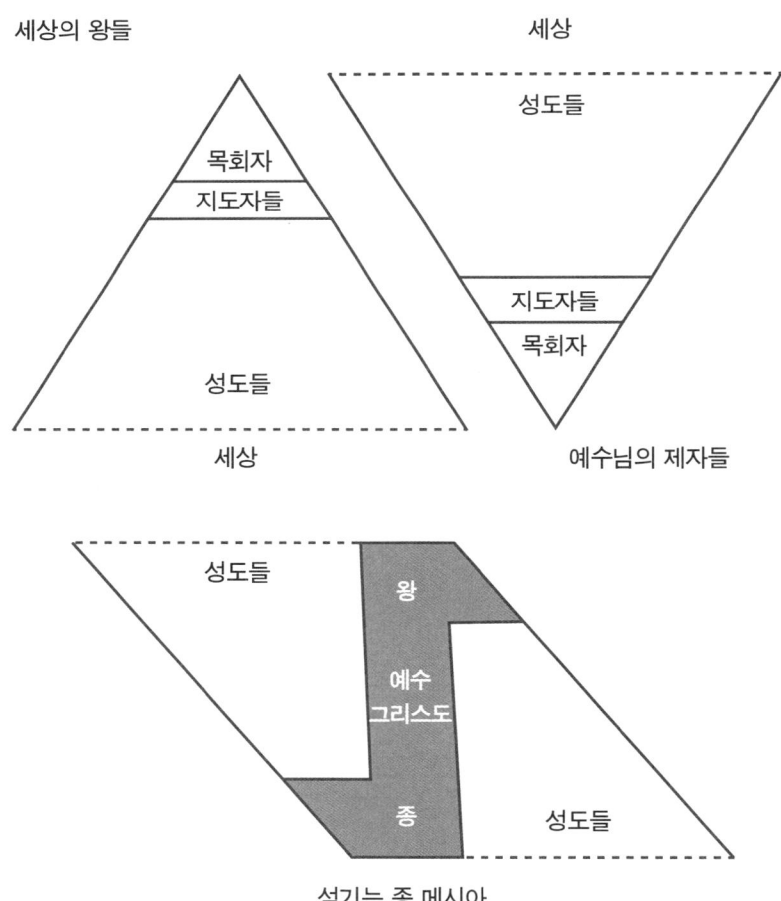

섬기는 종 메시아

누가는 이 가르침을 최후의 만찬과 함께 기록하였다. 마태는 예수님의 예루살렘 입성과 연관된 가르침으로 기술하였다. 두 복음서의 기자들은 이 말씀을 제자들 가운데 누가 더 높은 지도자인가를 놓고 다투는 상황에 대한 예수님의 반응으로 기록하고 있다. 누가는 만찬에서 예수님께서 제자들의 발을 씻으신 것을 그림처럼 그렸다. 마태는 예수님께서 소경이 길가에서 "다윗의 자손이여"소리지르는 모습을 그리고 예수님이 왕으로 나귀를 타고 입성하실 때 많은 무리들이 환호하며 영접하는 모습을 통해 리더십을 설명하였다. 예수님은 이 두 곳에서 선교하는 종으로서의 지도자가 어떤 사람인지를 분명하게 보여 주셨다.

섬김과 다스림은 다르다. 이 세상 '왕들의 다스림'과 제자들의 섬김이 어떻게 다른가를 도표 13을 보면 알 수 있다. 특별히 상하조직으로 된 전통적인 권위 개념은 모든 생각과 명령이 위에서부터 아래로 내려온다. 이 경우에 세상을 향한 선교적 일은 별로 중요한 것이 아니다. 여기서 제일 중요한 것은 명령을 하달하는 위에 있는 지도자와 이 명령을 받아 실천하는 교인들이다.

예수님은 리더십을 섬기는 종의 개념으로 설명하셨다. 자신이 직접 어떻게 리더십을 발휘하고 본이 될 수 있는지 밝히 보여 주셨다. 이것은 전통적인 통치개념을 반대로 뒤집는 것이다. 높은 위치에 있는 지도자는 낮은 지도자들을 섬겨 그들이 교회 성도들을 섬길 수 있도록 도와주고, 성도들은 세상에 나가서 선교한다. 여기서 세상에 나가서 선교하는 것이 제일 중요한 우선순위이며 세상에서 방황하는 사람들이 가장 중요한 섬김의 대상이다. 성도들은 세상에 있는 사람들을 선교의 대상으로 섬기고 지도자들은 성도들을 섬긴다.

처음 두 개의 피라미드를 보면서 예수님께서 제자들에게 남기신 것은 이 두 가지 유형을 통합한 것이라는 사실을 알 수 있다. 예수님께서는 왕으로서 전쟁을 상징하는 말을 타지 않고 평화를 상징하는 나귀 새끼를 타셨다. 제자들에게 순종의 대상이자 유대인의 왕이셨던 주님께서 십자가에 달리셨다. 실로 예수님은 우리를 위한 제물이심과 동시에 다스리시는 왕이시며, 알파요 오메가이신, 고난의 종 메시아(the suffering servant Messiah)이시다. 예수님은 자기희생을 통하여 온 우주를 다스리신다. 바울이 빌립보서 2장에서 분명하게 설명하려 했던 내용이 그것이다. 하나님의 아들께서 하늘 보좌를 버리고 인간이 되셨고 종의 모습으로 죽기까지 복종하여 모든 무릎을 예수의 이름 앞에 꿇게 하시고 모든 이름 중 뛰어난 이름을 가지시는 주님이시다. 이것이 왕으로 섬기시는 디아코니아(diakonia)의 성육신이다. 예수님은 피라미드의 꼭대기에서 다스리시는 동시에 제일 밑에서 섬기신다. 능력의 보좌 우편에 앉으시며 동시에 임마누엘로 우리와 함께하시는 분이시다.[9]

예수님께서 왕으로 다른 사람을 섬기시는 모습, 교회 지도자로서 종 된 지도자(servant leader)가 가지는 권위의 본질을 보여 준다. 아담스(Adams)는 우리를 일깨워 지적하였다.

> 교회 안에서의 권위는 주님이 결정하신다. 예수님은 세상 사람들 사이에서 통용되는 권위에 대해서 등을 돌리시고 지도

---

[9] Stephen C. Neill은 이 점을 *Fulfill Thy Ministry* (New York: Harper, 1952), 95-96에서 지적했다.

자를 '종이 된 자'로 부르셨다. 종이나 노예(slave)라는 개념으로 지도자라는 단어를 대치하셨지만 초대 교회 성도들은 이 예수님의 말씀을 마음 깊숙히 받아들였다.[10]

만일 교회의 목회자들과 선교사들이 이런 성경적 리더십을 기억하고 실천했다면 어떠했을까? 지난 수십 년 동안에 일어난 심각한 문제들 중 상당 부분이 쉽게 해결되었을 것이다. 그것은 권위주의적인 지도자가 문제였다. 그들 때문에 교회 성도들이 무능해졌다. 성도들은 권위주의적 지도자의 말에 순종하든지 아니면 아무것도 하지 않든지 어떤 결정을 해야 했고 이런 과정에서 성도 상당수는 소극적이고, 반항적이며, 무관심하게 되었다.

1960년대 후반에 들어서 아시아, 아프리카, 라틴 아메리카 등지에서 외국인으로 선교지에 상주하는 장기 선교사들에 대한 강한 반발이 있었다. 선교지에서는 "선교사들이여, 본국으로 돌아가시오!"라는 소리가 들렸다. 상당 수의 현지 교회 지도자들은 선교사 '활동 중지'(moratorium)를 선언하였다. 이런 일련의 사태는 제3세계에서 교회의 모든 행정권을 장악하고 있던 외국인 선교사를 현지에서 축출하려는 의도와 선교기관이 완전한 현지 지도자 체계를 갖게 되기를 강하게 요구하는, 제3세계 지도자들이 바라는

---

10 Arthur M. Adams, *Effective Leadership for Today's Church* (Philadelphia: Westminster, 1978), 38-39. 막 10:42-45에서 예수님은 '섬김을 받으려 하지 않고 도리어 섬기려 하는' 지도자에 대해서 말씀하셨다. 바울은 자신을 예수 그리스도의 '종'이라고 즐겨 불렀으며 신약의 저자들도 그렇게 했다. 롬 1:1, 갈 1:10, 빌 1:1, 딤후 2:24, 딛 1:1, 약 1:1, 벧후 1:1 등을 참조하라.

것이 무엇인지를 선명하게 보여주었다.

　선교사들의 가부장적이며 독점적인 리더십이 외국인 선교사 활동 중지를 주장하도록 부추긴 것은 사실이다. 선교사들이 종으로 현지 지도자들을 위하여 발을 씻기고 섬기는 참된 선교사의 모습을 보여 주었더라면 외국인 선교사 활동 중지라는 비극적인 상황을 피할 수 있었을 것이다. 아직까지도 우리는 교회 안에서 지도자란 모든 이들을 섬기는 자라는 사실을 머리로만 생각할 뿐 가슴 깊이 받아들이고 실천하지 않고 있다. 지도자가 섬기기보다 다스리려 할 때 리더십은 실종되고 만다. 종의 리더십은 소극적이거나 무능하지 않다. 종의 리더십은 따르는 자들에게 능력을 불어넣고 그들이 일을 감당할 수 있게 하는 영향력으로 발휘된다.[11]

　느헤미야는 성경에 나타난 지도자 가운데 이제까지 우리가 설명한 종의 리더십으로 비전을 가지고 하나님의 일에 능력 있게 사람들을 동원한 좋은 본보기가 된다. 그의 지도자로서의 자질을 다음과 같이 요약할 수 있다.

1. 그는 스스로 일심 동체가 되어 이스라엘 백성들의 문제와 죄를 자신의 것으로 받아들였다(느 1:3-4).
2. 그는 비전이 있었다(느 1:9).
3. 그는 담대한 용기가 있었다(느 1:11, 2:4-5, 6:11).
4. 그는 철저한 계획을 세웠다(느 2:6-9, 12-16).

11　Eddie Gibbs, *I Believe in Church Growth* (Grand Rapids: Eerdmans, 1982), 379ff; idem, *Followed or Pushed?* (London: MARC Europe, 1987).

5. 그는 자신감을 보여 주었다(느 2:17).
6. 그는 사람들이 목표를 향해 나아갈 수 있도록 독려했다(느 2:18).
7. 그는 반대에도 불구하고 전진했다(느 2:10, 19).
8. 그는 다른 사람들의 자원을 활용했다(느 3:1).
9. 그는 모든 사람에게 일을 맡겼다(느 3:2-32).
10. 그는 반대하는 자들에게 대처하는 방법을 알았다(느 4:9-14, 6:5-8).
11. 그는 낙심한 자들을 일으켜 세웠다(느 4:14-23).
12. 그는 모든 일을 끝낼 수 있도록 조직하였다(느 4:16-21).
13. 그는 모든 사람들과 함께 일했다(느 4:21-23, 5:16).
14. 그는 필요할 때 강한 결단력을 보여주었다(느 5:6-8).
15. 그는 사람들이 공동 목표를 위해 일하도록 설득하는 능력이 있었다(느 5:8-12).
16. 그는 자기의 생각을 멋지게 전달하는 기술이 있었다(느 5:13).
17. 그는 자신을 희생하고 일반 사람과 함께 그들처럼 사는 훈련이 되어 있었다(느 5:14-15).
18. 그는 자기가 가진 것을 후히 나누어 주었다(느 5:17-18).
19. 그는 목표를 향한 노력을 경주하며 한눈을 팔지 않았다(느 6:3-4).
20. 그는 목표를 달성하였다(느 6:15).
21. 그는 사람들을 제2단계의 일을 위해 조직했다(느 7:4-5).
22. 그는 감사절 축제를 준비하고 하나님과의 언약을 새롭게

했다(느 8장-9장, 12:27-43).
23. 그는 죄를 멀리하고 잘못을 바로잡았다(느 13장).

4. 적절한 리더십 스타일 선정하기

무엇이 적절한 리더십 스타일인가? 리더십이 무엇인지 이론적으로 이해하는 것과 개인의 적성과 사역에 맞는 모델을 실천하는 것은 별개의 문제이다. 본서는 판에 박힌 리더십 스타일을 강조하지 않는다. 하지만 우리는 이제까지 함께 숙고한 선교적 교회의 관점에서 리더십의 어떤 점들을 어떻게 실생활에 적용해야 하는지 주의 깊게 살펴보아야 한다. 선교적 교회에서 목회자의 역할이 무엇인지 교회 내에서 새로운 지도자들을 개발하고 훈련하는 일을 하기 위해 효과적인 리더십의 스타일에 주목해야 한다.

테오도르 엥스트롬(Theodore Engstrom)은 지도자가 역할을 해내는 방법은 그가 이끌어 가는 사람들의 지도자에 대한 태도라고 정의하였다. 그는 '리더십의 스타일'이라는 장에서 자유 방임주의형, 민주 참여형, 호의적 독재형, 독재적 관료형 등 네 가지 유형의 리더십 스타일을 보여 준다. 엥스트롬은 계속하여 "어느 리더십 스타일이 가장 좋은가?"라고 묻고, 답한다.

지도자들은 각각 다르다. 아울러 추종자들도 다르다. 이런 경우에는 이런 리더십 스타일을 가진 지도자가 필요하고, 저런 경우에는 저런 리더십 스타일을 가진 지도자가 필요하기 때문에 어느 조직에서의 리더십도 시기와 상황에 따라 달라진다. 적절한 리더

십의 형태는 특정 조직의 목적과 조직의 생태, 변화의 욕구 등에 따라 달라진다.[12]

리더십 스타일을 생각할 때에 우리는 어떤 스타일이 선교적 교회를 선교에 동원하는 데 가장 적절한지를 먼저 염두에 두어야 한다. 여기서 독자들은 우리가 토론한 모든 것들이 문화와 환경에 어떤 영향을 받고 있는지도 알아야 한다. 지도자가 추종자들을 이끄는 역학 관계는 교회의 목적과 결부시켜서 생각해야만 한다. 지도자는 교회를 둘러싼 험한 세상에서 하나님의 뜻을 이루기 위해 지도자로 부름받았다는 사실을 깨달아야 한다.[13]

리더십의 스타일에 대한 참고 자료로 알빈 린드그렌(Alvin J. Lindgren)과 노먼 쇼우척(Norman Shawchuck)의 『교회 관리』(Management for Your Church)라는 책을 들 수 있다. 이전에 언급한 대로 이들은

---

[12] Theodore W. Engstrom, *The Making of a Christian Leader*, 39-40. 다른 참고 자료로는, Warren Bennis and Burt Nanus, *Leaders: The Strategies for Taking Charge* (Philadelphia: Harper and Row, 1985)를 들 수 있다. Hersey and Blanchard, *Management of Organizational Behavior*는 이 복잡한 주제에 대해 좀 더 깊이 있는 해답을 제시한다.

[13] Charles Chaney는 Donald A. McGavran이 저술한 *Design for Church Growth* (Nashville: Broadman, 1977), 50에 나오는 네 유형의 지도자를 정리하였다. Donald McGavran and Winfield C. Arn, *How to Grow Church* (Glendale, Calif: Regal, 1973), 89-97, and Gibbs, I Believe, 361-64 참조, J. Robert Clinton 과 Edgar Elliston은 교회 지도자의 새로운 유형을 제시하고 있다. J. Robert Clinton, *Leadership Emergence Theory* (unpublished manuscript, 1989), and Edgar Elliston, *Home Grown Leaders* (unpublished manuscript, 1989)를 보라. 교회의 크기와 연령층 등에 따른 차이도 있다. 예를 들어 Lyle E. Schaller, *Looking in the Mirror: Self-Appraisal in the Local Church* (Nashville: Abingdon, 1984), and Martin F. Sarrinen, "The Life Cycle of a Congregation" in Action Information, 12. 3 (May-June, 1986) 9-11 등을 들 수 있다.

교회 행정에 관한 책에서 다섯 가지의 기본이 되는 행정 이론을 소개한다. 그것은 전통적 행정이론, 카리스마적 행정이론, 고전적 행정이론, 인간관계적 행정이론, 그리고 조직이론적 행정이론이다. 그들은 더 나아가 각 행정 조직이론에 가장 적합한 리더십 스타일을 간추렸다. 이 과정에서 지도자의 역할을 지적함으로 다섯 가지의 이론들을 구별하였다.

> **전통적**(가부장-사제적) 행정이론: 전통을 살리고 현상 유지를 하기 위한 역할을 하는 리더십 스타일
> **카리스마적**(예언자-영감적) 행정이론: 개인적인 능력을 통해 동기를 유발하고 지도하는 리더십 스타일
> **고전적**(공격적-지시적) 행정이론: 결정된 지시 사항을 하달하는 리더십 스타일.
> **인간관계적**(민감하며 비지시적) 행정이론: 모두 참여할 수 있는 분위기를 만드는 리더십 스타일.
> **조직이론적**(전문적-활동가적) 행정이론: 분명한 목표 설정, 주위 환경 파악, 변화를 주도하는 리더십 스타일.[14]

다른 말로 하자면 교회가 어떤 형태의 행정 조직이론을 따르는가에 따라 특정 상황에 가장 효과적인 리더십의 스타일이 영향을 받는다. 이런 이론들은 지도자가 추종자들과 어떤 형태로

---

14 Alvin J. Lindgren and Norman Shawchuck, *Management for Your Church* (Nashville: Abingdon, 1977), 26.

관계를 맺는지 설명하여 준다. 지도자의 개성, 리더십의 스타일, 지도자의 상징적 존재감(symbolic presence)은 선교적 교회를 형성하는데 중요한 영향을 미친다. 선교적 교회의 목표들과 세상을 향한 역할, 목적과 본질 등이 지도자의 모습과 삶과 사역에 잘 통합되어 있을 때에만 지도자가 종으로서, 세상에서 선교하는 성도들이 되도록 동기를 부여할 수 있다. 그러므로 선교지도자들은 교회나 교단, 선교단체에 불을 붙이려는 간절한 열정을 간직하고 있어야 한다. 모든 지체들이 선교에 적극적으로 동참하게 하려는 열망이 섬기는 지도자로서 그들의 삶과 비전 가운데 약동하고 있어야 한다.

맥스 와렌(Max Warren)은 타문화권에서의 선교활동에는 여러 종류의 리더십 자질이 필요하다고 하였다. 그는 여러 상황에서 선교사가 어떻게 보여지는가를 설명하고 선교사들이 부름받은 문화권에서 현지인들과 어떤 상호관계를 맺고 있는지를 몇 단계로 간추렸다. 이런 와렌의 지적과 제2장에서 언급한 선교적 교회의 일곱 가지 발전 단계를 비교해 보면 흥미롭다. 와렌은 타문화권에서 사역하는 선교사들은 "현지인들을 사랑함으로 묻고 배우고 듣는 자로서 다른 기관들과 접촉하고, 변화의 역군들, 종말의 징조들을 대하라"고 제안한다.[15]

---

15 Max Warren, *I Believe in the Great Commission* (Grand Rapids: Eerdmans, 1976), Chapter 10. 선교적 교회가 발전하는 데 촉매제의 역할을 감당하는 지도자를 나타내는 단어들로는 '본보기', '현자'(sage), '보는 자'(seer), '학생', '제물'(sacrifice) 등을 사용할 수 있다. Charles Van Engen, "Pastors as Leaders in the Church" in *Theology News and Notes* (1989. 6), 15-19를 참조하라.

이제 우리는 선교적 교회의 지도자들로서 계발해 나가야 할 지도자적 자질에 대해 알게 되었다. 그리고 교회 사역을 통해서 이런 자질을 계발할 수 있다. 교회 내에서 행해지는 음악, 교육, 인간관계, 예배, 설교 활동들을 통하여 지도자의 창의력이 계발되고 교회가 세상을 향한 선교에 효율적이 될 수 있다. 타문화권에서 사역하는 좀 더 많은 선교사들이 또는 현지 교계 지도자들이 이런 리더십 자질들을 잘 갖추고 있다면 교회와 선교를 더 깊이 이해하게 되고 가부장주의는 훨씬 줄어들게 될 것이다.

물론 한 사람이 모든 사람들에게 다 잘 맞출 수 있는 만능이 될 수는 없다. 하지만 선교사들은 자신의 성품과 리더십 스타일이 자신이 사역하는 사람들과 주변 환경에 잘 맞는지 살펴보는 것은 정말 중요하다. 선교사는 이렇게 주의 깊은 자신의 리더십 분석을 통해 교회가 속한 세상의 문화 환경에 가장 효과적으로 사역할 수 있는 리더십 스타일을 개발할 수 있다.

리더십의 스타일은 고정적일 수 없다. 세상은 변한다. 교회도, 상황도, 지도자도, 추종자도 모두가 계속 변하고 있다. 추종자도 모두가 계속 변하고 있다. 이런 상대에서 허어씨(Hersey)와 블랜차드(Blanchard)는 '상황에 맞는 리더십'(situational Leadership)을 주장한다. 다문화 상황이나 타문화권에서 선교적 교회를 세우려 할 때 상황을 고려한 리더십이 아주 중요하다. 이러한 상황에서 허어씨와 블랜차드의 '상황에 맞는 리더십'은 지도자와 추종자의 관계를 최상의 상태로 유지하기 위해 필요하다. 리더십의 스타일은 추종

자의 성장 과정에 맞추어 변해가야 한다.[16]

도표 14. 전형적인 지도력의 스타일과 지도자와 추종자의 상호관계

독재자	감독자	행정자	상담자
명령함	일하는 법을 가르침	목표를 설정하고 실행 기간을 정함	일을 더 잘할 수 있는 방법을 제시함
지도자			추종자
순종함	일하는 법을 배움	지시를 받음	일을 행함 자기 일로 간주
추종자에게 새로운 일	추종자에게 조금 경험이 있는 일	추종자가 자신감과 경험이 있는 일	추종자가 쉽게 할 수 있는 일

본 도표는 Harvard Business Review (May-June 1973)에 나온 Robert Tannenbaum과 Warren H. Schmidt의 "지도력 유형의 선택 방법"에서 응용함.

이런 리더십의 스타일을 원하는 상황이 있을 수 있고 저런 스타일을 원하는 상황이 있을 수 있다. 특정한 때와 장소, 특정한 조직에서 필요로 하는 리더십 스타일은 시기와 상황, 이루고자 하

---

16 Hersey and Blanchard, *Management of Organizational Behavior*, 8장과 9장을 참조하라.

는 목표에 따라 달라진다. 더 나아가서 추종자들의 성숙도, 능력, 준비성 등도 리더십 스타일의 변수로 작용한다. 어떤 기관들은 지도자들을 바꾸는 데 어려움이 있다. 이런 경우 지도자들 스스로가 자신의 리더십 스타일을 분석하고 자신이 해야 할 일의 성격, 조직 생활의 변화, 시기적 필요성, 함께하는 추종자들 그리고 성취하고자 하는 일을 이루어 가는 과정에 따라 리더십 스타일을 맞추어 갈 수 있어야 한다. 허어씨와 블랜차드는 지도자와 추종자의 관계를 세심하게 분석하여 지도자의 권위에 기초한(power base) 리더십 스타일의 변화가 상황에 맞도록 변신하는 리더십을 추천한다(도표 14참조).[17] 도표 14는 이 내용을 그림으로 보여 준다.

5. 새로운 선교지도자 개발

선교적 교회에 새로운 지도자가 필요하다. 우리는 선교적 교회에 적합한 지도자가 필요하다는 것을 알면서도 그런 지도자를 개발하는 데 자주 실패하는가? 그 이유가 무엇일까? 몇 가지 이유들을 살펴 보면 다음과 같다.

1. 우리는 '사역'을 안수받은 몇몇 전문가들만 하는 것이라는 생각으로 평신도들을 교육하여 그들을 수동적으로 만들었다.
2. 목회자나 선교사는 다른 사람들은 사역을 할 수 없다고 생

---

17 Ibid., 105-26.

각하여 다른 사람들에게 사역 권하기를 꺼린다.
3. 우리는 리더십을 너무나 과중하고, 두렵고, 감당하기 어려운 것으로 만들어 평신도가 감히 그런 리더십에 나서지 못하게 했다.
4. 우리는 지도자들을 어떻게 개발하는가에 대해 무지하다. 우리는 사역을 감당할 수 있지만 다른 사람에게는 사역을 어떻게 하는지 가르치지 못한다.
5. 우리는 '산타를 돕는 난쟁이 현상'을 강조한다. 우리는 평신도들이 세상을 향한 선교사역을 감당할 수 있도록 준비시키기보다는 교회 안의 재미없고 자질구레한 일만 시킨다.
6. 우리는 권위를 은혜롭게 양도하는 방법을 모르고 평신도에게 권위를 양도하면 권위 자체를 상실하여 통치권을 잃게 될 것을 두려워한다.
7. 우리는 책임을 양도한 후에 그 일을 감당하는 사람들을 어떻게 도와야 할지 모르고 그들이 사역을 하는 동안 적당한 시간에 잘 하고 있는지 확인하는 일도 잘 못한다.
8. 우리는 교인들을 어떤 사역을 위해 계속 '준비만' 시키고 그들 스스로 사역을 계획하고, 조직하고, 프로그램화 하여 실행할 수 있도록 지원하지 않는다(이것은 복음 전도 훈련만 장기간에 걸쳐 실시하고 길거리에서나 가정에서 또는 학교나 사업체를 찾아가 직접 전도하는 일을 하지 않는 교회 프로그램의 일반적인 맹점이다).
9. 목회자와 선교사로서 우리는 다른 사람을 훈련시킬 때 그들이 혹시 우리보다 사역을 더 잘하여 우리가 가진 직위나 명예, 권위, 직장을 잃게 되지 않을까 염려한다.

10. 우리가 교회의 본질에 대한 전문적인 관점을 가지고 있어서 교회가 하는 일은 교회 안이나 세상 밖에서나 잘 훈련된 전임 사역자들만 해야 한다고 생각한다.

훈련이 필수이다. 선교적 교회가 세상에서 하나님의 백성들의 생활과 사역으로 선교적 사명을 감당하는 교회를 이루려고 한다면 교회 안에서 각계 각층의 다양한 지도자들을 훈련시켜야 하는 일은 선택사항이 아니다. 선교사역을 더 이상 목회자, 선교사, 선교행정가, 제3세계 교계 지도자들에게만 모두 일임할 수 없다. 신약성경은 분명하게 교회의 지도자는, 훈련받고 지도자가 될 다른 성도들과 함께 사역을 감당해야 한다고 가르친다. 선교적 교회는 모든 하나님의 백성들이 그들의 은사와 리더십과 사역을 함께 감당해 나아갈 때 비로소 이루어진다.

선교 리더십의 효율성에 대한 한 가지 표준은 교회 전체가 하나님의 은혜와 지식이 '장성한 분량'에 이르기까지 자라고 있는가 하는 것이다. 교회에 이런 성장이 일어날 때 효과적인 리더십이 발휘되고 있다고 할 수 있다. 베타 요인(factor Beta)이 계속되는 병든 교회의 지도자는 하나님의 백성들을 바르게 인도하지 못하고 오히려 그들의 사역을 방해한다. 선교적 교회에서 지도자의 효율성은 그들이 무엇을 성취하는가, 하지 못하는가에 있지 않다. 그들이 하나님의 백성을 어떻게 훈련하고, 다듬고, 조직하고, 영감을 불어넣어 세상에서 이루어지는 하나님의 선교에 동참하도록 하느냐에 달려 있다.

6. 연구도서목록

1) 리더십 정의하기

Anderson, Ray S. *Minding God's Business*. Grand Rapids: Eerdmans, 1986.

Barth, Karl. *Church Dogmatics*, 4.1.

Bennis, Warren, and Burt Nanus. *Leaders: The Strategies for Taking Charge*. Philadelphia: Harper and Row, 1985.

Callahan, Kennon L. *Twelve Keys to an Effective Church*. New York: Harper and Row, 1983. See pages 35–63.

Clinton, J. Robert. *The Making of a Leader*. Colorado Springs: NavPress, 1988.

Dulles, Avery. *Models of the Church*. Garden City, N.Y.: Doubleday, 1974. See chapter 10.

Greenleaf, Robert K. *Servant Leadership*. New York: Paulist, 1977. See chapters 1, 2, 7.

Harper, Michael. *Let My People Grow! Ministry and Leadership in the Church*. Plainfield, N.J.: Logos International, 1977.

Hersey, Paul, and Kenneth H. Blanchard. *The Situational Leader*. Escondido, Calif.: Center for Leadership Studies, 1985.

Hersey, Paul; Kenneth H. Blanchard, and Walter Natemeyer. "Situational Leadership, Perception, and the Impact of Power." Escondido, Calif.: Center for Leadership Studies, 1979.

Hesselgrave, David J. *Planting Churches Cross-Culturally*. Grand Rapids: Baker, 1980. See pages 355ff.

Myra, Harold, ed. *Leaders: Learning Leadership from Some of Christianity's Best*. Carol Stream, Ill.: Christianity Today, 1986.

Perry, Lloyd M., and Norman Shawchuck. *Revitalizing the 20th Century Church*. Chicago: Moody, 1982. See chapter 4.

Phillips, William. "In Search of a Leader." *Action Information*, 13.3 (May-June 1988): 1–6.

Richards, Lawrence O., and Clyde Hoeldtke. *A Theology of Church Leadership*. Grand Rapids: Zondervan, 1980. See pages 89-150, 209-356.

Schaller, Lyle E. *Getting Things Done: Concepts and Skills for Leaders*. Nashville: Abingdon, 1986. See chapters 4, 5.

Schillebeeckx, Edward. *Ministry*, J. Bowden, trans. New York: Crossroad, 1981. See chapter 1.

Smith, Donald P. *Congregations Alive*. Philadelphia: Westminster, 1981. See pages 116–30.

Southard, Samuel. *Training Church Members for Pastoral Care*. Valley Forge, Pa.: Judson, 1982.

Wofford, Jerry, and Kenneth Kilinski. *Organization and Leadership in the Local Church*. Grand Rapids: Zondervan, 1973.

2) 선교적 리더십

Adams, Arthur M. *Effective Leadership for Today's Church*. Philadelphia: Westminster, 1978. See chapter 3.

Engstrom, Theodore W. *The Making of a Christian Leader*. Grand Rapids: Zondervan, 1976. See pages 39–40.

Getz, Gene A. *Sharpening the Focus of the Church*. Chicago: Moody, 1974. See pages 84–129.

Gibbs, Eddie. *I Believe in Church Growth*, Grand Rapids: Eerdmans, 1982. See chapter 9.

———. *Followed or Pushed?* London: MARC Europe, 1987.

Greenleaf, Robert K. *Servant Leadership*. New York: Paulist, 1977. See chapters 1, 2, 7.

Kelley, Arleon L. *Your Church: A Dynamic Community*. Philadelphia: Westminster, 1982. See chapters 6, 7.

McGavran, Donald A., and Winfield C. Arn. *How to Grow a Church*. Glendale, Calif.: Regal, 1973. See chapter 5.

MacNair, Donald J. *The Growing Local Church*. Grand Rapids: Baker, 1975. See chapters 1–5.

Osborne, Larry W. *The Unity Factor: Getting Your Church Leaders to Work Together*. Waco, Tex.: Word, 1989.

Powell, Paul. *How to Make Your Church Hum*. Nashville: Broadman, 1977. See chapter 6.

Richards, Lawrence O., and Clyde Hoeldtke. *A Theology of Church Leadership*. Grand Rapids: Zondervan, 1980. See pages 24–28, 106ff.

Schaller, Lyle E. *Getting Things Done: Concepts and Skills for Leaders*. Nashville: Abingdon, 1986. See chapters 4, 5.

Schaller, Lyle E., and C. A. Tidwell. *Creative Church Administration*. Nashville: Abingdon, 1975. See chapter 3.

Silber, Mark B. "Successful Supervisory Secrets: Lessons of Leadership" in *PACE* (Nov. 1985): 89–93.

Smith, Donald P. *Congregations Alive*. Philadelphia: Westminster, 1981. See pages 136ff.

Tollefson, Kenneth. "The Nehemiah Model for Christian Missions" in *Missiology*, 15.1 (Jan. 1987): 31–55.

3) 적합한 리더십 스타일

Engstrom. *Making of a Christian Leader*. See chapter 12.

Lindgren, Alvin J. *Foundations for Purposeful Church Administration*. Nashville: Abingdon, 1980. See chapter 8.

Neill, Stephen C. *Fulfill Thy Ministry*. New York: Harper, 1952. See pages 115ff.

Richards, Lawrence O., and Clyde Hoeldtke. *A Theology of Church Leadership*. Grand Rapids: Zondervan, 1980. See pages 127–32.

Schaller, Lyle E., and C. A. Tidwell. *Creative Church Administration*. Nashville: Abingdon, 1975. See pages 82–104.

Smith, Donald P. *Congregations Alive*. Philadelphia: Westminster, 1981. See pages 116ff.

Watson, David. *I Believe in the Church*, 1st American ed. Grand Rapids: Eerdmans, 1979. See pages 264–76.

제12장
선교적 교회의 행정

 선교적 교회의 행정은 선교사역에 집중한다. 지역 교회의 행정이 세심하고 확실하게 선교사역을 추진할 수 있을 때에야 비로소 선교적 교회는 생동하기 시작한다. 교회 행정은 이 세상에서 감당해야 할 교회의 선교사명을 실제로 실행하는 데 핵심적 역할을 한다. 많은 사람들은 행정의 중요성을 인식하지 못하지만 선교적 교회가 되는 과정에 행정을 바로 하는 것은 무엇보다도 중요하다.

 나는 이제까지 숱한 목회자들과 선교사들을 만나 보았다. 그 경험은 특별했다. 리더들은 지금까지 내가 강조했던 모든 요점들에는 세심하게 귀를 기울였다. 하지만 막상 선교행정 문제를 다루면 달라진다. 귀가 있어도 듣지 못하는 현상이 나타난다. 수많은 목회자들과 선교사들에게 이런 문제가 있다. 그들은 성장하는 교회, 선교적 교회가 되기를 간절히 바라면서도 좀 더 세심하고, 목적 의식이 뚜렷하며, 그리고 선교비전이 있는 행정(visionary administration)을 하려는 노력을 하지 않는다. 이 장에서는 선교적 교회가 어떻게 하면 역동적이고 성령에 충만한 행정력을 발휘할 수 있을 것인가에 대해 다룬다.

선교적 교회의 '역동적인 행정'(dynamic administration)에는 다음과 같은 기능들이 있다.

1. 교회 사역이 처한 상황에 대한 이해, 분석, 연구 기능.
2. 분명한 선교적 비전을 갖게 하는 기능.
3. 상황에 맞는 적절한 선교적 목표를 설정하는 기능.
4. 구체적이고 실질적이며 실현 가능한 구체적 행동 계획을 세우는 기능.
5. 교회의 선교적 계획을 실행에 옮길 수 있는 인적 자원을 동원하는 기능.
6. 각 사역에 참여하는 사람들을 돌아보고 힘을 주는 기능.
7. 여러 사역에 동참하는 자들을 훈련하고 세워서 일을 맡기는 기능.
8. 어떤 사역을 하든 함께 사역하는 자들을 격려하고 후원하는 기능.
9. 사역자들이 맡은 바 책임을 잘 감당하고 있는지 돌아보는 기능.
10. 교회의 모든 선교사역을 검토하여 더 잘할 수 있도록 계획을 수정, 보완하는 기능.

선교적 교회의 역동적인 행정은 교회가 처한 문화적 상황에 적절해야 한다. 이런 점에서 목회자들과 선교사들은 그들이 섬기는 곳에서 어떻게 해야 가장 유효 적절한 행정 구조를 가질 수 있을 것인지 깊이 고민해야 한다. 다소 시행착오를 겪는다고 하더라도 역동적인 행정을 시도해야 한다. 그러므로 우리는 역동적인 행정, 선교적으로 창의적인 행정이란 어떤 것인지 좀 더 포괄적으로 살펴보아야 한다. 신학적이며 선교학적인 고찰을 해야 한다.

1. 영적인 사역으로서의 행정

행정은 영적인 사역이다. 선교적 교회는 행정을 통해 하나님의 목적을 성취한다. 성경은 선교행정의 원칙을 보여준다.

> 성경은 구체적인 행정 조직과 행정 형태에 대해 자주 언급하지 않는다. 하지만 성경은 행정 조직에 대한 원칙들을 제안한다. 행정 조직은 시대를 따라잡지 못하고 급속히 진부해지는 경향이 있다. 조직과 행정은 하나님의 목적을 이루는 방법이다. 또한 우리의 삶이 예측할 수 없는 사건들과 수많은 변수들로 이루어져 있기에 늘 창의적으로 대처해야 한다.
> 성경이 조직과 행정에 대해 언급할 때에는 역동적이며 강력한 원칙들을 실례로 보여 준다…구약과 신약에 나타난 조직과 행정의 실례들은 기본적으로 동일한 원칙을 가지고 있다. 이것은 어떤 특정 형태 그 자체가 절대적인 것일 수 없지만 성경이 제시하는 원칙들은 절대적이라는 것을 가르쳐 준다.[1]

---

1 Gene A. Getz, *Sharpening the Focus of the Church* (Chicago: Moody, 1974), 131.

도표 15. 출애굽기와 사도행전에 나타난 행정 조직

광야에서의 이스라엘	과부를 돌아보는 일
모세가 백성들의 소송을 재판하기 위해 아침부터 저녁까지 애썼다. 모세는 혼자서 이 모든 일을 해결하려 했다. 그는 재판도 해야 했고 하나님의 법도도 가르쳐야 했다. 모세뿐 아니라 백성들도 지쳐 있었다(출 18:13-18).	신도들의 수가 급격히 늘어나 공동 생활에 푸대접을 받는 사람들이 생겨나게 되었다. 헬라파 유대인들이 식량 배급을 잘 받지 못하였다. 사도들이 말씀은 전하지 않고 식량 배급 행정에만 골몰하는 것은 옳지 못하다고 백성들에게 말했다(행 6:1-2).
해결책	**해결책**
모세의 장인 이드로가 모세에게 충고하여 우선순위를 바르게 해주었다. 모세가 할 일은 하나님과 백성들 사이에서 중재자의 역할을 하며, 하나님의 규례를 가르쳐 지키게 하는 것이다. 유능한 백성의 지도자를 골라 지도자를 세워 그들로 일상적인 사건들을 다스리게 하고 큰 사건만 모세가 다루도록 한다(출 18:19-22). 모세는 혼자 모두를 지도할 수 없다고 백성들에게 알리고, 각 지파에서 지혜와 경험이 있고 믿을 만한 사람을 뽑으라고 지시했다. 그들이 세운 사람들을 지도자로 임명하고 어떻게 해야 할지를 소상히 지도했다(신 1:9-18).	열두 사도는 신도들을 모두 불러 놓고 사도들의 사역은 기도와 전도에 있음을 분명히 밝히게 된다(행 6:2-4). 사도들이 신도들 가운데 신망이 있고 믿음과 지혜가 충만한 일곱 사람을 뽑으라고 지시하였다. 신도들이 헬라식의 이름을 가진 헬라파 지도자들을 뽑아 사도들 앞에 세우니 사도들은 기도하고 그들에게 안수하였다(행 6:3-6).
결과	**결과**
지도자들을 세움으로 모세는 큰 도움을 받게 되고 일을 다 감당할 수 있게 되었다. 백성들도 만족하여 집으로 돌아 갔다(출 18:22-23).	어려운 문제는 해결되고 공동체는 다시 하나가 되었다. 사도들은 다시 본연의 임무를 되찾고 말씀은 널리 퍼져 나갔다. 믿는 자의 숫자는 점점 늘어났다(행 6:7).

게츠(Getz)는 교회의 조직과 행정에 대해 성경의 절대적 말씀과 상황적 조직을 인정한다. 그는 이러한 관점으로 선교행정에 접근한다. 그는 성경에서 행정이 이루어진 네 가지 상황을 연구 했다. 출애굽기 18장의 모세, 느헤미야 1-12장의 느헤미야, 사도행전 6장의 사도들, 사도행전 15장의 예루살렘 공의회에 대해 연구했다. 리더들은 각각의 상황에 따라 당면한 문제가 있었다. 해결책을 찾아야 했다. 결과를 예상해야만 했다. 우리가 처한 상황을 모세가 시내 광야에서 이스라엘 백성들을 행정적으로 조직했던 일(출 18:13-26, 신 1:9-18), 사도들이(행 6장) 예루살렘에서 새로운 신자들을 사역에 맞게 조직했던 일들과 비교해 볼 수 있다. 도표 15가 설명하는 바와 같이 조직이 중요하다. 조직은 하나님의 백성들의 삶과 본질에 있어서 매우 중요한 부분이다. 하나님은 이스라엘 백성들이 장막 성전 주위에 어떤 형태로 진을 쳐야 할 것인지에 대해서까지 세심한 관심을 갖고 계셨다(민 2:1-31; 10:11-28). 하나님은 우리가 교회를 조직하는 일에 세심한 주의를 기울이는 것에도 관심이 있으실까? 우리가 교회에 속한 사람 중 한 사람도 빠짐없이 다른 교인들로부터 개인적인 양육과 목회적 관심을 받을 수 있도록 신경을 쓴다면 어떨까? 이러한 선교적 관점에서 우리가 교회의 조직에 대해 세심한 주의를 기울인다면 교회는 얼마나 놀라운 새 모습을 드러내게 될까?[2]

---

2 나는 1989년 여의도순복음교회를 방문해 교회 내부 조직에 큰 감명을 받았다. 그 교회가 50만 명 이상으로 성장한 원인을 성령의 역사에 돌린다 하더라도, 그들의 행정 구조(소그룹에서 목회들로 구성된 100명의 스텝에 이르기까지)가 교회 성장의 원동력이 되었음을 알 수 있다.

성경에 행정가가 나온다. 성경에서 행정을 효과적으로 하여 놀라운 일을 감당한 인물로 요셉과 다니엘을 들 수 있다. 요셉과 다니엘의 경우, 그들의 행정 능력이 열국에 둘러싸인 이스라엘 백성들을 대상으로 이루어진 상황에서 탁월하게 드러난 것이 아니다. 하나님께서 허락하신 행정 능력은 아직 하나님을 알지 못하는 이방 나라 안에서라도 놀라운 지혜의 역사를 이루어 하나님의 영광을 드러냈다. 우리는 사도 바울이 하나님이 세우신 은사나 직책 가운데 사도, 선지자, 교사, 능력, 병 고치는 은사, 서로 돕는 것, 각종 방언을 하는 것 등과 아울러 행정의 은사(the Gift of Administration)[3]를 함께 언급하고 있음을 간과해서는 안 된다(고전 12:27-29 참조).

출애굽기 18장, 신명기 1:9-18, 느헤미야, 사도행전 6장과 15장에 나타난 성경의 원리에 기초하여 게츠는 선교적 교회 지도자들에게 도움이 되는 몇 가지 조직과 행정의 원칙들을 제시한다.

1) 행정의 원칙

1. 문제의 실상을 직시한다.
2. 각 문제에 대한 적절한 관점을 개발한다.
3. 우선순위를 결정한다.
4. 능력과 자격이 있는 사람들에게 책임을 위임한다.

---

3 개역개정판에서는 '다스리는 것'으로 번역하였다- 역주.

5. 하나님이 하시는 일과 사람이 해야 할 일 사이에 균형을 유지한다.
6. 문제 해결을 위한 결정을 할 때 모든 사람들의 사정을 고려한다.
7. 성령의 지도를 받아 모든 문제들을 창조적이고 건설적으로 해결한다.

2) 조직의 원칙

1. 신약성경이 말하는 원리와 목적을 따른다.
2. 목적을 잘 달성시킬 수 있도록 조직한다.
3. 조직은 간소하게 유지한다.
4. 조직은 유연성(flexible) 있게 유지한다.[4]

    선교적 교회 지도자는 탁월한 행정력을 발휘해야 한다. 행정의 실제적 방법과 형태는 여러 모양으로 나타날 수 있지만 사려 깊은 조직과 행정은 언제나 필요한 것이다. 불행하게도 많은 교회의 지도자들과 선교사들은 조직과 행정을 좋게 보면 필요악으로 생각하고 극단적으로 부정적인 사람들은 행정과 조직에서는 가능한 멀리 도망치는 것이 좋다고 생각한다. 하지만 선교적 교회는 분

---

[4] Getz, *Sharpening*, 148-63. E. Stanley Ott, *The Vibrant Church: A People-Building Plan for Congregational Health* (Ventura, Calif.: Regal, 1989), 87ff, and Lloyd M. Perry and Norman Shawchuck, *Revitalizing the Twentieth-Century Church* (Chicago: Moody, 1982), 47ff.

명한 선교적 목적을 위해 조직과 행정력을 적극적으로 발휘할 수 있는 지도자가 필요하다. 즉 모세, 느헤미야, 사도들이 조직과 행정을 잘 활용한 것처럼 영적이며 유능한 지도자를 필요로 한다. 우리가 만일 독재나 전제주의를 배격한다면 행정적 대안이 있어야 한다. 지도자가 탈진현상(burnout)에 빠진다든지, 양들이 끝없는 분열 속에서 방황하는 일이 일어나지 않기를 바란다면, 선교적 목적이 분명한 행정이 필요하다. 특별히 교회가 성장을 거듭하고, 열심을 내고, 평신도의 참여가 늘어날 때 지도자들은 바람직한 교회조직과 행정의 중요성을 인식해야 한다. 그렇지 못하면 비극이 일어날 것이다. 하나님의 백성들이 맞게 될 놀라운 성장의 기회, 성숙과 발전의 기회를 날려버리게 될 것이다.[5]

2. 교회 사역 중심의 행정

효과적인 교회 행정이란 무엇인가? 교회 행정에 대한 알빈 린드그렌(Alvin J. Lindgren)의 정의는 큰 도움이 된다. 그는 교회 행정이란 "교회의 꿈을 실현하기 위한 철저하고 체계적인 활동으로 교회가 처한 상황에서 교회의 목적과 목표를 발견하고 분명히 하는 작업"이라고 정의하였다.[6] 린드그렌은 행정의 개념 안에 내포

5　David Leuke and Samuel Southard, *Pastoral Administration: Integrating Ministry and Management in the Church* (Waco, Tex.: Word, 1986), 11-25.

6　Alvin J. Lindgren, *Foundations for Purposeful Church Administration* (Nashville: Abingdon, 1965), 22-25.

된 중요한 내용을 잘 이해하고 있다. 행정가는 공동체의 공동 목적을 공유하여야 한다. 행정가는 교회가 처한 상황을 소상히 알아 공동 목표를 달성하기 위해 어떤 방법이 필요한지, 또한 다른 사람들의 도움이 필요하다는 것을 인정하고 누구와 함께 일해야 하는지를 잘 판단할 수 있어야 한다. 린드그렌은 강조한다.

> 행정을 정확하게 이해하면 공동체의 목적을 달성할 수 있는 방법들을 알 수 있다.[7]

무엇을 해야 할 것인지 아는 것만으로는 일이 진행되는 것이 아니기에 행정이 중요하다. 선교적 교회가 교회의 선교적 본질을 이해했다고 해서 선교적 교회가 저절로 이루어지는 것은 아니다. 세심하고 주도 면밀한 행정이 뒤따라야만 실제로 선교적 교회가 형성된다.

린드그렌과 쇼우척이 쓴 『교회의 관리』[8]라는 책은 '교회 관리자로서의 목회자'라는 내용을 포함하고 있다. 이 책은 교회의 행정과 조직이 주위 환경만이 아니라 성도들의 삶의 변화에 맞게 이루어져야 한다고 주장한다. 하지만 세속적인 환경에 맞게 조직과 행정 구조를 변화시켜야 한다는 말은 아니다. 린드그렌과 쇼우척은 경고하여 말하기를 사실상 세속적인 방법들은 종교 기관에 대부분 맞지 않다고 지적했다.

---

7 Ibid.
8 Alvin J. Lindgren and Shawchuck, *Management for your Church* (Nashville: Abingdon, 1977).

교회는 세속의 어떤 기관과도 전적으로 다른 특별한 선교를 해야 하며 직책을 맡은 자들도 아주 특별한 이유로 교회의 직무를 맡는다. 이러한 교회 특유의 선교는 일반 행정 조직을 교회의 목적에 맞게 적용시키려 할 때 여러 가지를 숙고하게 한다. 이러한 과정은 교회가 감당해야 하는 선교적 사명을 촉진시킬 수 있도록 추진해야만 한다.[9]

피터 드럭커[10](Peter F. Drucker)는 관리에 있어서 세 가지의 중요한 작업을 강조한다.

첫째, 가장 먼저 해야 할 작업은 특정 기관의 특별한 목적과 사명을 밝히는 일이다.

둘째, 일이 생산적이 되게 하고 일을 감당할 수 있도록 돕는 일이다.

셋째, 사회적인 책임과 영향이 미치는 것을 관리하는 일이다.

린드그렌과 쇼우척은 인적 자원을 잘 관리해야 한다고 강조한다. 어느 교회든 교회가 갖는 가장 귀한 자원은 인적 자원이다. 그러므로 관리자로서 목회자의 두 번째 임무는 각 개인을 귀한 인적 자원으로 인식하고, 각자가 교회의 사명을 완수하는 일에만 몰두하지 않고 각 개인의 성장과 성취에 공헌할 수 있도록 돕는 일이다.[11]

---

9 Ibid., 135; Peter F. Drucker, *Management: Tasks, Responsibilities, Practices* (New York: Harper and Row, 1974).
10 Drucker, *Management*, 135-40.
11 Alvin J. Lindgren and Norman Shawchuck, *Management for Your Church: How to Realize Your Church Potential Through a Systems Approach*, 135. 매일 매일의 운영 방법에 관하여는 교회 행정 서적들에서 자세한 내용을 찾아볼 수 있

도표 16. 선교활동과 교회 프로그램과의 관계

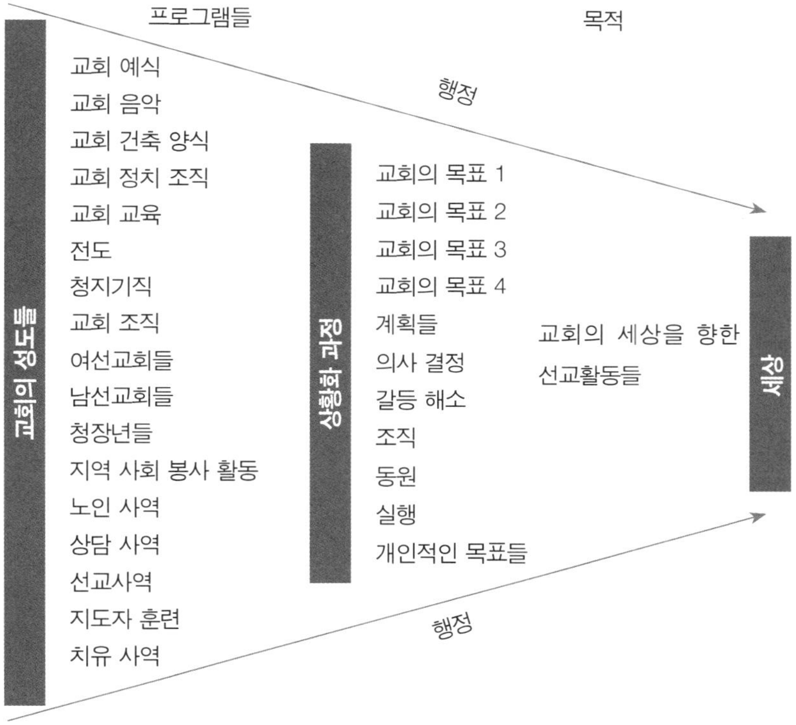

프로그램들 — 목적

행정

교회의 성도들:
- 교회 예식
- 교회 음악
- 교회 건축 양식
- 교회 정치 조직
- 교회 교육
- 전도
- 청지기직
- 교회 조직
- 여선교회들
- 남선교회들
- 청장년들
- 지역 사회 봉사 활동
- 노인 사역
- 상담 사역
- 선교사역
- 지도자 훈련
- 치유 사역

생활화 과정:
- 교회의 목표 1
- 교회의 목표 2
- 교회의 목표 3
- 교회의 목표 4
- 계획들
- 의사 결정
- 갈등 해소
- 조직
- 동원
- 실행
- 개인적인 목표들

교회의 세상을 향한 선교활동들 → 세상

행정

여기서 우리는 교회 지도자가 교회행정에 대한 분명한 확신을 갖고, 이 책에서 이제까지 다룬 모든 주제들을 행정적인 관점에서도 살펴보아야 한다는 사실을 직시한다. 선교적 교회는 그의 행정 체계를 통하여 실제적이고 분명하며 역동적인 형태를 갖게 된다.

다. 오늘 우리는 제3세계 목회 상황에 맞는 문화적으로 적절한 교회행정 지침서가 필요하다.

이런 행정 체계를 통하여 교회의 신적인 관점과 인간적인 관점이 하나로 연합된다. 이런 행정에서 기관은 유기적인(organism) 형태를 갖는다.

교회를 섬기는 목회자들과 선교사들은 그들이 섬기고 있는 교회, 교단, 선교단체의 정확한 목적과 목표 및 전략들을 정확하게 알고 있을 때에만 교회를 행정적으로 잘 섬길 수 있다. 또한 그 목적을 달성하기 위해 사람을 적재적소에 쓸 수 있다. 목적이 분명하고 의욕적인 행정가는 거시적인 안목을 갖고 선교적 교회가 계속적으로 선교하는 일을 수행하는 데 효과적이 되도록 선교활동과 선교프로그램을 계속 검토하여 발전시켜 나간다.

선교적으로 주도면밀한 행정가는 다르다. 성도들로 하여금 하나님의 선교하는 백성들을 동원하는 목적을 가지고 계획을 세우게 하고 결정을 하게 하며 내부의 문제들을 해결하게 한다.[12] 복음을 실은 배가 다른 방향으로 가지 않도록 교회 행정가는 계속하여 교회의 목적과 목표에 맞게 프로그램이 운영되고 있는지 검토하는 책임이 있다. 도표 16은 교회 행정의 역할을 보여 준다.

교회 행정을 담당하는 지도자가 받은 소명이 있다. 선교하는 사명을 받은 교회가 개인적으로나 연합적으로 선교적 본질을 처한 상황에서 실천할 수 있도록 돕는 일이다.[13] 제임스 앤더슨(James

---

12 선교적으로 교회를 동원하는 일에 대한 일상의 지침을 소개하는 것은 본서가 다루고자 하는 내용을 벗어난다. 독자들은 교회 행정에 대한 다른 책들을 참고해 주기를 바란다.

13 James D. Anderson and Ezra E. Jones, *The Management of Ministry* (New York: Harper and Row, 1978), 63.

E. Anderson)과 에스라 존스(Ezra E. Jones)는 이 점을 강조했다.

> 교회와 교회 행정 구조를 단적으로 평가하는 시금석은 교회의 성도 개개인이 다른 성도들과 모여서 하는 일에 얼마나 자유롭게 동참할 수 있느냐 하는 점이다. 처음 교회에 등록한 사람이 어떻게 교회의 각 구역 모임에 연결이 되는가 하는 것은 교회 조직을 알아보는 좋은 방법이 된다. 성도들이 교회의 각 구역에 조직되고 각 구역들은 어떻게 연합하여 조화를 이루는가 하는 것은 교회가 어떻게 주 안에서 그들의 친교(koinonia)를 나누고 있는지를 알아볼 수 있는 한 방편이 된다.[14]

원리는 같다. 교회의 크기에 따라 행정 구조는 달라지겠지만 이 원리는 작은 교회나 큰 교회나 동일하게 적용된다.[15] 사람들은 어느 곳에 살든지 집단에 소속되고자 하는 바람이 있다. 사람들은 하나님 가족의 일부가 되었다는 것을 느끼고 싶어한다. 한 공동 목적을 중심으로 연합하여 일하면서 소속감을 발견한다. 이런 관점에서 우리는 교회가 그리스도의 장성한 분량에까지 이르러 선교하는 공동체로 변화되어 가는 교회의 내적 성장(integral growth)

---

14 Ibid., 67.
15 Carl S. Dudley, *Making the Small Church Effective* (Nashville: Abingdon, 1978), chapter 4; Thomas C. Campbell and Gary B. Reierson, *The Gift of Administration* (Philadelphia: Westminster, 1981), 127ff; Lyle E. Schaller, *Growing Plans: Strategies to Increase Your Church's Membership* (Nashville: Abingdon, 1983), and idem, *Looking in the Mirror: Self-Appraisal in the Local Church* (Nashville: Abingdon, 1984).

과정을 이해할 수 있다.¹⁶ 이런 선교적 행정은 세상을 향한 선교 사역을 감당하기 위해 교회에 속한 개인과 단체 모두가 가진 선교적 자원과 힘을 밖으로 향하게 하는 데 결정적인 역할을 한다.

3. 선교행정의 상황화

선교행정에도 상황화가 필요하다. 교회 행정가는 성도들의 교회 생활을 그들이 처한 상황에 맞도록 상황화하는 데 역점을 두어야 한다. 지도자의 행정적 임무는 선교적 교회의 형태와 생활 양식들이 전도의 대상인 세상을 닮아가지 않도록 선교적 교회의 생활 양식과 교회의 행태를 돌아보아야 한다. 조직이론(Systems theory)의 관점은 행정가의 역할을 분명하게 보여 준다. 행정적인 결정들은 교회가 내용 면에서는 초대 교회와 같아지면서도¹⁷ 현지

---

16 Orlando Costas는 교회의 내적 성장(integral church growth)의 개념에 대해 깊이 있게 다루고 있다. 그는 '수적인 성장, 유기적 성장, 개념적 성장, 성육신적 성장'(incarnational growth) 등의 개념을 설명한다. *The Church and Its Mission: A Shattering Critique from the Third World* (Wheaton, Ill.: Tyndale, 1974), 90와 *The Integrity of Mission: The Inner Life and Outreach of the Church* (New York: Harper and Row, 1979)를 참조하라.

17 Kraft는 유진 나이다(Eugene Nida)의 역동적 등가 번역 이론을 교회론에 접목하였다. 그러므로 "역동적 등가 교회"(Dynamically-equivalent church)는 Kraft의 전용어로 번역 이론 중의 하나인 역동적 등가 이론(Dynamic-equivalent theory)에서 그 근원을 찾을 수 있다. 형식보다는 의미를 문화적 상황에 맞게 등가적으로 번역해야 한다는 이론인데, 이를 교회 형태와 타민족 신학화 작업에 적용하였다. 교회에 적용할 때는 특정한 문화 속에서 초대 교회와 대등한 역할을 하는 교회라는 의미를 갖고 있다. 본 역서에서는 한국적 의미를 살려 '초대 교회', 혹은

문화에 더욱 토착화된 교회가 되도록 도움을 주어야 한다.[18] 유능한 행정 지도자는 주위 환경이 교회에 어떠한 영향을 미치고 있으며 교회는 주위 한경을 어떻게 변화시켜 나가는지에 대해 주의를 기울인다. 교회가 처한 상황을 어떻게 효과적으로 변화시켜 가고 있는지 측정하는 방법으로 "피드백 순환고리"(feedback loop)를 사용할 수 있다. 이 도구를 통해 교회가 사회 시스템을 변혁시키는 작업을 얼마나 효과적으로 하고 있는지를 알아 볼 수 있다. 이 순환 과정이 교회 행정에 중요한 도구가 된다. 앤더슨(Anderson)과 존스(Jones)는 교회의 조직과 구조에 영향을 미치는 가장 결정적인 요소로 교회의 주변 환경을 들었다.

> 교회 지도자들은 주변 환경의 변화에 맞게 현존하는 교회 조직을 수정 보완하면 교회 행정 문제가 해결이 될 것으로 생각한다. 이것은 사실이 아니다. 현실은 그렇지 못한데도 수많은 목회자들과 선교사들은 그들이 섬기는 교회가 좀 더 재미있는 프로그램을 만들고, 설교를 좀 더 잘하고, 교인들이 좀 더 친절하다면, 교회 주변의 모든 문제들이 교회를 통해서 다 해결될 수 있을 것이라고 생각하며 심한 죄책감에 시

'초대 교회와 같은'이라고 번역하였다. 자세한 내용은 다음을 참조하라. Charles Kraft, 『기독교와 문화』 임윤택 역(서울: CLC, 2006)- 역주.

18 Charles Kraft는 초대 교회다운 교회(Dynamic equivalence churchness)가 되어야 한다고 주장한다. 모든 교회들은 그 조직에 있어서도 상황에 맞으며 초대 교회의 교회성을 가진 교회가 되도록 새롭게 변화될 필요가 있다. Charles H. Kraft, *Christianity in Culture: A Study in Dynamic Biblical Theologizing in Cross-Cultural Perspective* (Maryknoll, N. Y.: Orbis, 1979), 315-27를 참조하라.

달리고 있다…선교적 교회의 바른 모델은 교회 조직이 교회가 처한 문화적 환경에 맞는가 아니면 이질적인가에 중점을 둔다. 효과적인 선교사역을 감당하기 위해서 선교적 상황에 맞는 조직이 필요하다.[19]

가장 효과적인 선교사는 육신을 입으신 그리스도이셨다. 이처럼 선교적 교회는 예수님이 함께 하심과 성령님이 공동체 안에 내주하심을 드러내는 역할을 할 때에 가장 효과적인 교회가 된다. 이러한 관점에서 선교사를 보내는 교회나 받는 교회, 또는 선교단체 모두가 성령의 인도하심에 따라 교회 행정을 해야만 한다. 이것은 모든 면에서 절대적이다. 교회는 오직 성령이 주시는 통찰력을 통해서만 말씀으로 문화를 변혁시키는 일과 문화적으로 적절한 상황화 사이에서 균형을 유지할 수 있다. 선교전략가 어느 한 사람도 급변하는 세대에게 복음을 이렇게 전해야 한다고 단언할 수 없다. 각 지역 교회가 처한 다양한 문화적 상황들은 다양한 문화적 방법으로 성도들을 세우고, 지도자를 선발하고, 행정 구조를 조직하게 한다. 이 일을 하기 위해 교회의 선교적 본질을 염두에 둔 행정이 필요하다.

---

[19] Kraft, *Christianity in Culture*, 54-56에서 인용.

4. 인간적 조작을 피하는 선교행정

선교적 교회에서 행정이 중요한 이유는 선교활동을 저해하는 많은 인간적인 조작들을 피하는 데 도움을 주기 때문이다.[20] 몇 해 전에 감리교 목사인 맥시 듀남(Maxie Dunnam)과 개리 허버트슨 (Gary Herbertson), 심리학자 에버레트 쇼스트롬(Everett Shostrom) 등 『조작자 인간』(Man, the manipulator)의 저자들이 공동으로 나섰다. 그들은 인간적인 조작을 방지할 수 있는 성취하는 행정(actualizing administration)에 대해 좋은 방안을 제시했다. 그들은 조작자(manipulator)를 "자신이나 다른 사람을 물건처럼 이용하거나 조종하여 스스로 파멸에 이르는 자"라고 정의하였다.[21]

세상에는 조작자가 많다. 우리가 조작하는 사람이 되지 않기 위해서는 성취하는 사람(actualizer)이 되어야 한다.

(1) 그는 곧 리더십과 온정(empathy)을 가진 사람이다.
(2) 그는 존경과 감사가 몸에 베인 사람이다.
(3) 그는 잘 돌보면서도 추진력이 있는 사람이다.
(4) 그는 리더십과 표현력을 갖춘 사람이다.[22]

---

20 이 문제의 실례들에 대하여는 Juan Isais, *The Other Side of the Coin*, E. F. Isais trans (Grand Rapids: Eerdmans, 1966)를 참조하라.
21 Maxie D. Dunnam, Gary J. Herbertson, and Everett L. Shostrom, *The Manipulator and the Church* (Nashville: Abingdon, 1968), 83.
22 Ibid., 83-87.

1960년대 후반과 1970년대에 들어서 북미의 교회들은 인간적인 조작을 피해 보려는 관점이 커졌다. 새로운 리더십이 생겨났다. '스스로 하게 하는 리더십'(enabling leadership)의 일종인 나아갈 방향을 잡아주지 않는 아주 수동적이며 약한 리더십이 생겨났다. 이런 나약한 리더십은 우리가 바라는 선교의 리더십이 아니다. 이런 리더십은 교회 성도들이 무엇을 할 것인지 스스로 결정할 때까지 기다리다가, 그들이 비전에 따라 하고 싶은 일을 해도 좋다고 인정해 주고, 소극적으로 격려하는 정도의 수동적인 리더십을 말한다. 그 결과는 완전 실패로 나타났다. 스스로 하게 하는 리더십은 목회자의 역할을 포기하게 만들고 성도들에게 모든 리더십을 전가하는 또 다른 인간적 조작을 피할 수 없게 만들었다.[23]

선교적 교회는 그리스도께서 교회에 허락하신 믿음, 소망, 사랑을 밖으로 드러내는 성도들과 지도자들이 혼연일체가 되어 선교적 사역을 성취해 가는(actualizing) 교회 분위기를 만들어야 한다. 이런 선교적 관점을 가진 성취형 지도자는 하나님의 백성이 하나님의 사역을 감당할 수 있도록 격려하고 그들을 철저히 훈련시킴으로써 선교적 교회를 이루는 중요한 도구가 되게 한다.

동기유발이 중요하다. 라일 셸러(Lyle E. Schaller)와 찰스 티드웰(Charles A. Tidwell)은 교회가 선교에 적극적으로 참여하고 선교적 목적을 성취하는 데 원동력이 될 몇 가지 요인들을 발견했다. 그

---

23 피터 와그너가 저술한 많은 책들에서 이 주제를 주의 깊게 다루고 있다. 특별히 이 주제를 강조한 책으로 다음을 참조하라. Peter C. Wagner, *Leading Your Church to Growth: The Secret of Pastor-People Partnership in Dynamic Church Growth* (Ventura, Calif.: Regal, 1984).

리고 선교촉진 요인들과 인간적인 조작을 통해 선교적 동기유발을 저해하는 요인들을 구별하였다. 동기유발을 촉진하는 요인들은 개개인을 존중하여 귀히 여기고, 자기가 맡은 일의 중요성을 인식하며, 서로 돕고 협동하는 분위기를 만든다. 그러나 리더가 존경을 받지 못하고, 자기만의 이익을 위해 사람들을 이용하고, 적은 숫자의 인력에게 너무 무리한 책임을 맡기고, "당신은 일을 항상 그 모양으로 하느냐"는 식으로 사람을 대할 때, 일에 대한 동기유발이 생길 수 없다.[24]

선교적 교회에서 '성취하는 행정'이 얼마나 중요한지 거듭 강조해야 한다. 교회가 선교적 목적을 달성하기 위해 인간적인 조작을 피할 수 있게 하고 하나님의 뜻을 성취하는 행정은 성경적이다. 창조적인 행정은 다른 방법으로는 불가능한 여러 가지 봉사의 기회들을 제공하는 하부 조직을 강화시킨다. 이러한 관점은 여러 학자들이 강조했다. 나는 독자들의 편의를 돕기 위해 끝 부분에 학자들의 저술들을 첨가하였다.

조직과 행정은 쉽지 않다. 이제까지 많은 학자들이 논증하고 분명하게 밝혔음에도 불구하고 교회나 선교회에서 모든 사람들이 사역에 참여하도록 독려하는 조직을 만드는 일은 쉽지 않다. 왜 그토록 더디게 움직이는 것일까? 예를 들어 제3세계에는 신학대학들이나 대학원이 많이 있다. 하지만 어떻게 교회 행정 구조를 만들고, 실행 위원회를 조직하고, 전략들을 수립해야 하는가를 가

---

[24] Lyle E. Schaller and Charles A. Tidwell, *Creative Church Administration* (Nashville: Abingdon, 1975), 66-81.

르치는 신학대학의 숫자는 아주 적다. 우리 중 대부분은 새로 개척된 교회가 어떤 교단에 가입하고, 어떤 형식으로 예배 드리고, 어떤 사람들이 얼마나 영적으로 모이는가에 너무 깊은 관심을 쏟은 나머지 교회 조직이나 행정, 헌금 관리 등을 처한 상황에 적절하게 하는 방법은 간과한다. 북미나 유럽의 교회에는 재직회나 당회 및 각 위원회에 봉사할 자격이 잘 갖추어진 사람들이 많이 있지만, 그들에게 교회의 목적과 특성, 교회를 어떻게 조직하여 사람들이 가지고 있는 시간과 재능, 물질 등을 효과적으로 운용하여 주님의 일을 위해 드릴 수 있을 것인가에 대해서는 잘 가르치지 않는다. 역사가 짧은 교회든 긴 교회든 새로운 방법으로 생동감이 넘치는 교회의 모습을 갖게 하는 창의적 행정을 하기보다는 전통적인 교회 정치 조항과 규례에 따라서 모든 행정을 하는 진부한 경우가 태반이다.

선교적 행정은 선교적 교회가 되기 위해 절대적으로 필요한 도구이다. 이 일은 아직도 목회자들, 교회 지도자들, 선교지도자들, 선교사들, 제3세계 목회자들에게 새롭고 심각하게 연구해야 할 과제로 남아 있다. 우리 모두 힘을 합하여 우리가 믿음과 소망 가운데 고백하고 증거하는 선교적 교회가 된다는 것이 과연 무엇을 말하는 것인지 인식해야 한다. 새롭고 효율적인 조직을 통해 그 비전을 이루어 나가야 한다.

선교행정을 위해 기도하라. 하얗게 익어 추수할 때가 된 밭을 바라보면서 일꾼들을 효율적으로 잘 다루어 큰 추수를 감당할 수 있는, 즉 행정을 잘하는 지도자를 보내 달라고 추수의 주님께 기도하자. 오늘날 교회에서 꼭 필요한 일꾼도 행정에 은사가 있는 사람이 아닐까? 이러한 관점에서 교회 목회자와 선교사를 선교행정가로 훈련시켜야 한다. 그들이 선교적 교회, 선교하는 교단, 선교하는 선교회를 효과적으로 이끌어 나갈 수 있는 열정과 비전이 있는 행정가로 훈련 받도록 배려해야 한다.

5. 평가를 촉진하는 행정

선교행정은 평가를 촉진한다. 교회 사역을 평가하는 방법에 대하여는 여러 의견들이 있다. 일부는 복음의 사회적인 영향력을 강조한다. 다른 한편에서는 복음 전도를 강조한다. 도날드 맥가브란(Donald McGavran)과 피터 와그너(C. Peter Wagner) 같은 교회성장학자는 교회의 구성원으로 등록한 교인 숫자를 교회를 측정하는 척도로 본다.

측정 기준이 필요하다. 교회를 측정하는 척도는 교회가 특정 문화 속에서 얼마나 교회의 본질적인 모습을 드러내고 있는가를 살피는 것이다. 이것이 평가 기준이 되어야 한다. 선교적 교회의 평가는 우리가 고백하는 교회의 모습과 실제로 보이는 교회의 모습을 비교하는 과정이어야 한다. 교회의 목표들, 전략들, 지도자들, 교인들, 행정에 대한 평가 질문은 다음과 같다. '우리는 얼마나 하나 되어 있는가? 얼마나 거룩한가? 얼마나 통일성이 있는가? 얼마나 진실한 선교적인 말씀과 성례의 공동체인가? 예수님께로 얼마나 가까이 모여 있는가?' 이것은 예수님께서 세상을 정죄하지 않고 그분을 통하여 구원받게 하려 하셨던 것과 같다(요

3:17). 우리가 주님께 가까이 나오면 나올수록 우리는 세상을 위해 더 더욱 자신을 내어 놓게 된다.

선교적 교회는 자신이 누구인가에 기초해야 스스로를 평가할 수 있다. 교회는 교회 이외의 다른 무엇이 될 것으로 기대할 수 없다. 목회자와 선교사는 하나님의 권속들이 이미 이루어가고 있는 교회 이외의 것을 만들 수 없다. 그렇지 않으면 예수 그리스도의 교회가 아닌 인간의 기관이나 단체를 만들고 자기들의 작은 왕국을 세우게 된다. 선교적 교회를 세우는 선교사는 복음의 씨앗이 떨어져 큰 나무로 자랄 수 있도록 돕는 역할만 한다. 교회를 평가할 때 목회자와 선교사는 평가의 기준이 되는 교회의 선교적 본질을 생각한다. 이 과정은 이 책에서 제시한 이슈들을 계속적으로 발전시켜 나가는 것과 우리가 선교하는 모습을 되찾으려는 노력을 계속하는 것을 의미한다.

평가에서 생각해야 할 다른 한 면이 있다. 선교적 교회는 그들의 생활과 효율성을 "종말론적으로 이루어져 가는 실재"(eschatological, emerging reality)로 이해하고 평가해야 한다. 평가는 완성된 것이 아니라 발전 과정을 측정하는 것이다. 그러므로 지금 여기서 실패에 대한 두려움을 미리 가질 필요는 없다. 주 예수 안에서 하나님의 부르심을 따라 목표를 향해서 달려가는 것이다(빌 3:12-14). 선교적 교회가 되어 가는 공동체의 평가에는 항상 소망이 있다. 우리가 더욱더 온전하게 되어진다는 종말론이 있다. 평가하는 과정에서 우리는 우리에게 이루어질 미래가 현실화되는 것을 허용한다. 교회를 평가함에 있어서는 현실뿐 아니라 미래를 향한 움직임까지 감안해야만 한다.

성공의 의미를 생각하라. 교회의 선교적 본질에 대한 이런 종말론적 관점은 우리가 생각하는 성공이라는 의미가 무엇인지 내포하고 있다. 우리가 가진 성공의 정의를 먼저 분석해 보는 것이 중요하다. 이점을 일깨워준 도날드 맥삼(Donald Maxam) 같은 사회학자들의 관점은 특별히 도시 선교사역을 하는 데 있어서 큰 도움이 된다. 여기서 우리는 조직이론으로 교회의 본질, 세상을 향한 교회의 선교활동, 교회가 처한 문화 상황의 특성 등을 다시 살펴보아야 한다. 이렇게 함으로 성공의 정의를 새롭게 하고 우리의 선교활동과 조직, 선교적으로 의도한 바를 평가하는 기초로 삼아야 한다.

알빈 린드그렌(Alvin Lindgren)이 제시한 평가 질의서는 원래 교회의 특정 활동을 평가하기 위해 사용되었지만 전세계로 온전한 복음을 들고 나아가는 모든 교회들의 사역을 평가하는 데 도움이 될 수 있다.

1. 이 선교활동이 이루고자 하는 목표는 무엇인가?
2. 이 목표들은 교회의 선교적 본질과 일치하는가?
3. 이 선교활동은 실제로 목표를 달성하는 데 도움이 되는가?
4. 이 선교활동은 교회가 하는 또 다른 중요한 사역과 상충되지는 않는가?
5. 이 선교활동을 실행하기 위해 충분한 인적, 물적, 자원이 있는가? 또는 교회에 지나친 부담이 되지는 않는가?
6. 사용하는 기술이 복음의 가르침에 합당한 것인가?
7. 목표를 달성하기 위한 방법으로 이 활동은 어떤 위험을 갖

고 있지는 않은가? 그저 일을 위한 일은 아닌가? 이 일을 성공적으로 감당함으로 실제로 이루어야 할 목표가 가리워지지는 않는가?

8. 이 일보다 먼저 달성해야 할 다른 기본적인 목표는 없는가?[25]

선교적 교회들에게 있어서 평가는 꼭 있어야만 한다. 이 땅에서 우리가 선교적 교회를 세우려고 한다면 우리가 고백하는 교회와 실제 보이는 교회를 측정해 보는 한편, 예수 그리스도에게 순종하는 일의 하나로 모든 하나님의 백성들은 평가 과정에 참여하여야만 한다. 이러한 계속되는 자성의 과정을 통하여 늘 교회의 본질, 목표, 사람, 행정 등을 평가해 봄으로 음부의 권세가 이기지 못하는 그리스도의 교회를 세우시는 주님의 손길을 경험하게 될 것이다.

내가 서두에 언급했던 봉황목, 타파츌라에 지은 우리 집 뜰 앞의 작은 묘목을 기억하는가? 나는 사실 그 나무가 그렇게 크게 자라 거목이 될 것이라고는 상상하지 못했다. 교회도 마찬가지이다. 교회도 본질상 그렇게 성장하는 내재적 비밀을 간직하고 있다. 예수님도 겨자씨의 비유를 말씀하시면서 선교적 교회가 어떻게 자랄 것인가 하는 성장의 비밀을 강조하셨다. 이 말씀은 공관복음 모두에 기록이 되어 있다(마 13:31-32; 막 4:31-32; 눅 13:19).

---

25 Lindgren, *Foundations*, 30-31; Lyle E. Schaller, *Hey! That's Our Church!* (Nashville: Abingdon, 1975), chapter 8; David Watson, *I Believe in Evangelism*, 1st American ed. (Grand Rapids: Eerdmans, 1977), and Gene A. Getz, *The Measure of a Church* (Glendale, Calif.: Regal, 1975).

마태복음과 누가복음에는 누룩의 비유와 함께 기록하고 있다(마 13:33; 눅 13:21). 강조점은 분명하다. 교회가 가진 하나님 나라의 비밀스러움, 창의성, 놀라움은 교회의 본질에 속한다는 점이다.

나의 아내는 우리 집 입구에 장미 심기를 즐겨했다. 우리는 심은 후 작은 싹이 나오고, 자라고, 봉오리를 맺고, 꽃이 밤사이에 활짝 피어나는 멋진 성장 과정을 보면서 행복했다. 교회가 이렇게 아름답게 피어나는 것을 보는 것이 우리 모두의 바람이요 기쁨이 아닌가? 우리가 교회를 세운다고 하지만 교회는 하나님께서 세우신다. 몇은 심고 또 몇은 물을 주고 하나님의 백성들 가운데 역사하시는 성령의 강한 생명력으로 선교적 교회의 모습을 반드시 꽃 피우시는 분은 하나님이시다. 예수님께서 성령의 강한 능력으로 이루시는 선교적 교회와 우리의 노력으로 세우는 교회와의 관계를 설명해 주신 말씀에 다시 귀를 기울여 보자.

> 예수께서 또 말씀하셨다. "하나님의 나라는 무엇과 같으며 또 무엇에 비길 수 있을까? 어떤 사람이 겨자씨 한 알을 밭에 뿌렸다. 겨자씨는 싹이 돋고 자라서 큰 나무가 되어 공중의 새들이 그 가지에 깃들였다. 하나님의 나라는 이 겨자씨 같다." 예수께서 또 말씀하셨다 "하나님의 나라를 무엇에 비길 수 있을까? 어떤 여자가 누룩을 밀가루 세 말 속에 넣었더니 마침내 온 덩이가 부풀어올랐다. 하나님의 나라는 이런 누룩과 같다"(참조, 눅 13:18-21).

이제 선교행정을 어떻게 할 것인가? 비전과 열정을 가진 선교행정에 대한 우리의 역할은 물을 주는 일, 거름을 주는 일, 잡초를 뽑아 주는 일, 열매를 잘 맺도록 가지를 쳐 주는 일, 그리고 장미를 다듬어 주는 일이다. 선교적 교회는 우리가 적극적으로 기도하면서 모든 하나님의 백성들이 세상에 나가서 선교하도록 독려하는 행정 조직을 만들어 나갈 때 그 멋진 모습을 드러내게 될 것이다.

6. 연구도서 목록

1) Administration Is a Spiritual Activity

Anderson, Ray S. *Minding God's Business*. Grand Rapids: Eerdmans, 1986. See chapter 7.

Callahan, Kennon. *Effective Church Leadership: Building on the Twelve Keys*. San Francisco: Harper and Row, 1990.

———. *Twelve Keys to an Effective Church*. New York: Harper and Row, 1983.

Campbell, Thomas, and G. Reierson. *The Gift of Administration*. Philadelphia: Westminster, 1981. See chapters 16, 19.

Costas, Orlando. *Liberating News: A Theology of Contextual Evangelization*. Grand Rapids: Eerdmans, 1989.

Getz, Gene A. *Sharpening the Focus of the Church*. Chicago: Moody, 1974.

Gray, Robert M. *Managing the Church*. Enid, Okla.: Phillips University Press, 1970. See chapters 3, 4.

Jones, Ezra Earl, and Robert L. Wilson, eds. *What's Ahead for Old First Church?* New York: Harper and Row, 1974.

Marcum, Elvis. Outreach: *God's Miracle Business*. Nashville: Broadman, 1975.

McGavran, Donald A., and Winfield C. Arn. *Growth: A New Vision for the Sunday School*. Pasadena, Calif.: Church Growth, 1980.

———. *Ten Steps for Church Growth*. New York: Harper and Row, 1977. See chapter 9.

Perry, Lloyd M., and Norman Shawchuck. *Revitalizing the 20th Century Church*. Chicago: Moody, 1982.

Peters, George L. A Biblical *Theology of Missions*. Chicago: Moody, 1972. See pages 231–41.

———. *Saturation Evangelism*. Grand Rapids: Zondervan, 1970. See especially pages 92–93.

Powell, Paul. *How to Make Your Church Hum*. Nashville: Broadman, 1977. See chapter 6.

Reeves, R. Daniel, and Ronald Jenson. *Always Advancing: Modern Strategies for Church Growth*. San Bernardino, Calif.: Here's Life, 1984.

Richards, Lawrence O., and Clyde Hoeldtke. *A Theology of Church Leadership*. Grand Rapids: Zondervan, 1980. See chapters 2, 6, 8–10, 14.

Schaller, Lyle E. *Activating the Passive Church*. Nashville: Abingdon, 1981.

———. *Growing Plans: Strategies to Increase Your Church's Membership*. Nashville: Abingdon, 1983.

———. *Looking in the Mirror: Self-Appraisal for the Local Church*. Nashville: Abingdon, 1984.

———. *The Change Agent: The Strategy of Innovative Leadership*. Nashville: Abingdon, 1972.

Sundkler, Bengt. *The World of Mission*. London: Lutterworth, 1963. See chapter 2.

Tillapaugh, Frank. *The Church Unleashed: Getting God's People Out Where the Needs Are*.Ventura, Calif.: Regal, 1982.

Voelkel, Jack. *Student Evangelism in a World of Revolution*. Grand Rapids: Zondervan, 1974.

C. Peter Wagner. *Church Growth and the Whole Gospel: A Biblical Mandate*. San Francisco: Harper and Row, 1981. See chapters 8–10.

Walrath, Douglas A. *Leading Churches Through Change*. Nashville: Abingdon, 1979.

―――. *Planning for Your Church*. Philadelphia: Westminster, 1984.

2) Administration Facilitates Evaluation

Anderson, Ray. *The Praxis of Pentecost: Revisioning the Church's Life and Mission*. Pasadena, Calif.: Fuller Theological Seminary, 1991.

Costas, Orlando. "*Churches in Evangelistic Partnership*," in C. Rene; Padilla, ed., *The New Face of Evangelicalism: An International Symposium on the Lausanne Covenant*. Downers Grove, Ill.: Inter-Varsity, 1976.

Dietterich, Paul M., ed. "*Managing Clergy Transition*." *The Center Letter*, 13.5 (May 1983).

Gatu, John. "*The Urgency of the Evangelistic Task*," in Padilla, ed., *The New Face of Evangelicalism*.

Isais, Juan M. *The Other Side of the Coin*, E. F. Isais, trans. Grand Rapids: Eerdmans, 1966.

Latourette, Kenneth Scott. *The Emergence of a World Christian Community*. New Haven: Yale University Press, 1949. See chapter 3.

Lindgren, Alvin J. *Foundations for Purposeful Church Administration*. Nashville: Abingdon, 1965. See chapter 2.

McGavran, Donald A. *Understanding Church Growth*, rev. ed. Grand Rapids: Eerdmans, 1980. See chapter 19.

―――. *Ethnic Realities and the Church: Lessons from India*. South Pasadena, Calif.: William Carey Library, 1978. See chapter 9.

McGavran, Donald A., and Winfield C. Arn. *How to Grow a Church*. Glendale, Calif.: Regal, 1973. See chapter 1.

Neill, Stephen C. *Colonialism and Christian Mission*. New York: McGraw-

Hill, 1966. See "Conclusion."

Schaller, Lyle E. *Hey! That's Our Church!* Nashville: Abingdon, 1975. See chapter 8.

Wagner, C. Peter. *Your Church and Church Growth*, packaged set of materials. Pasadena, Calif.: Fuller Evangelistic Association, 1976. See handbook.

Watson, David. *I Believe in Evangelism*, 1st American ed. Grand Rapids: Eerdmans, 1977.

God's Missionary People :
Rethinking the Purpose of the Local Church

참고문헌

A. J. Muste. "Of Holy Disobedience." *Sojourners*, 13.11 (Dec. 1984): 21–22.

Adams, Arthur M. *Effective Leadership for Today's Church*. Philadelphia: Westminster, 1978.

Allen, Roland. *The Spontaneous Expansion of the Church and the Causes Which Hinder It*. Grand Rapids: Eerdmans, 1962.

Alston, Wallace M., Jr. *The Church*. Atlanta: John Knox, 1984.

Anderson, James D., and Ezra E. Jones. *The Management of Ministry*. New York: Harper and Row, 1978.

———. *Ministry of the Laity*. New York: Harper and Row, 1985.

Anderson, Andy. *Where Action Is*. Nashville: Broadman, 1976.

Anderson, Gerald H., ed. *The Theology of the Christian Mission*. Nashville: Abingdon, 1961.

———., ed. *Witnessing to the Kingdom: Melbourne and Beyond*. Maryknoll, N.Y.: Orbis, 1982.

Anderson, Gerald H., and Thomas F. Stransky, eds. *Mission Trends No. 2: Evangelization*. Grand Rapids: Eerdmans, 1975.

Anderson, Ray S. *Minding God's Business*. Grand Rapids: Eerdmans, 1986.

———. *Mission Theology and Church Theology: An Integrative Approach*. Unpublished manuscript, 1989.

———. *The Praxis of Pentecost: Revisioning the Church's Life and Mission*. Pasadena, Calif.: Fuller Theological Seminary, 1991.

Arias, Esther, and Mortimer Arias. *The Cry of My People: Out of Captivity in Latin America*. New York: Friendship, 1980.

Arias, Mortimer. *Announcing the Reign of God: Evangelization and the Subversive Memory of Jesus*. Philadelphia: Fortress, 1984.

———. *Salvación es Liberación*. Buenos Aires: Aurora, 1973.

Arn, Winfield C., ed. *The Pastor's Church Growth Handbook*. Pasadena, Calif.: Church Growth, 1982.

Arn, Winfield C., and Charles Arn. *Who Cares About Love?* Pasadena, Calif.: Church Growth, 1986.

Avis, Paul D. L. *The Church in the Theology of the Reformers*, P. Toon, R. Martin, eds. Atlanta: John Knox, 1980.

Baker, Wesley C. *The Split-Level Fellowship*. Philadelphia: Westminster, 1965.

Banks, Robert J. *Paul's Idea of Community: The Early House Churches in Their Historical Setting*. Grand Rapids: Eerdmans, 1980.

———. "A Biblical Vision of the People of God." *Theology News and Notes* (June 1990): 4–7.

Banks, Robert J., and Julia Banks. *The Church Comes Home: A New Base for Community and Mission*. Sutherland, Australia: Albatross, 1989.

Barbour, Ian G. *Religion in an Age of Science*. San Francisco: Harper and Row, 1990.

"Barnabas: The Ministry of Encouragement." *Christian Leadership Letter* (July 1987): 1–3.

Barrett, David B. *World Christian Encyclopedia*. Oxford: Oxford University Press, 1982.

———. "Five Statistical Eras of Global Mission." *Missiology,* 12.1 (Jan. 1984): 21–39.

———. "Silver and Gold Have I None: Church of the Poor or Church of the Rich?" *International Bulletin of Missionary Research*, 7.4 (Oct. 1983): 146–51.

Barrett, Lois. *Building the House Church*. Scottdale, Pa.: Herald, 1986.

Barth, Karl. *Church Dogmatics*, vol. 4, G. T. Thomson, trans. Edinburgh:

T and T Clark, 1958.

———. *The Church and the Churches*. Grand Rapids: Eerdmans, 1936.

———. *Theology and Church: Shorter Writings 1920–1928*, L. P. Smith, trans., 1st American ed. New York: Harper and Row, 1962.

Bassham, Rodger C. "Willingen: Seeking a Deeper Theological Basis for Mission." *International Review of Mission*, 67.267 (July 1978): 329-37.

———. *Mission Theology, 1948–1975: Years of Creative Tension—Ecumenical, Evangelical and Roman Catholic*. South Pasadena, Calif.: William Carey Library, 1980.

Baum, Gregory. *The Credibility of the Church Today: A Reply to Charles Davis*. New York: Herder and Herder, 1968.

———. "Commentary," in Edward H. Peters, ed.: *De Ecclesia, The Constitution on the Church of Vatican Council II Proclaimed by Pope Paul VI on November 21, 1964*. Glen Rock, N.J.: Paulist, 1965.

———. "Introduction" in *The Teachings of the Second Vatican Council: Complete Texts of the Constitutions, Decrees, and Declarations*. Westminster, Md.: Newman, 1966.

———. *Man Becoming: God in Secular Language*. New York: Herder and Herder, 1970.

Bavinck, Herman. *Our Reasonable Faith: A Survey of Christian Doctrine*, H. Zylstra, trans. Grand Rapids: Eerdmans, 1956; repr. ed., Grand Rapids: Baker, 1986.

Bavinck, J. H. *An Introduction to the Science of Missions*, David Freeman, trans. Philadelphia: Presbyterian and Reformed, 1960.

———. *The Impact of Christianity on the Non-Christian World*. Grand Rapids: Eerdmans, 1948.

Bennis, Warren, and Burt Nanus. *Leaders: The Strategies of Taking Charge*. New York: Harper and Row, 1985.

Belew, M. Wendell. *Churches and How They Grow*. Nashville: Broadman, 1971.

Bellah, Robert N., et al. *Habits of the Heart: Individualism and Commit-*

ment in American Life*. Berkeley, Calif.: University of California Press, 1985.

Berkhof, Hendrikus. *Christian Faith: An Introduction to the Study of Faith*, S. Woudstra, trans. Grand Rapids: Eerdmans, 1979.

Berkhof, Hendrikus, and Philip Potter. *Key Words of the Gospel*. London: SCM, 1964.

Berkouwer, G. C. *The Church*, J. E. Davison, trans. Grand Rapids: Eerdmans, 1976.

———. *The Second Vatican Council and the New Catholicism*, L. B. Smedes, trans. Grand Rapids: Eerdmans, 1965.

Berton, Pierre. *The Comfortable Pew: A Critical Look at Christianity and the Religious Establishment in the New Age*. Philadelphia: Lippincott, 1965.

Beyerhaus, Peter, ed. *The Church Crossing Frontiers: Essays on the Nature of Mission in Honour of Bengt Sundkler*. Uppsala: Gleerup, 1969.

———. "The Three Selves Formula." *International Review of Missions*, 53 (1964): 393–407.

Birch, Bruce C. "Sages, Visionaries and Poets." *Sojourners*, 13.11 (Dec. 1984): 25–28.

Bjork, Don. "Foreign Missions: Next Door and Down the Street," *Christianity Today*, 29.13 (12 July 1985): 17–21.

Blauw, Johannes. *The Missionary Nature of the Church: A Survey of the Biblical Theology of Mission*. New York: McGraw-Hill, 1962.

Boer, Harry R. *Pentecost and Missions*. Grand Rapids: Eerdmans, 1961.

———. "Reformed Attitude to the WCC." *Theological Forum*: 10.1–2 (June 1982): 23–29.

Boff, Leonardo. *Ecclesiogenesis: The Base Communities Reinvent the Church*, J. Dierksmeyer, trans. Maryknoll, N.Y.: Orbis, 1986.

———. *Church, Charism and Power: Liberation Theology and the Institutional Church*, J. Dierksmeyer, trans. New York: Crossroad, 1985.

Bonhoeffer, Dietrich. *The Communion of Saints: A Dogmatic Inquiry into*

the Sociology of the Church. E.T., New York: Harper, 1963.
Bosch, David J. *Witness to the World: The Christian Mission in Theological Perspective*. Atlanta: John Knox, 1980.
──. "The Scope of Mission." *International Review of Mission*, 73.289 (Jan. 1984): 17–32.
──. "Mission in Jesus' Way: A Perspective from Luke's Gospel." *Missionalia*, 17.1 (April 1989): 3–21.
──. "An Emerging Paradigm for Mission." *Missiology*, 11.4 (Oct. 1983): 485–510.
──. "Evangelism: Theological Currents and Cross-Currents Today." *International Bulletin of Missionary Research*, 11.3 (July 1987): 98–103.
Braun, Neill. *Laity Mobilized: Reflections on Church Growth in Japan and Other Lands*. Grand Rapids: Eerdmans, 1971.
Bright, John. *The Kingdom of God: The Biblical Concept and Its Meaning for the Church*. Nashville: Abingdon-Cokesbury, 1953.
Brueggeman, Walter. *In Man We Trust: The Neglected Side of Biblical Faith*. Atlanta: John Knox, 1972.
Callahan, Kennon L. *Twelve Keys to an Effective Church*. New York: Harper and Row, 1983.
──. *Effective Church Leadership: Building on the Twelve Keys*. San Francisco: Harper and Row, 1990.
"Called and Committed: The Spirituality of Mission." *Today's Ministry*, 2.3 (Spring–Summer 1985): 1, 3–5.
Calvin, John. *Institutes of the Christian Religion*, F. L. Battles, trans. Philadelphia: Westminster, 1960.
Campbell, Thomas C., and Gary B. Reierson. *The Gift of Administration*. Philadelphia: Westminster, 1981.
Cassidy, Richard J. *Jesus, Politics and Society: A Study of Luke's Gospel*. Maryknoll, N.Y.: Orbis, 1978.
Chaney, Charles L. *Design for Church Growth*. Nashville: Broadman, 1977.
Cho, Paul Yonggi. *More Than Numbers*. Waco, Tex.: Word, 1984.

"Christian Unity: Becoming One in Christ," in *Minutes of the General Synod, 1987*. New York: Reformed Church in America, 1987: 53–59.

"Church in Crisis." *Newsweek*, 106 (9 Dec. 1985): 66–76.

Claerbaut, David. *Urban Ministry*. Grand Rapids: Zondervan, 1984.

Clinton, J. Robert. *The Making of a Leader*. Colorado Springs: NavPress, 1988.

Clowney, Edmund P. *Called to the Ministry*. Chicago: Inter-Varsity, 1964.

Coleman, Robert E. *The Master Plan of Evangelism* (Old Tappan, N.J.: Revell, 1963).

Collum, Danny. "A. J. Muste, The Prophet Pilgrim." *Sojourners*, 13.11 (Dec. 1984): 12–17.

Congar, Yves M. J. *The Mystery of the Church*, A. V. Littledale, trans. Baltimore: Helicon, 1960.

Conn, Harvie. *Evangelism: Doing Justice and Preaching Grace*. Grand Rapids: Zondervan, 1982.

Conners, Kenneth W. *Stranger in the Pew*. Valley Forge, Pa.: Judson, 1970.

Cook, Guillermo. "Grassroots Churches and Reformation in Central America." *Latin American Pastoral Issues*, 14.1 (June 1987): 5–23.

———. *The Expectation of the Poor: Latin American Basic Ecclesial Communities in Protestant Perspective*. Maryknoll, N.Y.: Orbis, 1985.

———. "The Protestant Predicament: From Base Ecclesial Community to Established Church—A Brazilian Case Study." *International Bulletin of Missionary Research*, 8.3 (July 1984): 98–102.

Costas, Orlando E. *Christ Outside the Gate: Mission Beyond Christendom*. Maryknoll, N.Y.: Orbis, 1982.

———. "Churches in Evangelistic Partnership," in C. René Padilla, ed. *The New Face of Evangelicalism: An International Symposium on the Lausanne Covenant*. Downers Grove, Ill.: Inter-Varsity, 1976.

———. *Liberating News: A Theology of Contextual Evangelization*. Grand Rapids: Eerdmans, 1987.

———. *The Integrity of Mission: The Inner Life and Outreach of the Church*. New York: Harper and Row, 1979.

Cullman, Oscar. *Christ and Time: The Primitive Christian Conception of Time and History*, F. V. Filson, trans. Philadelphia: Westminster, 1964.

Daughdrill, James H., Jr. "A Plea for Laymen's Liberation." *Church Herald*, 30.30 (7 Sept. 1973): 12–13, 22–23.

Davidson, James D. *Mobilizing Social Movement Organizations: The Formation, Institutionalization, and Effectiveness of Ecumenical Urban Ministries*. Storrs, Conn: Society for the Scientific Study of Religion, 1985.

Dayton, Edward R., and Theodore W. Engstrom. *Strategy for Leadership*. Old Tappan, N.J.: Fleming H. Revell, 1979.

De Dietrich, Suzanne. *The Witnessing Community*. Philadelphia: Westminster, 1958.

Dibbert, Michael T. *Spiritual Leadership, Responsible Management: A Guide for Leaders of the Church*. Grand Rapids: Zondervan, 1989.

Dietterich, Paul M., ed. "Managing Clergy Transition." *The Center Letter*, 13.5 (May 1983).

———. "New Ways of Thinking About Supervision." *The Center Letter*, 13.4 (April 1983).

Dirkswager, Edward J., Jr., comp. *Readings in the Theology of the Church*. Englewood Cliffs, N.J.: Prentice-Hall, 1970.

Dubose, Francis M. *How Churches Grow in an Urban World*. Nashville: Broadman, 1978.

Dudley, Carl S. *Making the Small Church Effective*. Nashville: Abingdon, 1978.

———. *Where Have All Our People Gone? New Choices for Old Churches*. New York: Pilgrim, 1979.

Dulles, Avery R. *A Church to Believe In: Discipleship and the Dynamics of Freedom*. New York: Crossroad, 1982.

———. *Models of the Church: A Critical Assessment of the Church in All Its Aspects*. Garden City, N.Y.: Doubleday, 1974.

———. *The Resilient Church: The Necessity and Limits of Adaptation*. New York: Doubleday, 1977.

Dulles, Avery R., and Patrick Granfield. *The Church: A Bibliography*. Wilmington, Del.: Michael Glazier, 1985.

Dunnam, Maxie D.; Gary J. Herbertson, and Everett L. Shostrom. *The Manipulator and the Church*. Nashville: Abingdon, 1968.

Durnbaugh, Donald F. *The Believers' Church: The History and Character of Radical Protestantism*. Scottdale, Pa.: Herald, 1985.

Ellison, Craig W., ed. *The Urban Mission*. Grand Rapids: Eerdmans, 1974.

Eims, LeRoy. *Be the Leader You Were Meant to Be: What the Bible Says about Leadership*. Wheaton, Ill.: Victor, 1982.

Engstrom, Theodore W. *The Christian Executive: A Practical Reference for Christians in Management Positions*. Waco, Tex.: Word, 1976.

———. *The Making of a Christian Leader*. Grand Rapids: Zondervan, 1976.

Escobar, Samuel. "Base Church Communities: A Historical Perspective." *Latin American Pastoral Issues*, 14.1 (June 1987): 24–33

Flannery, Austin P., ed. *Documents of Vatican II*. Grand Rapids: Eerdmans, 1975.

———. *Vatican II: More Postconciliar Documents*. Grand Rapids: Eerdmans, 1982.

———. *Vatican II on the Church*. 2d ed. Dublin: Scepter, 1967.

Freytag, Walter. "The Meaning and Purpose of the Christian Mission." *International Review of Missions*, 39 (April 1950): 153–61.

Fuller, W. Harold. *Mission Church Dynamics: How to Change Bicultural Tensions into Dynamic Missionary Outreach*. South Pasadena, Calif.: William Carey Library, 1980.

Garvin, G. W. "Marks of Growing Churches." *Action Information*, 11.4 (Aug.–Sept. 1985): 1–4.

Gatu, John. "The Urgency of the Evangelistic Task," in C. René Padilla, ed. *The New Face of Evangelicalism: An International Symposium on the Lausanne Covenant.* Downers Grove, Ill.: Inter-Varsity, 1976.

Getz, Gene A. *Sharpening the Focus of the Church.* Chicago: Moody, 1974.

———. *The Measure of a Church.* Glendale, Calif.: Regal, 1975.

Gibbs, Eddie. *Followed or Pushed?* London: MARC Europe, 1987.

———. *I Believe in Church Growth.* Grand Rapids: Eerdmans, 1982.

Gilliland, Dean. *Pauline Theology and Mission Practice.* Grand Rapids: Baker, 1983.

Good-all, Norman, ed. *Missions Under the Cross: Addresses Delivered at the Enlarged Meeting of the Committee of the International Missionary Council at Willingen, in Germany, 1952.* London: Edinburgh House, 1953.

Grabowski, Stanislaus J. *The Church: An Introduction to the Theology of St. Augustine.* St. Louis: Herder, 1957.

Graham, W. Fred. "Declining Church Membership: Can Anything Be Done?" *Reformed Journal*, 30.1 (Jan. 1980): 7–13.

Granberg-Michaelson, Karin. "Reclaiming the Healing Ministry of the Church." *Perspectives*, 2.7 (Sept. 1987): 4–7.

Gray, Robert M. *Church Business Administration*, 2 vols. Enid, Okla.: Phillips University Press, 1968.

———. *Managing the Church.* Enid, Okla.: Phillips University Press, 1970.

Green, E. Michael B. *Evangelism in the Early Church.* Grand Rapids: Eerdmans, 1970.

Greenleaf, Robert K. *Servant Leadership.* New York: Paulist, 1977.

Greenway, Roger S. *Apostle to the City: Biblical Strategies for Urban Missions.* Grand Rapids: Baker, 1978.

———. *An Urban Strategy for Latin America.* Grand Rapids: Baker, 1973.

Griffiths, Michael C. *God's Forgetful Pilgrims: Recalling the Church to Its Reason for Being.* Grand Rapids: Eerdmans, 1975.

Grimes, Howard. *The Rebirth of the Laity.* New York: Abingdon, 1962.

Guder, Darrell L. *Be My Witnesses: The Church's Mission, Message, and Messengers.* Grand Rapids: Eerdmans, 1985.

Gutiérrez, Gustavo. *A Theology of Liberation*, C. Inda and J. Eagleson, trans. Maryknoll, N.Y.: Orbis, 1973.

———. *We Drink From Our Own Wells: The Spiritual Journey of a People*, M. J. O'Connell, trans. Maryknoll, N.Y.: Orbis, 1984.

Hadaway, C. Kirk, Stuart A. Wright, and Francis M. Dubose. *Home Cell Groups and House Churches.* Nashville: Broadman, 1987.

Hall, Francis J. *The Church and the Sacramental System.* New York: Longman's, Green and Co., 1920.

———. *Dogmatic Theology*, vol. 7: *About the Church*. New York: Longmans, Green and Co. ca. 1910; repr. ed., New York: American Church Union, 1967.

Hale, J. Russell. *Who Are the Unchurched? An Exploratory Study*. Washington, D.C.: Glenmary Research Center, 1977.

Hanson, Paul D. "The Identity and Purpose of the Church." *Theology Today*, 42.3 (Oct. 1985): 342–52.

———. *The People Called: The Growth of Community in the Bible.* New York: Harper and Row, 1986.

Harper, Michael. *Let My People Grow! Ministry and Leadership in the Church.* Plainfield, N.J.: Logos International, 1977.

Hendrix, Olan. *Management for the Christian Worker.* Libertyville, Ill.: Quill, 1976.

Hermelink, J., and H. J. Margull, eds. *Basileia.* Stuttgart: Evang. Missions-Verlag, 1959.

Hersey, Paul, and Kenneth H. Blanchard. *The Situational Leader.* Escondido, Calif.: Center for Leadership Studies, 1985.

———. *Management of Organizational Behavior: Utilizing Human Resources*, 5th ed. Englewood Cliffs, N.J.: Prentice-Hall, 1988.

Hersey, Paul; Kenneth H. Blanchard, and Walter Natemeyer. "Situational Leadership, Perception and the Impact of Power." Escondido, Calif.: Center for Leadership Studies, 1979.

Hesselgrave, David J. *Communicating Christ Cross-Culturally: An Introduction to Missionary Communication*. Grand Rapids: Zondervan, 1978.

―――. *Planting Churches Cross-Culturally: A Guide for Home and Foreign Missions*. Grand Rapids: Baker, 1980.

Hesselink, I. John. "Reformed But Ever Reforming." *Church Herald*, 31.21 (18 Oct. 1974): 6–7.

Hill, Bradley N. "An African Ecclesiology in Process: Six Stages of Dynamic Growth." *Missiology*, 16.1 (Jan. 1988): 73–87.

Hodges, Melvin L. *The Indigenous Church and the Missionary: A Sequel to "The Indigenous Church."* South Pasadena, Calif.: William Carey Library, 1977.

―――. *A Theology of the Church and Its Mission: A Pentecostal Perspective*. Springfield, Mo.: Gospel, 1977.

Hoekendijk, Johannes C. "The Call to Evangelism." *International Review of Missions*, 39 (Apr. 1950): 162–75.

―――. "The Church in Missionary Thinking." *International Review of Missions*, 41 (July 1952): 324–36.

―――. *The Church Inside Out*, I. C. Rottenberg, trans. Philadelphia: Westminster, 1966.

Hogue, C. B. *I Want My Church to Grow*. Nashville: Broadman, 1977.

Hoge, Dean R., and David A. Roozen. *Understanding Church Growth and Decline*. New York: Pilgrim, 1979.

Hoge, Dean R., et al. *Converts, Dropouts, Returnees: A Study of Religious Change among Catholics*. New York: Pilgrim, 1981.

Howard, David M. *The Great Commission for Today*. Downers Grove, Ill.: Inter-Varsity, 1976.

Hull, Bill. *Jesus Christ: Disciple-maker: Rediscovering Jesus' Strategy for Building His Church*. Colorado Springs: NavPress, 1989.

Hunter, George G., III. *To Spread the Power: Church Growth in the Wes-

leyan Spirit. Nashville: Abingdon, 1987.

Hunter, Kent R. *Your Church Has Personality*. Nashville: Abingdon, 1985.

Hutcheson, Richard G., Jr. *Mainline Churches and the Evangelicals*. Atlanta: John Knox, 1981.

"Into the Next Century: Trends Facing the Church." *Christianity Today Institute* (17 Jan. 1986).

Isais, Juan M. *The Other Side of the Coin*, E. F. Isais, trans. Grand Rapids: Eerdmans, 1966.

Jenkins, Daniel T. *The Strangeness of the Church*. Garden City, N.Y.: Doubleday, 1955.

Johnson, Benton. "Is There Hope for Liberal Protestantism?" in Dorothy Bass, Benton Johnson, and Wade Clark Roof, eds. *Mainstream Protestantism in the Twentieth Century: Its Problems and Prospects* (Louisville: Committee on Theological Education, Presbyterian Church, USA, 1986): 13–26.

Johnson, Douglas W. *Managing Change in the Church*. New York: Friendship, 1974.

Jones, Ezra Earl, and Robert L. Wilson, eds. *What's Ahead for Old First Church?* New York: Harper and Row, 1974.

Jordan, James B., ed. *The Reconstruction of the Church*. Tyler, Tex.: Geneva Ministries, 1986.

Kane, J. Herbert. *The Christian World Mission*. London: Lutterworth, 1963.

———. *Understanding Christian Missions*. Grand Rapids: Baker, 1974.

Kelley, Arleon L. *Your Church: A Dynamic Community*. Philadelphia: Westminster, 1982.

Kelley, Dean M. *Why Conservative Churches Are Growing: A Study in the Sociology of Religion*. 2d ed. New York: Harper and Row, 1977.

Kemper, Vicki, with Larry Engel. "Dom Helder Cámara: Pastor of the Poor." *Sojourners*, 16.11 (Dec. 1987): 12–15.

Kgatla, S. T. "The Church for Others: The Relevance of Dietrich Bonhoeffer for the Dutch Reformed Church Today." *Missionalia*, 17.3 (Nov. 1989): 151–61.

Kirk, Andrew J. *The Good News of the Kingdom Coming: The Marriage of Evangelism and Social Responsibility*. Downers Grove, Ill.: InterVarsity, 1985.

Kittel, Gerhard, and Gerhard Friedrich, eds. *Theological Dictionary of the New Testament*, G. W. Bromiley, trans., 10 vols. Grand Rapids: Eerdmans, 1964–1976.

Klemme, Huber F. *Your Church and Your Community*. Philadelphia: Cooperative, 1957.

Koster, Edward H. "Leader Relationships: A Key to Congregational Size." *Action Information*, 13.4 (July–Aug. 1987): 1–5.

Kraemer, Hendrik. *A Theology of the Laity*. Philadelphia: Westminster, 1958.

———. "The Church in Search of Mission." *Christianity Today*, 15.1 (1 Jan. 1971): 10–12.

———. *The Communication of the Christian Faith*. Philadelphia: Westminster, 1956.

Kraft, Charles H., *Christianity in Culture: A Study in Dynamic Biblical Theologizing in Cross-Cultural Perspective*. Maryknoll, N.Y.: Orbis, 1979.

Kraft, Charles H. and Tom N. Wisley, eds. *Readings in Dynamic Indigeneity*. Pasadena: William Carey Library, 1979.

Krass, Alfred C. *Evangelizing NeoPagan North America: The Word that Frees*. Scottdale, Pa.: Herald, 1982.

———. *Five Lanterns at Sundown: Evangelism in a Chastened Mood*. Grand Rapids: Eerdmans, 1978.

Küng, Hans. *Structures of the Church*, S. Attanasio, trans. New York: Nelson, 1964.

———. *The Church*, R. Ockenden, trans. New York: Sheed and Ward, 1967.

Küng, Hans, and Jürgen Moltmann, eds. *Who Has the Say in the Church?* New York: Harper and Row, 1981.

Kuyper, Abraham. *Dictaten Dogmatiek*, 5 vols. Kampen, the Netherlands: Kok, 1910: vol. 2: *Locus de Sacra Scriptura*; vol. 4: *Locus de Salute, Ecclesia, Sacramentis*.

———. *Tractaat van de Reformatie der Kerken*. Amsterdam: Hoveker, 1884.

Ladd, George Eldon. *The Gospel of the Kingdom: Scriptural Studies in the Kingdom of God*. Grand Rapids: Eerdmans, 1959.

———. *The Presence of the Future: The Eschatology of Biblical Realism*. Grand Rapids: Eerdmans, 1974.

Langman, Harm Jan. *Kuyper en de Volkskerk*. Kampen, the Netherlands: Kok, 1950.

Larson, Bruce, and Ralph Osborne. *The Emerging Church*. Waco, Tex.: Word, 1970.

Larson, Philip M., Jr. *Vital Church Management*. Atlanta: John Knox, 1977.

Latourette, Kenneth S., et al. *Church and Community*. New York: Willett, Clark and Co., 1938.

———. *The Emergence of a World Christian Community*. New Haven: Yale University Press, 1949.

Lee, Bernard J., and Michael A. Cowan. *Dangerous Memories: House Churches and Our American Story*. Kansas City, Mo.: Sheed and Ward, 1986.

Libanio, J. B. "Base Church Communites (CEBs) in Socio-Cultural Perspective." *Latin American Pastoral Issues*, 14.1 (June 1987): 34–47.

Lindgren, Alvin J. *Foundations for Purposeful Church Administration*. Nashville: Abingdon, 1965.

Lindgren, Alvin J., and Norman Shawchuck. *Management for Your Church: How to Realize Your Church Potential Through a Systems Approach*. Nashville: Abingdon, 1977.

Lingenfelter, Sherwood G., and Marvin K. Mayers. *Ministering Cross-Culturally: An Incarnational Model for Personal Relationships*. Grand Rapids: Baker, 1986.

Linthicum, Robert C. *City of God, City of Satan: A Biblical Theology for the Urban Church*. Grand Rapids: Zondervan, 1991.

———. "Doing Effective Ministry in the City." *Together*, 18 (Apr.–June 1988): 1–2.

———. "Towards a Biblical Urban Theology." *Together*, 18 (Apr.–June, 1988): 4–5.

Löffler, Paul. "The Confessing Community: Evangelism in Ecumenical Perspective." *International Review of Mission*, 66.264 (Oct. 1977): 339–48.

Luzbetak, Louis. *The Church and Cultures: New Perspectives in Missiological Anthropology*. Maryknoll, N.Y.: Orbis, 1989.

McBrien, Richard P. *The Church in the Thought of Bishop John Robinson*. Philadelphia: Westminster, 1966.

McGavran, Donald A. *Ethnic Realities and the Church: Lessons from India*. South Pasadena, Calif.: William Carey Library, 1978.

———. *Understanding Church Growth*, rev. ed. Grand Rapids: Eerdmans, 1990.

McGavran, Donald A., and George G. Hunter III. *Church Growth Strategies That Work*. Nashville: Abingdon, 1980.

McGavran, Donald A., and Winfield C. Arn. *Back to Basics in Church Growth*. Wheaton, Ill.: Tyndale, 1981.

———. *Growth—A New Vision for the Sunday School*. Pasadena, Calif.: Church Growth, 1980.

———. *How to Grow a Church*. Glendale, Calif.: Regal, 1973.

———. *Ten Steps for Church Growth*. New York: Harper and Row, 1977.

Mackay, John. "The Witness of the Reformed Churches in the World Today." *Theology Today*, 11 (Oct. 1954): 373–84.

McKee, Elsie Anne. *Diakonia in the Classical Reformed Tradition and Today*. Grand Rapids: Eerdmans, 1989.

MacNair, Donald J. *The Growing Local Church*. Grand Rapids: Baker, 1975.

Malony, H. Newton. "Organized Disorganization or Disorganized Organization." *Theology, News and Notes* (Oct. 1976): 3–4, 27.

Marcum, Elvis. *Outreach: God's Miracle Business*. Nashville: Broadman, 1975.

Martin, Ralph P. *The Family and the Fellowship: New Testament Images of the Church*. Grand Rapids: Eerdmans, 1979.

Mayers, Marvin K. *Christianity Confronts Culture: A Strategy for Cross-Cultural Evangelism*. Grand Rapids: Zondervan, 1974.

Metz, Donald L. *New Congregations: Security and Mission in Conflict*. Philadelphia: Westminster, 1967.

Metzger, Bruce M. "The New Testament View of the Church." *Theology Today*, 19.3 (Oct. 1962): 369–80.

———. "The Teaching of the New Testament Concerning the Church." *Concordia Theological Monthly*, 34.3 (Mar. 1963): 147–55.

Mickey, Paul A., and Robert L. Wilson. *What New Creation?* Nashville: Abingdon, 1977.

Miguez-Bonino, José. "Fundamental Questions in Ecclesiology," in Sergio Torres and John Eagleson, eds. *The Challenge of Basic Christian Communities: Papers from the International Ecumenical Congress of Theology, February 20–March 2, 1980, Safo Paulo, Brazil*, J. Drury, trans. Maryknoll, N.Y.: Orbis, 1981: 145–59.

Miller, Donald G. *The Nature and Mission of the Church*. Richmond: John Knox, 1957.

———. *Images of the Church in the New Testament*. Philadelphia: Westminster, 1960.

———. *Jesus and His People*. New York: Association, 1956.

"Ministry in the Church, Ministry in the World—What's the Connection? A Conversation between James Adams and Celia Hahn." *Action Information*, 12.4 (July–Aug. 1986): 1–5.

"Missionary Structures of the Congregation," in: *The Church for Others and the Church for the World: A Quest of Structures for Missionary*

Congregations. Geneva: World Council of Churches, 1968.

Moberg, David O. *The Church as a Social Institution: The Sociology of American Religion*. Englewood Cliffs, N.J.: Prentice-Hall, 1962.

Moltmann, Jürgen, and M. Douglas Meeks. *Hope for the Church: Moltmann in Dialog with Practical Theology*, T. Runyan, ed. and trans. Nashville: Abingdon, 1979.

———. *The Church in the Power of the Spirit*. New York: Harper and Row, 1977.

Myers, David G. "Faith and Action: A Seamless Tapestry." *Christianity Today*, 24.20 (21 Nov. 1980): 16–19.

Myers, Harold, ed. *Leaders*. Waco, Tex.: Word, 1987.

Myra, Harold, ed. *Leaders: Learning Leadership from Some of Christianity's Best*. Carol Stream, Ill.: Christianity Today, 1986.

Neighbor, Ralph W., Jr. *Where Do We Go from Here? A Guidebook for the Cell- Group Church*. Houston: Touch, 1990.

Neill, Stephen C. *Colonialism and Christian Missions*. New York: McGraw-Hill, 1966.

———. *Creative Tension*. New York: Friendship, 1959.

———. *Fulfill Thy Ministry*. New York: Harper, 1952.

———., ed. *Twentieth Century Christianity: A Survey of Modern Religious Trends by Leading Churchmen*, rev. ed. Garden City, N.Y.: Doubleday, 1963.

Nelson, C. Ellis. *Congregations: Their Power to Form and Transform*. Atlanta: John Knox, 1988.

Newbigin, J. E. Lesslie. "Can the West Be Converted?" *Princeton Seminary Bulletin*, n.s. 6.1 (1985): 25–37.

———. *Foolishness to the Greeks: The Gospel and Western Culture*. Grand Rapids: Eerdmans, 1986.

———. *Sign of the Kingdom*. Grand Rapids: Eerdmans, 1981.

———. *The Good Shepherd: Meditations on Christian Ministry in Today's World*. Grand Rapids: Eerdmans, 1977.

———. *The Gospel in a Pluralist Society*. Grand Rapids: Eerdmans, 1989.

———. *The Household of God: Lectures on the Nature of the Church*. New York: Friendship, 1954.

———. *The Life and Mission of the Church*. Bangalore, India: Student Christian Movement, 1958.

———. *The Open Secret: Sketches for a Missionary Theology*. Grand Rapids: Eerdmans, 1978.

Nicholls, Bruce J., and Kenneth Kantzer. *In Word and Deed: Evangelism and Social Responsibility*. Grand Rapids: Eerdmans, 1986.

Niebuhr, H. Richard; Wilhelm Pauck, and Francis P. Miller. *The Church Against the World*. Chicago: Willett, Clark and Co., 1935.

Ogden, Greg. "The Pastor as Change Agent." *Theology News and Notes* (June 1990): 8–10.

Osborne, Larry W. *The Unity Factor: Getting Your Church Leaders to Work Together*, Waco, Tex.: Word, 1989.

Ott, E. Stanley. *The Vibrant Church: A People-Building Plan for Congregational Health*. Ventura, Calif.: Regal, 1989.

Padilla, C. René. "A New Ecclesiology in Latin America." *International Bulletin of Missionary Research*, 11.4 (Oct. 1987): 156–64.

———. *Mission Between the Times: The Essays of C. René Padilla*. Grand Rapids: Eerdmans, 1985.

———., ed. *The New Face of Evangelicalism: An International Symposium on the Lausanne Covenant*. Downers Grove, Ill.: Inter-Varsity, 1976.

Pannenberg, Wolfhart; Avery Dulles, and Carl E. Braaten. *Spirit, Faith, and Church*. Philadelphia: Westminster, 1970.

Payton, James R., Jr. "The Reformed Concept of the Church with Ecumenical Implications." *Reformed Ecumenical Synod Theological Forum*, 10.1, 2 (June 1982): 3–12.

Pederson, Donald R. "Taking Charge as a Pastoral Leader." *Action Information*, 13.1 (Jan.–Feb. 1987): 1–6.

Pendorf, James G., and Helmer C. Lundquist. *Church Organization: A*

    Manual for Effective Local Church Administration. Wilton, Conn.: Morehouse-Barlow, 1977.

Perry, Lloyd M., and Norman Shawchuck. *Revitalizing the Twentieth-Century Church.* Chicago: Moody, 1982.

Peters, George L. *A Biblical Theology of Missions.* Chicago: Moody, 1972.

———. *A Theology of Church Growth.* Grand Rapids: Zondervan, 1981.

———. *Saturation Evangelism.* Grand Rapids: Zondervan, 1970.

Petersen, J. Randall. "Church Growth: A Limitation of Numbers?" *Christianity Today*, 25.6 (27 March 1981): 18–23.

Phillips, William. "In Search of a Leader." *Action Information*, 13.3 (May-June 1987): 1–6.

———. "Understanding the Congregation: A Systems Approach." *Action Information*, 13.6 (Nov.–Dec. 1987): 18–20.

Piet, John H. *The Road Ahead: A Theology for the Church in Mission.* Grand Rapids: Eerdmans, 1970.

"Planning Concepts." *Christian Leadership Letter* (Sept. 1987): 1–3.

Powell, Paul W. *How to Make Your Church Hum.* Nashville: Broadman, 1977.

Price, Peter. *The Church as the Kingdom: A New Way of Being the Church.* London: Marshal, Morgan, and Scott, 1987.

Raines, Robert A. *The Secular Congregation.* New York: Harper and Row, 1968.

"Redemptive Work of Christ and the Ministry of His Church." *Encounter*, 25.1 (Winter 1964): 105–29.

Reeves, R. Daniel, and Ronald Jenson. *Always Advancing: Modern Strategies for Church Growth.* San Bernardino, Calif.: Here's Life, 1984.

"Report of the Section on Unity," in *New Delhi Report: 3d Assembly, Delhi, 1961.* New York: Association for World Council of Churches, 1962.

Reumann, John, ed. *The Church Emerging: A U.S. Lutheran Case Study.* Philadelphia: Fortress, 1977.

Richards, Lawrence O. *A New Face for the Church*. Grand Rapids: Zondervan, 1970.

———. "The Great American Congregation: An Illusive Ideal?" *Christianity Today*, 24.20 (21 Nov. 1980): 20–23.

Richards, Lawrence O., and Clyde Hoeldtke. *A Theology of Church Leadership*. Grand Rapids: Zondervan, 1980.

Richards, Lawrence O., and Gilbert Martin. *Lay Ministry: Empowering the People of God*. Grand Rapids: Zondervan, 1981.

Richardson, William J., ed. *The Church as Sign*. Maryknoll, N.Y.: Orbis, 1968.

Ridderbos, Herman N. *Church, World, Kingdom*. Potchefstroom, South Africa: Institut vir die Befordering van Calvinisme, 1979.

———. *Paul*, J. R. DeWitt, trans. Grand Rapids: Eerdmans, 1975.

———. *The Coming of the Kingdom*, H. de Jongste, trans. Philadelphia: Presbyterian and Reformed, 1962.

Robinson, Jo Ann D. *Abraham Went Out: A Biography of A. J. Muste*. Philadelphia: Temple University Press, 1982.

Rocker, Dolore, and Kenneth J. Pierre. *Shared Ministry: An Integrated Approach to Leadership and Service*. Minnesota: Saint Mary's, 1984.

Roof, Wade Clark, and William McKinney. *American Mainline Religion: Its Changing Shape and Future*. New Brunswick: Rutgers University Press, 1987.

Roozen, David A.; William McKinney, and Jackson W. Carroll, eds. *Varieties of Religious Presence: Mission in Public Life*. New York: Pilgrim, 1984.

Rose, Larry L., and C. Kirk Hadaway, eds. *An Urban World: Churches Face the Future*. Nashville: Broadman, 1984.

Rouch, Mark A. *Competent Ministry: A Guide to Effective Continuing Education*. Nashville: Abingdon, 1974.

Sample, Tex. *Blue-Collar Ministry: Facing Economic and Social Realities of Working People*. Valley Forge, Pa.: Judson, 1984.

Sauer, James B. *Vision for Tomorrow: Influencing the Future through Planning and Leadership Development.* Presbyterian Church in Canada, 1983.

Savage, John S. "Ministry to Missing Members." *Leadership*, 8.2 (Spring 1987): 116–21.

Sawyer, Dennis. "Torn Between Church and Community." *Leadership*, 7.4 (Fall 1986): 75–77.

Schaeffer, Francis A. *The Mark of the Christian.* Downers Grove, Ill.: Inter-Varsity, 1969.

Schaller, Lyle E. *Activating the Passive Church.* Nashville: Abingdon, 1981.

———. *Getting Things Done: Concepts and Skills for Leaders.* Nashville: Abingdon, 1986.

———. *Growing Plans: Strategies to Increase Your Church's Membership.* Nashville: Abingdon, 1983.

———. *Hey! That's Our Church!* Nashville: Abingdon, 1975.

———. *It's a Different World: The Challenge for Today's Pastor.* Nashville: Abingdon, 1987.

———. *Looking in the Mirror: Self-Appraisal in the Local Church.* Nashville: Abingdon, 1984.

———. "Marks of a Healthy Church." *Parish Paper.* New York: Reformed Church in America, 1983.

———. *Planning for Protestantism in Urban America.* Nashville: Abingdon, 1965.

———. *Reflections of a Contrarian: Second Thoughts on the Parish Ministry.* Nashville: Abingdon, 1989.

———. *The Change Agent: The Strategy of Innovative Leadership.* Nashville: Abingdon, 1972.

———. *The Decision-Makers: How to Improve the Quality of Decision-Making in the Churches.* Nashville: Abingdon, 1974.

———. *The Pastor and the People: Building a New Partnership for Effective Ministry.* Nashville: Abingdon, 1973.

Schaller, Lyle E., and Charles A. Tidwell. *Creative Church Administration.*

Nashville: Abingdon, 1975.

Schillebeeckx, Edward. *Ministry*, J. Bowden, trans. New York: Crossroad, 1981.

Schlink, Edmund. *The Coming Christ and the Coming Church*. Philadelphia: Fortress, 1968.

Schmemann, Alexander. *Church, World, Mission: Reflections on Orthodox in the West*. Crestwood, N.Y.: St. Vladimir's Seminary Press, 1979.

Schuller, Robert. *Your Church Has Real Possibilities*. Glendale, Calif.: Regal, 1974.

Scott, Waldron. *Karl Barth's Theology of Mission*. Downers Grove, Ill.: Inter-Varsity, 1978.

Scouteris, Constantine. "The People of God—Its Unity and Its Glory: A Discussion of John 17:17–24 in the Light of Patristic Thought." *Greek Orthodox Theological Review*, 30.4 (Winter 1985): 399–420.

Segundo, Juan Luis. *The Community Called Church*, J. Drury, trans. Maryknoll, N.Y.: Orbis, 1973.

Sexton, Virgil W. *Listening to the Church: A Realistic Profile of Grass Roots Opinion*. Nashville: Abingdon, 1971.

Shannon, Foster H. *The Growth Crisis in the American Church: A Presbyterian Case Study*. South Pasadena, Calif.: William Carey Library, 1977.

Shelp, Earl E., and Ronald H. Sutherland. *The Pastor as Prophet*. New York: Pilgrim, 1985.

Shenk, Wilbert. *Exploring Church Growth*. Grand Rapids: Eerdmans, 1983.

―――. "Missionary Congregations." *Mission Focus* (March 1978): 13–14.

―――. *The Challenge of Church Growth*. Scottdale, Pa.: Herald, 1973.

Sheppard, David. *Built As a City: God and the Urban World Today*. London: Hodder and Stoughton, 1974.

Sider, Ronald J. *Rich Christians in an Age of Hunger: A Biblical Study*. Downers Grove, Ill.: Inter-Varsity, 1977.

―――., ed. *Cry Justice: The Bible on Hunger and Poverty*. New York: Paulist, 1980.

Silber, Mark B. "Successful Supervisory Secrets: Lessons of Leadership." *PACE* (Nov. 1985): 89–93.

Sine, Tom. *The Mustard Seed Conspiracy: You Can Make a Difference in Tomorrow's Troubled World*. Waco, Tex.: Word, 1981.

Smith, Donald P. *Congregations Alive*. Philadelphia: Westminster, 1981.

Smith, W. Douglas, Jr. *Toward Continuous Mission: Strategizing for the Evangelization of Bolivia*. South Pasadena, Calif.: William Carey Library, 1977.

Snyder, Howard A. *The Community of the King*. Downers Grove, Ill.: Inter-Varsity, 1977.

―――. *The Problem of Wine Skins: Church Renewal in a Technological Age*. Downers Grove, Ill.: Inter-Varsity, 1975.

―――. *Liberating the Church: The Ecology of Church and Kingdom*. Downers Grove, Ill.: Inter-Varsity, 1982.

Sobrino, Jon. *The True Church and the Poor*. Maryknoll, N.Y.: Orbis, 1984.

Southard, Samuel. *Training Church Members for Pastoral Care*. Valley Forge, Pa.: Judson, 1982.

Stapert, John. "What Church Cares About Love?" *Church Herald*, 43.12 (27 June 1986): 4–5.

Stott, John R. W. *Christian Mission in the Modern World*. Downers Grove, Ill.: Inter-Varsity, 1975.

―――. "The Living God Is a Missionary God," in: Ralph D. Winter and Steve Hawthord, eds. *Perspectives on the World Christian Movement: A Reader*.

South Pasadena, Calif.: William Carey Library, 1981: 10–18.

Sundkler, Bengt G. *The World of Mission*, E. J. Sharpe, trans. Grand Rapids: Eerdmans, 1963.

Surrey, Peter J. *The Small Town Church*. Nashville: Abingdon, 1981.

Thung, Mady A. "An Alternative Model for a Missionary Church: An

Approach of the Sociology of Organizations." *Ecumenical Review*, 30.1 (Jan. 1978): 18–31.

———. *The Precarious Organization: Sociological Explorations of the Church's Mission and Structure*. The Hague: Mouton, 1976.

Tillapaugh, Frank. *The Church Unleashed: Getting God's People Out Where the Needs Are*. Ventura, Calif.: Regal, 1982.

Tollefson, Kenneth. "The Nehemiah Model for Christian Missions." *Missiology*, 15.1 (Jan. 1987): 31–55.

Torrance, Thomas F. "The Mission of the Church." *Scottish Journal of Theology*, 19.2 (June 1966): 129–43.

Torres, Sergio, and John Eagleson, eds. *The Challenge of Basic Christian Communities*, J. Drury, trans. Maryknoll, N.Y.: Orbis, 1981.

Towns, Elmer L., John N. Vaughan, and David J. Seifert. *The Complete Book of Church Growth*. Wheaton, Ill.: Tyndale, 1981.

Trueblood, D. Elton. *The New Man for Our Time*. New York: Harper and Row, 1970.

Valenzuela, Jose Antonio. "Biblia y Unidad de la Iglesia." *Presencia Ecumenica*, 9 (Apr. 1988): 8–13.

Van den Heuvel, Albert H. *The Humiliation of the Church*. Philadelphia: Westminster, 1966.

Van Engen, Charles. "A Portrait of Our Church." Unpublished congregational selfstudy form, Holland, Mich., 1985.

———. "Church Growth, Yes! But Which Kind?" *Church Herald*, 34.16 (5 Aug. 1977): 12–13, 28.

———. "Get Behind Me, Satan." *Church Herald*, 37.20 (3 Oct. 1980): 10–12, 29.

———. "Let's Contextualize Kingdom Growth." *Church Herald*, 35.22 (3 Nov. 1978): 10–12.

———. "Pastors as Leaders in the Church." *Theology News and Notes* (June 1989): 15–19.

———. *The Growth of the True Church*. Amsterdam: Rodopi, 1981.

———. "The Kind of Men God Calls." *Church Herald*, 30.33 (5 Oct. 1973): 10, 21.

———. "The Reformed Contribution in Mission in the City Tomorrow." Unpublished lecture, Chicago, 1986.

———. "Who Receives the Vision?" *Church Herald*, 30.22 (1 June 1973): 12–14.

———. "Your Church Cannot Grow—Without the Holy Spirit." *Church Herald*, 35.8 (21 Apr. 1978): 6–8.

Van Klinken, Jaap. *Diakonia: Mutual Helping with Justice and Compassion*. Grand Rapids: Eerdmans, 1989.

Verkuyl, Johannes. *Contemporary Missiology: An Introduction*, D. Cooper, trans. Grand Rapids: Eerdmans, 1978.

———. *Break Down the Walls: A Christian Cry for Racial Justice*. Grand Rapids: Eerdmans, 1973.

Vicedom, Georg F. *The Mission of God: An Introduction to a Theology of Mission*, G. A. Thiele, D. Hilgendorf, trans. St. Louis: Concordia, 1965.

Visser T'Hooft, W. A. *The Pressure of Our Common Calling*. New York: Doubleday, 1959.

Voelkel, Jack. *Student Evangelism in a World of Revolution*. Grand Rapids: Zondervan, 1974.

Vos, Geerhardus. *The Teaching of Jesus Concerning the Kingdom and the Church*. Grand Rapids: Eerdmans, 1958.

Wagner, C. Peter. "Aiming at Church Growth in the Eighties." *Christianity Today* (Nov. 21, 1980): 24–27.

———. *Church Growth and the Whole Gospel: A Biblical Mandate*. San Francisco: Harper and Row, 1981.

———. *Leading Your Church to Growth: The Secret of Pastor-People Partnership in Dynamic Church Growth*. Ventura, Calif.: Regal, 1984.

———. *Our Kind of People: The Ethical Dimensions of Church Growth in America*. Atlanta: John Knox, 1979.

———. *Your Church and Church Growth*, packaged set of materials. Pasadena, Calif.: Fuller Evangelistic Association, 1976.

———. *Your Church Can Be Healthy*. Nashville: Abingdon, 1970.

———. *Your Church Can Grow*. Glendale, Calif.: Regal, 1984.

———. *Your Spiritual Gifts Can Help Your Church Grow*. Glendale, Calif.: Regal, 1979.

Wainwright, Geoffrey. *The Ecumenical Moment: Crisis and Opportunity for the Church*. Grand Rapids: Eerdmans, 1983.

Wakatama, Pius. *Independence for the Third World Church: An African's Perspective on Missionary Work*. Downers Grove, Ill.: Inter-Varsity, 1976.

Wallis, Jim. *Agenda for Biblical People*. New York: Harper and Row, 1976.

Walrath, Douglas A. *Leading Churches Through Change*. Nashville: Abingdon, 1979.

———. *New Possibilities for Small Churches*. New York: Pilgrim, 1983.

———. *Planning for Your Church*. Philadelphia: Westminster, 1984.

Warren, M. A. C. "The Missionary Obligation of the Church in the Present Historical Situation." *International Review of Missions*, 39 (Oct. 1950): 393–408.

———. *I Believe in the Great Commission*. Grand Rapids: Eerdmans, 1976.

Wasdell, David. "The Evolution of Missionary Congregations." *International Review of Mission*, 66 (Oct. 1977): 366–72.

Watson, David C. K. *I Believe in the Church*, 1st American ed. Grand Rapids: Eerdmans, 1979.

———. *I Believe in Evangelism*, 1st American ed. Grand Rapids: Eerdmans, 1976.

Webber, George W. *The Congregation in Mission: Emerging Structures for the Church in an Urban Society*. Nashville: Abingdon, 1964.

Webber, Robert E. *The Church in the World: Opposition, Tension, or Transformation?* Grand Rapids: Zondervan, 1986.

Weeden, Larry K., ed. *The Magnetic Fellowship: Reaching and Keeping People*. Waco, Tex.: Word, 1988.

Wells, David. "Reigniting Some Reformation Fire." *Christianity Today*, 24.18 (24 Oct. 1980): 14–19.

Welsh, John R. "Comunidades Eclesiais de Base: A New Way to Be Church." *America*, 154.5 (8 Feb. 1986): 85–88.

Werning, Waldo J. *Vision and Strategy for Church Growth*. Chicago: Moody, 1977.

Westerhoff, John H., III. *A Pilgrim People: Learning Through the Church Year*. New York: Harper and Row, 1984.

Wieser, Thomas, ed. *Planning for Mission: Working Papers on the New Quest for Missionary Communities*. New York: U.S. Conference, World Council of Churches, 1966.

Williams, Colin W. *The Church*. Philadelphia: Westminster, 1975.

———. *Where in the World? Changing Forms of the Church's Witness*. New York: National Council of Churches of Christ, 1963.

Wilson, Frederick, ed. *The San Antonio Report: Your Will Be Done. Mission in Christ's Way*. Geneva: World Council of Churches, 1990.

Wilson, Robert L. "How the Church Takes Shape." *Global Church Growth*, 20.6 (Nov.–Dec. 1983): 325–27.

Woelfel, James W. *Bonhoeffer's Theology: Classical and Revolutionary*. Nashville: Abingdon, 1970.

Wofford, Jerry, and Kenneth Kilinski. *Organization and Leadership in the Local Church*. Grand Rapids: Zondervan, 1973.

Womack, David A. *Breaking the Stained-Glass Barrier*. New York: Harper and Row, 1973.

World Alliance of Reformed Churches. "*Diakonia* 2000: Who Gives? Who Receives?" *Reformed Press Service*, 254 (Jan. 1987): 1–6.

Worley, Robert. *A Gathering of Strangers: Understanding the Life of Your Church*. Philadelphia: Westminster, 1976.

Wuthnow, Robert. "Evangelicals, Liberals, and the Perils of Individualism." *Perspectives* 6.5 (May 1991): 10–13.

Yancey, Philip. "The Shape of God's Body." *Leadership*, 8.3 (Summer 1987): 88–94.

Yoder, John H. "The Experiential Etiology of Evangelical Dualism." *Missiology*, 11.4 (Oct. 1983): 449–59.

———. *The Politics of Jesus*. Grand Rapids: Eerdmans, 1972. *Your Kingdom Come: Mission Perspectives; Report on the World Conference on Mission and Evangelism, Melbourne, Australia, 12–25 May, 1980*. Geneva: World Council of Churches, 1980.

Ziegenhals, Walter E. *Urban Churches in Transition: Reflections on Selected Problems and Approaches to Churches and Communities in Racial Transition Based on the Chicago Experience*. New York: Pilgrim, 1978.

Zikmund, Barbara Brown. *Discovering the Church*. Philadelphia: Westminster, 1983.

Zwaanstra, Henry. "Abraham Kuyper's Conception of the Church." *Calvin Theological Journal*, 9 (Apr.–Nov. 1974): 149–81.

———. "The Reformed Conception of the Church and Its Ecumenical Implications." *Theological Forum*, 10.1, 2 (June 1982): 13–22.

주제색인

ㄱ

가정 교회 모델 · 268
가정 교회'와 '위성 조직' 모델 · 268
갈라진 계층과 친교 · 251
개인적인 목표 · 244, 313
개종 · 61, 68, 188, 199, 241, 256-257,
　　　259, 260
개혁주의 전통 · 213
계획 세우기 · 245, 250
공동 사역 모델 · 267
교회-하나님 나라-세상 · 198-200, 246
교회성장운동 · 8
교회의 사회적 기능 · 47
교회의 속성 · 99, 103, 108, 112, 114,
　　　122, 217
교회의 표징 · 20, 101, 158
교회 행정 · 146, 200, 292, 303, 310,
　　　312, 314, 317-318
권위 · 104, 265-266, 281-282, 285-
　　　287, 296-297
권징 · 55, 104, 130, 136, 213
그리스도의 몸 · 38, 76-80, 82, 92, 151,
　　　206, 218, 257, 261, 263

ㄴ

네 가지 속성 · 54, 104-105, 108, 111,
　　　112, 122, 137
노인 · 313

ㄷ

다른 이들을 위한 교회 · 45
대사 · 75, 117, 167, 218
도르가 · 162
독재 · 261, 310
독재형 리더십 · 290
디아코니아 · 148-149, 153, 159, 161-
　　　162, 164, 171, 217, 286

ㄹ

로마 가톨릭 교회 · 62, 101-102, 179-
　　　180, 281
리더십 스타일 · 290-292, 294-296, 301

ㅁ

막스주의 · 79, 263
말투리아 · 148-149, 153, 164-165, 171,
　　　217
모세의 율법 · 156

목표 설정 · 228, 232, 239, 243, 246, 248, 262, 292
무장한 군사 · 75
문맹도 · 257
문화 변혁 · 318
문화적 상황 · 199, 304, 316, 318

ㅂ
바다 공동체 · 221
반종교개혁 · 179
베타 요인 · 251-253, 298
복음 선포 · 158-159
복음 전도 · 113, 252, 270, 297, 323
본질과 목표 · 228
빌링겐 · 43, 57

ㅅ
사도 바울 · 76, 93, 155, 308
사도성 · 37-38, 40, 44, 54, 61, 97, 99, 101-105, 108-109, 113, 126, 128, 131, 133, 171, 205, 253, 266
사도신경 · 74, 76, 88
사도직 · 123, 131, 207-208
사회조직 · 233
산타를 돕는 난쟁이 · 258, 297
삼위일체 · 83, 114, 145
삼자원칙 · 21, 198-199, 259
상황화 · 11, 215, 218, 316, 318
새로운 패러다임 · 40, 62-63, 246
서구적 개인주의 · 262
선교적 리더십 · 281, 300
선교적 본질 · 12, 30, 39, 43, 50, 63, 70, 73, 93-94, 115, 128, 132, 140, 145, 164, 195, 217-218, 231, 242, 245, 311, 314, 318, 324-325
선교적 의도 · 118, 121
선지자 · 79-80, 87, 117, 205, 208-211, 213-215, 218
선지자적 역할 · 214
선포하는 증거 · 123, 134, 136, 153
선행하는 길잡이 · 189
성경 · 6, 7, 9, 11-13, 17-18, 20, 27, 56, 57, 61, 65, 73, 76, 78, 98, 107, 117, 121, 124, 137, 146, 148, 173, 196, 219, 254, 257, 264, 283, 305, 307
성도의 교제 · 230
성령의 역사 · 38, 67, 131, 227, 231, 255, 262, 307
성례 · 40, 104, 112, 128, 130, 136, 152, 158, 171, 177, 213-214, 239, 270, 323
성막 · 117
성서공회 · 57
성취하는 행정 · 319, 321
세상을 위한 존재 · 78, 123-124, 126, 153
소그룹 · 17, 307
소달리티 · 61
수적인 성장을 향한 갈망 · 137, 139

ㅇ
아브라함 언약 · 173
아프리카 · 17, 18, 42, 59, 199, 287
양도된 사도직 · 205, 207
억압받는 자들과 함께함 · 123, 128
언약 공동체 · 171-173, 177, 191
여의도순복음교회 · 269, 307

역동적 등가 · 74, 237, 316
역사적 관점 · 97
연합 장로교 · 245
연합적 사건 · 279
영적 은사 · 265, 279-280
오순절 · 68, 122, 138, 154-155, 161, 192, 207, 281
오순절파 · 180
왈덴시안 · 101
왕의 언약 공동체 · 176-177, 185, 188
우선순위 · 28, 30, 134, 195, 200, 239, 241-243, 246-247, 279, 306, 308
웁살라 · 129
윌로우 크릭 회중 교회 · 221
인간적 조작 · 319-320
인간화 · 129

ㅈ

자치 · 21, 42, 58, 69, 199
장로 · 68, 167, 275
재림 · 122, 151, 152, 186, 192, 195
전통적 행정이론 · 292
정치적 행동주의 · 196
제2차 세계대전 · 59-60
제3세계 · 10, 58-61, 134, 198-199, 282, 287, 298, 313, 321-322
제사장 역할 · 215
조직의 원칙 · 309
종교개혁 · 54, 56, 74, 102-103, 105-106, 136, 177-179, 253, 255, 281
중국내지선교회 · 57

ㅊ

철저한 개혁 · 177
초대 교회 · 53, 80, 83, 97, 101, 149, 155, 157, 161, 165, 287, 316-317
치료자 · 216-218

ㅋ

카리스마적 행정이론 · 292
콘스탄틴 · 56, 177
콘스탄틴 종교회의 · 73, 83

ㅌ

트렌트 공의회 · 54
트렌트 회의 · 179

ㅍ

평가 · 265, 315, 323-326
평신도 구분 · 252
평화 봉사단 · 46, 196

ㅎ

하나님의 나라 · 54, 93, 155-156, 171, 182, 184, 189, 327
해방신학 · 18, 131
행정 구조 · 307, 311, 315, 318, 321
행정의 원칙 · 305, 308
현대 교회론 · 14, 33, 39, 50, 53, 58, 230
화물숭배 이단 · 59
희년 · 163

성경색인

창세기
창 15장 · 173

출애굽기
출 18:13-18 · 306
출 18:13-26 · 307
출 18:19-22 · 306

레위기
레 19:18 · 149
레 25:8-55 · 163

민수기
민 2:1-31 · 307
민 10:11-28 · 307

신명기
신 1:9-18 · 306, 307
신 14:29 · 163

느헤미야
느 1:3-13장 · 288, 290

욥기
욥 31:16, 17, 21 · 163

시편
시 119:63 · 9
시 146:9 · 163

잠언
잠 20:22, 24:29 · 149

이사야
사 1:17, 23 · 163
사 42장 · 216
사 43:10, 44:8 · 149
사 49:6 · 156, 208
사 55:11-13, 56:8 · 138
사 61:1-3 · 185

요엘
욜 2:28-32 · 207

마태복음
마 3:2 · 155
마 5-7장 · 228
마 5:1-16 · 160
마 5:3-12 · 116
마 5:13-16 · 228
마 5:14 · 85, 132
마 10장 · 206
마 10:5-42 · 126
마 10:16-25 · 176
마 10:18 · 159
마 10:24 · 159
마 10:39 · 124
마 11장 · 206
마 11:4-6 · 185, 206
마 12장 · 216
마 13:31 · 37
마 13:31-32 · 326
마 16:13-20 · 188
마 16:18 · 65

마 16:19 • 116
마 18:20 • 18
마 20:25-28 • 284
마 22:1-14 • 136
마 22:2-10 • 116
마 22:9-10 • 80
마 24장, 25장 • 161, 192
마 25:30 • 149
마 25:31-36 • 161
마 25:45 • 218
마 28:16-20 • 188
마 28:18 • 127
마 28:18-19 • 158
마 28:19-20 • 80

마가복음
막 4:31-32 • 326
막 10:42-45 • 287
막 12:29-31 • 150
막 16:16 • 126

누가복음
눅 2:32 • 156, 208
눅 4:14-21 • 205
눅 4:16-20 • 216
눅 4:17-27 • 176
눅 4:18 • 209
눅 4:18-19 • 163, 185
눅 4:24 • 205
눅 4:43 • 155
눅 6장 • 216
눅 6:17 • 160

눅 7:18-35 • 206
눅 13:18-21 • 327
눅 13:19 • 326
눅 13:21 • 327
눅 22:25-26 • 284
눅 22:26 • 265
눅 24:49 • 126

요한복음
요 1장 • 131
요 1:1 • 194
요 1:50-51 • 207
요 3:16 • 201
요 3:17 • 323
요 10:3 • 98
요 10:18 • 150
요 12:49-50 • 150
요 13:16 • 159
요 13:20 • 206
요 13:34-35 • 149, 153
요 13:35 • 87
요 13:46-47 • 208
요 14:12-15 • 207
요 14:23 • 151
요 15:10 • 150
요 15:10-12 • 87
요 15:13 • 87, 124
요 15:17 • 88
요 15:20 • 160
요 17:11-16 • 240
요 17:21 • 241
요 17:22-23 • 81
요 20:21 • 126, 206

사도행전
행 1장 • 280
행 1:8 • 66, 149, 164, 229
행 1:21-22 • 280
행 2장 • 214, 280
행 2:36 • 156
행 4:25-30 • 155
행 4:32 • 80
행 6장 • 129, 307
행 6:1-2 • 306
행 6:2-4 • 306
행 6:3-6 • 306
행 6:7 • 306
행 9:15-16 • 159
행 9:36-42 • 162
행 13:1-3 • 116
행 13:2-3 • 208
행 13:2-4 • 126
행 13:16-41 • 176
행 13:38-39 • 156
행 13:47 • 176, 208
행 15장 • 307
행 22-33장 • 207
행 26:23 • 208
행 28:31 • 156

로마서
롬 6:15-22 • 188
롬 8:18-19 • 189
롬 9:3 • 139
롬 10:9 • 149
롬 11:25 • 155
롬 12장 • 261

롬 12-16장 · 197
롬 12:1 · 197
롬 12:3-10 · 116
롬 12:5 · 89
롬 13:8 · 149
롬 15:15-19 · 208
롬 16:25 · 155

고린도전서
고전 1:12-13 · 78
고전 3:6 · 38
고전 11:23 · 116
고전 11:26 · 158
고전 12장 · 78, 261
고전 12:14-27 · 79
고전 12:27-29 · 308
고전 12:3 · 149
고전 12:5 · 162
고전 13장 · 116, 152
고전 13:12-13 · 10

고린도후서
고후 5장 · 117, 214
고후 5:11-21 · 116
고후 5:17 · 256
고후 5:18-21 · 167
고후 5:20 · 149, 167, 217

갈라디아서
갈 1:6 · 105

에베소서
엡 1:1 · 84
엡 1:1-14 · 82-83
엡 1:9-10 · 116
엡 1:19-23 · 127
엡 1:20-24 · 90
엡 2:1-13 · 91
엡 2:5-7 · 91
엡 2:7 · 93
엡 2:10 · 77
엡 2:11-13 · 91
엡 2:11-14 · 78
엡 2:13-22 · 92
엡 2:14-16 · 264
엡 2:16-18 · 92
엡 2:19 · 92
엡 3:1-13 · 93
엡 3:2-12 · 93
엡 3:10-11 · 94
엡 3:14-15 · 94
엡 3:14-21 · 82, 86
엡 3:16 · 86
엡 3:17 · 86
엡 3:17-19 · 86
엡 3:19 · 86
엡 4장 · 261
엡 4:1-16 · 76
엡 4:1-3 · 78
엡 4:1-6 · 78
엡 4:3 · 78, 117
엡 4:4-6 · 76
엡 4:7 · 79
엡 4:8-10 · 79
엡 4:11-12 · 79

엡 4:11-13 · 116, 260
엡 4:12 · 38, 79
엡 4:13 · 68, 81
엡 4:14 · 82
엡 4:15 · 255
엡 4:17 · 84
엡 4:17-5:14 · 84
엡 4:17-5:5 · 82
엡 4:19 · 84
엡 4:24 · 84
엡 4:25 · 84
엡 4:26-27 · 84
엡 4:29 · 84
엡 5:5 · 84
엡 5:6-6:20 · 82, 85
엡 5:8-14 · 84
엡 5:19-20 · 85
엡 5:23 · 89
엡 5:25-27 · 192
엡 5:27 · 82, 192
엡 6:10-20 · 86
엡 6:12 · 86

빌립보서
빌 2장 · 214, 286
빌 2:1-11 · 78, 116
빌 2:10 · 192
빌 2:12-15 · 219
빌 2:9-10 · 94
빌 2:9-11 · 158
빌 3:12-14 · 324

골로새서

골 1장 · 88, 139, 155, 187
골 1:9 · 187
골 1:9-14 · 188
골 1:13-19 · 184
골 1:13-20 · 192
골 1:15-20 · 127, 158
골 1:17 · 264
골 1:18 · 89
골 1:28 · 116

디모데전서

딤전 3:16 · 155

히브리서

히 13:8 · 122

야고보서

약 1:27 · 129

베드로전서

벧전 1:22 · 149
벧전 2-4장 · 275
벧전 2:4-12 · 208
벧전 2:4-5 · 116
벧전 2:9 · 176, 214, 275
벧전 2:9-10 · 140
벧전 2:10 · 257
벧전 2:12 · 176
벧전 5:1-3 · 275

요한계시록

계 1:6 · 214
계 7:14 · 192
계 19:7 · 116
계 21장 · 192
계 21:9-10 · 82
계 21:22 · 194

지역 교회의 존재목적을 성취하는
하나님의 선교적 교회
God's Missionary People: Rethinking the Purpose of the Local Church

2014년 8월 7일 초판 발행

지은이 | 찰스 E. 벤 엥겐
옮긴이 | 임윤택

편 집 | 백승현, 정희연
디자인 | 박희경, 정영운
펴낸곳 | 사)기독교문서선교회
등 록 | 제16-25호(1980. 1. 18)
주 소 | 서울시 서초구 방배로 68
전 화 | 02) 586-8761~3(본사) 031) 942-8761(영업부)
팩 스 | 02) 523-0131(본사) 031) 942-8763(영업부)
홈페이지 | www.clcbook.com
이메일 | clckor@gmail.com
온라인 | 기업은행 073-000308-04-020, 국민은행 043-01-0379-646
         예금주: 사)기독교문서선교회

ISBN 978-89-341-1390-4 (93230)

* 낙장·파본은 교환해 드립니다.

이 도서의 국립중앙도서관 출판시 도서목록(CIP)은
서지정보유통지원시스템 홈페이지(http://seoji.nl.go.kr)와
국가자료공동목록시스템(http://www.nl.go.kr/kolisnet)에서
이용하실 수 있습니다.
(CIP제어번호: CIP2014020713)